KB059199

인사이트, 통찰의 힘

평범한 일상에서 기회를 포착하다

인사이트
통찰의 힘

| 김철수 지음 |

비즈니스북스

인사이트, 통찰의 힘

1판 1쇄 발행   2015년 11월 30일
1판 2쇄 발행   2015년 12월 15일

지은이 | 김철수
발행인 | 홍영태
발행처 | (주)비즈니스북스
등 록 | 제2000-000225호(2000년 2월 28일)
주 소 | 03991 서울시 마포구 월드컵 북로 6길 3 이노베이스빌딩 7층
전 화 | (02)338-9449
팩 스 | (02)338-6543
e-Mail | bb@businessbooks.co.kr
홈페이지 | http://www.businessbooks.co.kr
블로그 | http://blog.naver.com/biz_books
트위터 | @bizbookss
페이스북 | thebizbooks
ISBN 979-11-86805-09-1 03320

누구나 세상과 소통하는
공감 디자인으로
미래를 통찰하기를 바라며.

° 미래의 기회는 언제나 사람 안에 있다

1평, 3.3제곱미터. 대한민국 직장인이 사용하는 사무 공간의 평균 넓이다. 깨끗한 책상, 안락한 의자 그리고 세상 모든 곳과 연결되는 고사양의 컴퓨터. 이 정도면 제품이나 서비스를 기획하는 사람들과 의사 결정자들의 공간으로 부족함이 없다. 이 작은 공간에서 우리는 고객들이 사용하게 될 상품을 기획하고 전략을 수립하며 마케팅 결과를 숫자로 확인한다. 그야말로 이곳은 무한한 상상의 공간이며 모든 것이 가능한 마법의 공간과도 같다.

그런데 가만 생각해 보면 이 마법의 공간은 아이러니하게도 '현실 왜곡의 공간'이기도 하다. 시장의 진짜 고객 대신 나의 머릿속으로 그려낸 상상 속의 고객, 즉 '책상 고객'을 매일 만나는 곳이기 때문이다. 혁신은 기술, 비즈니스, 사람이라는 세 가지 요소가 결합되어 완성되는데 그 중심은 언제나 그것을 사용하게 될 사람이어야 한다. 어떠한 비즈니스 영역이든 제품이나 서비스를 이용하는 사용자의 니즈, 특히 아직 충족되지 않은 미충족 니즈Unmet Needs를 찾고 그것을 해결하는 혁신적인 솔루션을 제공하는 것은 모든 기획자와 혁신가의 염원이다. 그러나 현실은 어떠한가? 누구나 시장의 고객을 봐야 한다고 말하지만, 실제 비즈니스 현장에서는 여전히 기획자나 디자이너의 개인적 경험이나 선호도에 따라 제품이나 서비스가 만들어지는 경우가 비일비재하다.

나는 이 책에서 사용자 통찰을 갈망하는 세상의 수많은 기획자와 디자이너 그리고 의사 결정자들에게 다음과 같은 화두를 던진다. "이제 책상 고객, 그만 만나라. 그리고 시장의 진짜 고객과 소통하는 공감 디자인으로 미래를 통찰하라." 이것은 내가 기업의 혁신 조직에서 고객 인사이트Customer Insight에 기반한 상품 콘셉트를 개발하는 일을 오랫동안 해 오면서 현장에서 깨달은 가슴 뜨거운 통찰이다. 대충 내뱉은 사용자의 말 한마디, 무심코 찍어 둔 사용자의 쇼핑 사진에서 프로젝트를 관통하는 통찰을 찾아내는 일, 오랫동안 익숙해진 나머지 누구에게나 상식으로 받아들여지는 것에서 관점을 뒤집는 아이디어를 떠올리는 이 모든 결과는 고객이 느끼는 것을 나도 공감하고, 고객에게 더 행복한 경험을 전달하겠다는 마음을 갖고 나서야 가능했다. 공감 디자인은 혁신적인 제품이나 서비스를 기획하거나 이미 존재하는 상품의 문제점을 해결하여 사람들에게 즐겁고 유익한 소비 경험을 전달하기 위해, 기획자나 의사 결정자가 사용자의 입장이 되어 소통하려는 공감 기반의 혁신 철학이자 일하는 방법론이다. 공감 디자인은 한 번도 접해 보지 못해 생소하거나 이론을 공부해야만 이해할 수 있는 복잡한 개념이 아니다. 누구나 쉽게 이해할 수 있고 생활 속에서 얼마든지 실천할 수 있다. 단지 고객이 원하는 것을 직접 체감하려는 마음가짐과 약간의 스킬만 익히면 충분하다.

이 책은 크게 두 개의 파트로 구성되어 있다. 먼저 파트 1에서는 오늘날 혁신이 마주한 네 가지 큰 변화와 그 거대한 변화의 파도에 올라타기 위한 구체적인 방법론으로 공감 디자인의 필요성을 설명하였다. 또한 사용자 통찰에 있어 가장 기본적인 '사람에 대한 이해'와 관련한 나의 생각을 정리하였다.

파트 2에서는 사용자 통찰과 창의적인 문제 해결을 위한 여섯 가지 생각 도구를 소개하였다. 코드, 관찰, 소통 등 확산적 사고와 통찰, 발상, 콘셉트 등 수렴적 사고의 과정을 나의 경험과 사례에 근거하여 정리하였다. 콘텐츠의 보편성을 높이기 위해 특정 서비스 영역에 국한하지 않고 일상의 삶 속에서 접하는 다양한 상품이나 현상에 대해 사용자 통찰과 창의성의 관점에서 해석하였다.

내가 이 책에서 소개한 공감 디자인은 인간 중심의 혁신 방법론인 HCI_{Human Centered Innovation}에 기반을 두고 있다. HCI는 새로운 비즈니스 모델을 발굴하고 신상품을 개발하기 위해 SK텔레콤과 SK플래닛이 2006년부터 활용해 온 혁신 방법론이다. 아이디오_{IDEO}, 도블린_{Doblin}, 왓이프_{What If} 등 세계적인 이노베이션 및 디자인 씽킹 기업, 시카고 IIT 디자인 전문대학원 등과의 교류를 통해 경험과 방법론을 공유해 왔다. 또한 10여 년에 걸쳐 다양한 국내외 프로젝트를 수행하고 있다. 나는 이 과정에서 '사용자 공감'이야말로 사용자 통찰과 창의적 문제 해결의 핵심이라는 사실을 깨닫게 되었다. 이 책을 준비하면서 사용자 통찰, 창의성, 실행력 등과 같은 수많은 혁신 이슈에 대해 현장에서 함께 고민하며 가르침을 준 HCI 팀 선후배와 동료들께 깊은 감사를 드린다.

사용자 공감을 기반으로 하는 통찰을 얻는다는 것은 기업이나 조직의 기획자나 의사 결정자 그리고 수많은 스타트업들에게 자사의 제품이나 서비스를 바라보는 관점의 전환을 유도한다. 사용자 통찰은 기획 단계에서 아이디어에 구체적인 영감을 주며 의사결정에 있어 명확한 판단 기준이 된다. 또한 실행 과정에서 겪게 되는 수많은 도전을 뚫고 나갈 수 있는 강력한 무기가 되어 줄 것이다. 사용자로부터 발견한 통찰은 어느 임원의 말보다 강한 권위와 자신감을 줄 수 있기 때문이다.

나는 이 책을 통해 많은 사람이 사용자 통찰을 발견하는 자신만의 공감 렌즈를 갖게 되기를 바란다. 뿌옇게 흐려서 잘 보이지 않던 사물들이 렌즈를 끼고 나면 선명하게 보이듯 공감 디자인은 시장의 수많은 자극 속에서 반짝반짝 빛나는 통찰과 혁신의 실마리를 보다 쉽게 찾도록 돕는 렌즈의 역할을 할 것이다. 자, 이제 책상에서 일어나 시장의 진짜 사용자를 만나러 인사이트 탐험을 떠나 보자!

김철수

| 목차 |

혁신에 대한 생각

새로움을 통찰하는
여섯 가지 생각 도구

PART 1

혁신에 대한
생각

혁신 INNOVATION
미래의 변화는 어디에서 시작되는가

°피할 수 없는 거대한 변화가 시작된다

혁신이란 말처럼 가슴 뛰게 하는 단어가 또 있을까? 현대를 살아가는 개인과 그 개인의 집합체인 조직은 언제나 혁신을 갈망한다. 혁신이 가져오는 변화에 대한 두려움이 존재하지만, 동서고금을 막론하고 혁신은 로맨틱한 이상에 가깝다. 항상 간절히 바라지만 쉽게 이룰 수 없다는 측면에서 말이다. 특히 대부분의 기업과 공공기관은 업무 방식에서부터 제품과 서비스에 이르기까지 거의 모든 영역에서 변화와 혁신을 요

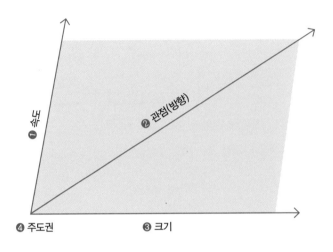

| 혁신의 네 가지 변화 |

❶ 속도

❷ 관점(방향)

❹ 주도권　　❸ 크기

구하고 있다. 최근 정보통신기술ICT의 발전이나 시장 파괴적 비즈니스 모델의 등장 등 변화의 파도가 우리 삶에 미치는 영향은 예측이 불가능하다. 이러한 패러다임 시프트Paradigm Shift 시대에는 개인이든 조직이든 변화와 혁신의 요구가 한층 커질 수밖에 없다. 혁신하지 않으면 도태될 수밖에 없는 경쟁 사회가 당면한 숙명이라 해도 과언이 아니다. 더 이상 혁신은 선택의 문제가 아니라 생존을 위한 필수적인 것이 되었다.

그런데 지금의 비즈니스는 우리에게 다시 한 번 담대한 변화를 요구하고 있다. 그야말로 혁신의 혁신이 필요한 시대다. 나는 기업의 혁신 팀에서 꽤 오랫동안 일해 왔는데 최근 들어 혁신의 측면에서 일어나고 있는 큰 변화에 대해 관심을 갖게 되었다. 비즈니스에 영향을 주는 변화는 크게 혁신의 속도, 관점(방향), 크기, 주도권이라는 네 가지 축으로 이해할 수 있다. 그 변화의 중심에 '새로운 환경에 빠르게 적응하고 또 다른 모습으로 진화하는 인간'이 있다는 사실을 깨닫게 되었다. 변화의 현상과 원인을 제대로 알면 어떻게 대응할 수 있을지에 대한 확실한 답도 찾을 수 있다. 이 책은 그 답을 찾기 위한 고민의 과정이라 할 수 있다.

첫째, 혁신의 속도가 4제곱 빨라진다

혁신의 속도는 시장 참여자가 미처 대비할 수 없을 정도로 빠르게 진행되고 있다. 새로운 기능을 탑재한 신제품이나 서비스가 하루에도 수백 수천 개씩 시장에 쏟아져 나온다. 패션이나 화장품 같은 영역은 이미 식음료나 가공 제품 같은 일용소비재의 성격을 띠고 있어 끊임없이 신제품을 출시하며 프로모션 주기도 점점 더 짧아지고 있다. 서비스 영역에서도 새로운 기능이나 비즈니스 모델을 시도하는 상품이 넘쳐나고 있다. 신생 벤처기업을 뜻하는 스타트업Startup의 수가 국내 기준으로 3만 개를 넘어섰으며, 마치 반도체 메모리의 용량이 1년에 두 배씩 증가한다는 황의 법칙처럼 시장의 변화와 혁신의 속도 또한 갈수록 빨라지고 있다.

과거에는 새로운 기술이 시장에 나와 혁신의 과실을 따는 데 오랜 시간이 걸렸다. TV만 해도 1928년 제너럴일렉트릭GE에서 처음 생산한 이래 시장에 확산되는 데 30년이나 걸렸다. 디지털카메라, PDA, NFC 기술 등 시장에 정착하는 데 실패하거나 오랜 시간이 걸린 것이 수없이 많았다.《혁신의 느린 걸음》Slow Pace of Fast Change의 저자 바스카르 차크라보티Bhaskar Chakravorti는 혁신적인 새로운 기술이나 비즈니스 모델이 시장에 침투하는 속도가 느린 이유를 네트워크, 즉 시장 참여자들의 이해관계가 긴밀하게 얽혀 있는 상호 연결성 때문이라고 했다. 상호 연결성이 혁신을 촉진시킬 것이라는 일반적인 생각과 달리, 실제로는 지금까지 오랜 기간 형성된 균형 상태를 유지하려는 속성이 강하게 작용한다는 것이다.

나는 과거 비접촉근거리통신 기술인 NFCNear Field Communication를 활용한 컨버전스 사업 개발에서 해당 기술의 사용처를 발굴하고 파트너사와의 협력 모델을 개발하는 업무를 수행한 적이 있다. 우리는 외식산업에서부터 대중교통, 엔터테인먼트 등 NFC 기술이 쓰일 만한 사용처를 발굴하고 많은 협력사도 접촉했지만, 성공적인 모델을 만들어 내는 일이 생각처럼 쉽지 않았다. 기껏해야 일부 파트너사와 제휴하여 콘셉트를 테스트하는 정도가 대부분이었다. 차크라보티가 말한 것처럼 새로운 기술과 비즈니스 모델을 도입하기 위해서는 기존에 형성된 비즈니스 생태계에서 굳건하게 자리 잡은 가치의 흐름을 돌려놓거나 일부라도 변화를 가져와야 했다. 하지만 어떤 것도 좀처럼 쉽게 움직이지 않는다는 사실을 알게 되었다.

예를 들어, 대형 할인마트 같은 유통사에서 고객에게 NFC 기술이 적용된 쇼핑 시스템을 제공하기 위해서는 주파수를 이용해 ID를 식별하는 RFIDRadio Frequency Identification 태그 리더가 장착된 카트를 개발하여 비치해야 한다. 자동결제 시스템을 위해서는 시스템 개발과 단말기 교체가 필수적이다. 또한 제조업체에서는 NFC 태그가 붙은 상품을 생산해야 한다. 소비자의 모바일 단말기와 서비스 앱 역시 해당 기능을 지원해야만 소비자의 행동 변화를 촉진시킬 수 있다. 시장에서 성공적인 변화가 일어나기 위해서는 네트워크 상에 존재하는 모든 이해관계자가 함께 움직여야 가능한데, 어느 쪽도 먼저 움직이지 않으려고 한다. 단지 일부에서만 개별적으로 혁신을 하기 위해 노력할 뿐이다. 모두가 혁신을 갈구하는 것처럼 보이지만 의외로 혁신을 위해 어떤 시도를 하고 움직이는 데는 주춤거린다는 것이다.

그런데 이제 이런 패러다임은 옛말이 되다시피 했다. 여전히 많은 영역에서 혁신이 느리게 움직이고 있지만, 산업 곳곳에서는 빠른 혁신이 시장 참여자의 먹거리를 위협하기 시작했다. 카카오 택시나 티맵 택시는 순식간에 택시를 이용하는 문화를 바꾸었다. 이제 많은 대리운전업체가 카카오 대리운전의 출현을 막기 위해 온갖 노력을 기울이고 있다.

영화나 드라마 같은 영상 콘텐츠의 변화도 매우 역동적이다. 오랫동안 고착화된 영상물의 제작, 배급, 유통에 관계한 사람들이 모바일 사용자의 특수성에 대해 고민하기 시작했다. 예를 들어 TV 시청에 최적화된 72분 드라마의 고정관념은 2013년경부터 웹이나 모바일 환경에 맞는 10분 분량의 드라마가 시도되면서 그 기반이 흔들리기 시작했다. 그런데 불과 1~2년 사이 72초 콘텐츠가 인기를 끌기에 이르렀다. 폭증하는 정보의 홍수 속에서 유용한 정보와 트렌드를 놓치고 싶지 않은 모바일 사용자는 텍스트보다는 이미지를 중심으로, 72분을 72초로 쪼개거나 압축하는 방식으로 콘텐츠의 포맷 변화를 요구하고 있다. 비록 실험적인 단계라 해도 네트워크 참여자의 선도적인 변화와 혁신에 대한 노력은 놀라울 정도다. 이처럼 과거에는 10년 정도 걸렸던 혁신이 불과 1년 만에 현실이 되는 것이 오늘의 패러다임이다. 그야말로 혁신의 속도가 4제곱은 빨라진 것이다.

이렇게 혁신의 속도가 급속도로 빨라지는 이유는 무엇일까? 그것은 기술과 비즈니스 환경의 외형적 변화 속에서 사용자의 욕구가 그만큼 빨리 변하기 때문이다. 2009년 모바일 시장의 빅뱅은 사회 전체에 실로 엄청난 변화를 가져왔다. 여기서 우리가 주목해야 할 부분은 사람들의 변화에 대한 인식과 그 변화에 적응하는 탁월한 능력이다. 당시 아이폰의 국내 출시에 대해 대부분의 전문가는 그 영향력을 낮게 예측했다. 일부 얼리 어댑터Early Adaptor(조기 수용자)가 아닌 이상 일반인은 적응하기 힘든 값비싼 물건으로 받아들여질 것이라 예상했다.

그런데 놀랍게도 사람들은 새로운 환경의 변화에 빠르게 적응하고 오히려 더 빠르고 민첩한 인간으로 진화했다. 미디어 사용 시간의 절대적인 양뿐만 아니라 몰입도 측면에서도 모바일로 무게중심이 이동하고 있다. 더 빨리 타이핑하고 더 빨리 쇼핑 정보를 스캐닝하며, 포털에서 멀티미디어나 SNS, 게임의 경계를 순식간에 넘나든다. 이제 80세의 할아버지, 할머니도 게임을 즐기고 카톡으로 소통하는 시대가 된 것이다.

빠르게 진화한 소비자는 이제 거꾸로 네트워크의 공급자에게 더 빨리 제품과 서비스를 생산하고 더 새로운 경험을 제공할 것을 요구하고 있다. 이는 제조, 유통, 서비스 등 특정한 산업 영역을 가리지 않고 일어나는 현상이다. 과거의 연령이나 성별, 직업과 같은 타깃 세분화 Segmentation로는 소비자의 요구에 부응할 수 없게 되었다. 스마트폰과 SNS라는 강력한 무기를 손에 쥔 소비자의 욕구는 시간과 장소적 맥락에 따라 수시로 변화한다. 공급자는 이처럼 빠르게 변화하는 소비자의 템포를 따라가지 못하면 시장에서 도태당할 수밖에 없다. 과거의 속도에 익숙한 조직이 이 같은 빠른 흐름을 따라잡기 위해서는 창조적 파괴에 의한 돌출 현상과 빠른 실행력이 필요하다. 이제는 과거와 같이 무겁고 신중한 혁신이 아니라 가볍고 민첩한 혁신이 필요한 것이다.

둘째, 관점 혁신이 기득권을 재편집한다

변화무쌍한 오늘의 비즈니스 환경에서는 제품이나 서비스를 바라보는 관점을 어떻게 창의적으로 재정의하느냐에 따라 완전히 새로운 시장 질서를 만들어 낼 수 있다. 수십 년 동안 쌓아 올린 기득권이 한순간에 무너질 수도 있다는 말이다. 2014년 최고의 히트 상품 중 하나인 해태제과 허니버터칩은 '감자칩은 짠맛이다'라는 통념을 뒤집어 성공한 사례다. 출시 8개월 만에 400억 원 이상의 매출을 올리며 단맛 열풍을 촉발했다. 기존의 성공 모델은 자칫 불변의 진리처럼 받아들여지기 쉽지만, 혁신은 고정관념에 대한 도전과 새로움에 대한 결핍에서부터 시작되었다.

우리에게 익숙한 TV 화면의 가로보기 본능이 모바일 환경에서는 세로보기 본능으로 바뀐다는 새로운 관점을 발견한 기업에서는 세로보기 콘텐츠의 제작을 고민하기 시작했다. 일반인도 모바일 기기 하나로 콘텐츠를 창작하는 동시에 감상까지 가능해지면서 유튜브는 세로로 찍은 영상을 전체 화면으로 볼 수 있도록 했다. 트위터의 모바일 생중계 서비스 페리스코프Periscope 역시 세로 화면 보기의 기능만 제공한다. 국내에서도 2014년 그룹 에픽하이는 '본 헤이터'Born Hater 뮤직비디오를 세로 화면으로 제작했다. 동영상의 시청 방식에 있어서 관점의 전환은 관련 업계의 이해관계자들에게 발 빠른 변화를 요구할 것이다.

전 세계 여행객들에게 숙박 서비스를 제공하는 에어비엔비Airbnb는 숙박의 관점을 새롭게 정의했다. 호텔이 아니라 일반인의 잉여 숙소를 연결해 주는 공유경제의 개념을 도입한 것이다. 설립한 지 7년밖에 안 된 이 기업의 가치는 29조 원으로 100년의 역사를 자랑하는 세계 1위 힐튼호텔에 근접해 있다. 손님과 택시 기사의 현재 위치를 실시간으로 연결하는 카카오 택시는 출시된 지 4개월 만에 누적 1,200만 콜, 하루 24만 콜을 기록했을 정도다. 기존 콜택시 업체에서 오랜 시간 만들어 놓은 시스템과 콜 처리 역량은 순식간에 위기로 내몰리게 되었다. 배달 서비스나 부동산, 여행과 같은 영역도 예외 없이 새로운 경쟁 패러다임에 직면해 있다. 지금까지 당연하게 받아들여지던 전통적인 비즈니스 모델은 사용자의 모바일 맥락을 연결하는 기술의 발전으로 새로운 도전을 받고 있다. 이제 기업에게 새로운 비즈니스 모델의 출현과 변형은 일상적인 것이 되었다.

이러한 변화는 기득권을 가진 플레이어들에게는 큰 위협으로 다가오지만, 후발 사업자나 스타트업들에게는 분명 새로운 기회로 작용한다. 선도적 위치에 있는 참여자들 역시 새로운 관점에서 성공 모델을 혁신한다면 위기를 기회로 만들 수 있다. 미래학자 최윤식 박사는 오늘날과 같이 급격한 변화의 시대에서는 리스크의 큰 파도가 오고 난 후 기회의 파도가 오는 것이 아니라 리스크와 기회가 하나의 파도에 존재한다고 강조했다. 숨 가쁘게 돌아가는 비즈니스 현장에서 위기를 기회로 만들기 위해서는 익숙한 대상을 전혀 새로운 눈으로 바라보려는 관점의 전환을 위한 노력과 창의적인 발상이 필요하다.

셋째, 혁신의 크기가 분절되고 작아진다

혁신은 더 이상 대기업이나 큰 조직에서만 하는 경영 활동이 아니다. 식스시그마, 비즈니스 프로세스 리엔지니어링같이 규모가 크고 어려운 혁신에서부터 중소기업이나 스타트업과 같은 곳에서 진행되는 규모가 작은 혁신으로 확대되고 있다. 국내외 수많은 스타트업들이 기술과 창의적 발상을 접목한 혁신을 다양하게 시도하고 있다. 과거 혁신이 경영 전략이나 혁신 업무를 전담하는 조직에서 다루는 특별한 업무로 받아들여졌다면, 이제는 일반 사원이나 현장의 개인 업무로까지 확대되고 있다. 창의적인 문제 해결과 새로운 아이디어 발굴이 회사의 미래를 결정할 정도로 큰 범주에서만 필요한 것은 아니다. 개별 조직이나 개인 업무에서의 작은 혁신이 모여 큰 혁신으로 진화할 수 있을 것이다.

국내외 IT 업계에서는 사내 벤처 프로그램의 운영도 활발히 진행하고 있다. 글로벌 기업 구글이나 네이버, 다음카카오, 한컴과 같은 IT업체뿐만 아니라 삼성전자, 현대차그룹 등 제조업체에서도 직원들의 아이디어로 개발한 상품을 출시하는 사례가 늘어나고 있다. SK플래닛은 2011년 출범한 이래 격월로 사내 벤처 프로그램인 '플래닛 엑스'를 운영하고 있다. 직원들을 대상으로 경쟁 오디션 방식으로 진행하는데, 실시간 기상 정보를 제공하는 '웨더플래닛'이나 NFC 기술을 활용한 '니어키즈', 빅데이터 기반의 추천 서비스 '레코픽' 등 실제로 많은 아이디어가 상품화되고 있다. 기업들이 사내 벤처 프로그램을 운영하는 이유는 상향식으로 우수한 아이디어를 발굴하고, 소규모 투자로 작게 시작하여 그 가능성을 빠르게 타진하기 위함이다. 이는 벤처 마인드를 사내에 전파하는 컬처 혁신이라는 측면에서도 그 의미가 매우 크다.

혁신의 대상과 주제에서도 변화가 일어나고 있다. 비즈니스 생태계 전체를 아우르는 혁신이 아닌 부분적인 틈새시장에서의 작은 혁신이 활발해졌다. 특히 소비자의 일상생활에 맞춰진 생활밀착형 혁신이 시도되고 있다. 예를 들면 자동차의 외장 수리에 대한 불편함을 해결하는 카닥Cardoc은 비교 견적을 통해 운전자가 손쉽게 양질의 수리를 받을 수 있도록 돕고 있다. 음식 배달에서부터 주차 대행, 세탁, 청소, 개인 스타일리스트에 이르기까지 생활 전반에 걸쳐 다양한 온디맨드On-demand 서비스가 성공 가능성을 타진하고 있다. 코바로는 아예 코스트코의 상품 구매 대행만을 전문으로 한다.

이러한 경향은 글로벌 시장에서도 마찬가지인데, 아마존은 페인트 칠이나 집수리와 식료품 구매 대행까지 그 영역을 확대하고 있다. 때로는 잘게 쪼개진 버티컬 영역의 먹거리가 얼마나 될까 하는 의문이 들기도 하지만, 이러한 영역은 제한된 파이를 나눠 먹는 게임이 아니라 새로운 파이가 생겨나는 그야말로 창조적인 혁신이라 봐야 한다. 사용자의 편익이 증가하면 지금까지 이용하지 않았던 사람들도 자연스럽게 시장 안으로 들어오는 효과가 크기 때문이다. 더구나 작은 혁신은 시간이 지나면서 또 다른 가치를 눈덩이처럼 불리며 더 큰 혁신으로 발전하기도 한다.

이처럼 작은 혁신의 영역에서는 사용자의 라이프스타일을 더 세분화해서 이해할 필요가 있으며, 틈새 속에서 기회를 찾아내는 관찰과 함께 창의적 발상이 중요하다. 그리고 처음부터 1,000만 명을 위한 서비스가 아니라 1,000명의 니즈를 만족시킨다는 자세로 작게 시작해서 재빨리 검증하는 것이 성공 확률을 높이는 길이다.

넷째, 혁신의 주도권이 사용자에게로 이동한다

최근의 비즈니스 혁신은 시간과 공간의 경계를 자유롭게 넘나드는 사용자에게 주도권이 넘어왔다. 과거에는 오프라인에서 온라인 커머스 영역으로 이동하는 쇼루밍 현상에 대응하는 것이 화두였다. 그런데 이제는 모바일을 활용해 온라인 소비자를 오프라인으로 불러오거나 오프라인 소비자가 현장에서 구매할 수 있도록 하는 등 온라인과 오프라인의 장점을 결합하는 O2O online to offline 커머스가 주목받고 있다.

소비자는 단지 돈을 주고 상품을 구매하는 수동적인 역할에서 상품 기획, 마케팅, 유통 등 상품의 전 과정에서 피드백과 공유를 통해 영향력을 발휘하는 적극적인 사용자로 변화한 것이다. 나는 얼마 전 20대 초반의 여대생이 쇼핑하는 과정을 관찰한 적이 있다. 그녀는 진열 상품을 둘러보거나 옷을 입어 보는 등 여느 쇼퍼와 다를 바 없었다. 그런데 매장을 나오면서 그녀가 보여준 행동에 깜짝 놀랄 수밖에 없었다. 갑자기 스마트폰을 꺼내더니 12자리쯤 되는 제품의 품번을 순식간에 메모하는 것이었다. 숫자와 알파벳이 뒤섞인 품번을 어떻게 외우냐고 물었더니 "몰래 사진을 찍으면 좋은데, 점원이 보고 있어서 그냥 외웠어요. 이제 익숙해져서 별로 어렵지 않아요."라고 말했다. 그리고 곧바로 네이버에서 가격비교를 하더니 너무 비싸서 구매하지 않는다고 했다. 이런 행동은 그녀 또래에서는 일반적이라고 했다. 이런 과정에서 소비자는 제품이 자신에게 잘 어울리는지 카톡으로 친구에게 묻기도 하고 상품평을 곧바로 지인 기반으로 공유하기도 한다.

쇼핑의 전체 여정에서 사전 탐색과 현장 검증, 구매 결정을 실시간으로 척척 진행하는 모습을 보고 나는 밀레니얼 세대 Millennials(1980년대 초에서 2000년대 초반에 태어나 모바일 및 소셜 네트워크 등 IT 기기를 능숙하게 활용하며 미래의 소비 중심으로 부각됨)는 기존 세대와는 전혀 다른 쇼핑 DNA를 가지고 있다는 생각을 했다. 모바일이라는 강력한 무기를 손에 쥔 스마트한 소비자는 온라인과 오프라인이라는 공간적, 시간적 제약을 극복하고 있었다. 이렇게 진화하는 소비자의 특성을 붙잡기 위해 나타난 것이 바로 옴니채널Omni Channel 전략이다. 소비자가 온라인, 모바일, 오프라인 등 다양한 채널의 경계를 넘나들며 상품을 비교하거나 구매할 수 있게 도와주고, 어떤 채널을 선택하든 동일 매장이나 브랜드를 이용하는 것과 같은 효과를 주는 마케팅 및 유통 전략을 말한다. 예를 들면 롯데닷컴의 스마트픽은 낮에 온라인이나 모바일에서 주문한 제품을 퇴근하면서 백화점이나 마트에서 찾아갈 수 있는 서비스를 제공한다. 교보문고에서 제공하는 바로드림 서비스도 비슷한 역할을 한다.

쇼핑의 모든 과정에서 상품의 가치를 평가하고 공유, 피드백하는 등 소비자는 자발적 가치 편집자, 즉 자발적이고 적극적으로 가치를 생산하고 확산하는 역할을 수행하고 있다. 어떠한 산업에서도 이제는 스마트한 소비자의 모바일 특수성과 맥락을 제대로 이해해야만 한다. 그리고 미래 소비자의 기대에 부응하기 위해서는 사람들의 행동 패턴을 꾸준히 관찰하고 시장의 변화를 끊임없이 탐지하는 노력이 필요하다.

° 혁신의 중심에는 언제나 사람이 존재한다

시장에서 사랑받는 혁신적인 제품이나 서비스는 도대체 어디에서 오는 것일까? 나는 현장에서 이동통신 관련 서비스를 판매할 때부터 이 점이 궁금했다. 컬러링이라는 모바일 부가 서비스가 세상에 처음 나왔을 무렵, "이 서비스는 도대체 뭐지? 어떻게 이런 서비스를 팔라는 거야? 사람들이 분명 싫어할 거야."라며 불평했던 기억이 난다. 이런 생각을 하는 사람은 나뿐만이 아니었다. 함께 일하는 동료들도 대부분 같은 생각이었다. 그런데 불과 몇 달 지나지 않아 나의 예측이 틀렸다는 사실을 확인하고 마케터로서 매우 부끄러웠다. 통신 사업자가 전략적으로 이끌어 간 측면도 있지만, 그 당시 컬러링은 다른 어떤 서비스보다 고객들의 호응을 얻은 선도적인 상품이었다.

자신의 감성을 표출하고자 하는 잠재된 개인의 욕구가 초창기에는 컬러링이나 벨소리처럼 단순한 형태로 나타났지만, 시간이 흐르면서 점차 다양한 형태의 소셜 네트워킹 서비스로 발전했다. 누군가는 밖으로 표현하지 못하는 개인의 욕구를 간파함으로써 매년 1,000억 원이 넘는 매출을 이뤄 냈지만, 그 당시 나에겐 시장과 고객을 바라보는 통찰의 수단이 없었다. 내 판단의 기준은 지금까지의 경험과 감이 전부였다. 혁신적이고 창의적인 제품이나 서비스의 중심에는 그것을 이용하는 '사람'이 존재한다는 사실을 머리가 아니라 가슴으로 깨닫기까지 꽤 오랜 시간이 걸렸다.

혁신적인 제품이나 서비스를 구현하기 위해서는 기술의 탁월함과 비즈니스 모델의 적합성 그리고 인간의 욕구 충족성 등이 함께 고려되어야 한다. 특히 사용자의 숨어 있는 니즈를 충족시키기 위한 사람에 대한 깊은 이해는 그 어떤 요소보다 중요하다. 우리는 탁월한 기술이 적용된 제품이나 서비스가 시장에서 외면당하는 경우를 쉽게 볼 수 있다. 7년 전 응용 기술 콘셉트 개발 프로젝트를 수행할 당시, 20대 후반의 젊은 직장인을 인터뷰한 적이 있다. 그는 흔히 말하는 얼리 어댑터였다. 남들보다 먼저 새로운 제품을 구입하고 주변 사람들에게 적극 전파하는 성향을 가진 그가 유학 시절 경험한 세그웨이Segway 이야기는 무척 인상적이었다. "제가 얼마 전 미국에서 세그웨이를 빌려 공원에서 타봤는데, 이 제품이 한국에서는 잘 안 팔리겠다 싶었어요. 왜냐하면 편하기는 한데, 왠지 내가 몸이 불편한 사람처럼 보이겠구나 싶더라고요. 한국은 계단도 많고 행인도 많은데 들고 다니기에도 너무 무겁거든요." 당시만 해도 많은 전문가들이 세그웨이가 출퇴근이나 여가 활동 등 이동수단에 큰 변혁을 가져올 혁신적인 제품이라 평가했다. 기술의 관점에서 보면 분명 이동수단의 혁명이지만, 많은 사용자에게 세그웨이는 단지

| 혁신의 세 가지 관점 |

부담스러운 스쿠터에 지나지 않았다. 전문가들의 기대와 달리, 세그웨이는 여러 번 주인이 바뀌는 등 경영상의 어려움을 겪고 있다.

기술이나 비즈니스 모델의 혁신을 통해 제품이나 서비스의 완성도를 높이는 것은 기업 활동에서 매우 중요하다. 하지만 그것이 지향하는 바는 언제나 그 상품을 구매하고 사용하게 되는 사람이어야 한다. 일부에서는 고객에게 원하는 것이 무엇인지 물어도 제대로 대답하지 못하기 때문에 고객의 니즈를 굳이 들여다볼 필요가 없다고 주장하기도 한다. 하지만 그렇기 때문에 우리는 더 깊이 있는 고객 통찰을 얻기 위해 노력해야 한다.

"혁신의 중심에는 늘 사람이 있어야 한다." 나는 이 책을 통해 새로운 기술을 연구하는 엔지니어와 차별화된 상품을 출시해야 하는 마케터, 예비 창업자뿐만 아니라 지속적인 혁신을 이루어야 하는 기업과 조직의 의사 결정자들이 가장 단순하지만 실천하기 어려운 이 명제에 대해 다시 한 번 고민하는 계기가 되기를 바란다.

° 디자인 씽킹으로 혁신의 파도에 올라타라

미국에 본사를 둔 오티스Otis는 세계적인 엘리베이터 제조 기업이다. 과거 오티스 경영진은 엘리베이터의 속도가 너무 느리다는 불만을 계속해서 보고 받았다. 오티스는 이 문제를 어떻게 해결했을까? 당연히 오티스는 엘리베이터의 속도를 개선하기 위해 기술 개발에 몰두했다. 그런데 더 강력한 모터를 사용하고 윤활 시스템을 개선했음에도 불구하고, 사용자의 불만이 별로 줄어들지 않았다는 보고를 받았다. 오랫동안 풀지 못했던 이 숙제는 의외로 간단하게 해결되었다. 새로 들어온 한 직원이 엘리베이터 안에 거울을 설치하자는 아이디어를 낸 것이다. 이로 인해 사용자 불만은 크게 줄었다고 한다. 사람들이 거울을 보고 용모를 가다듬느라 엘리베이터의 느린 속도에서 오는 따분함을 잊어버린 것이다. 이 엘리베이터 거울의 일화는 생각의 전환으로 문제를 해결한 것으로 매우 유명하다. 또 다른 사례를 살펴보자.

새로운 시각으로 고객의 불만을 해결하는 디자인 씽킹

나는 2012년 11번가 터키 프로젝트에 참여한 적이 있다. 11번가가 터키 시장에 진출하기 앞서 터키 사람들의 쇼핑 문화의 특성을 파악하고 온라인 쇼핑에서 겪는 크고 작은 불편함을 파악할 필요가 있었다.

세 명으로 구성된 HCI 프로젝트 팀은 꽤 많은 터키 소비자와 판매자를 만났는데, 거의 모든 사람이 말하는 불편함이 하나 있었다. 온라인 쇼핑의 가장 마지막 단계에 해당하는 주문 상품의 수령에 관한 것이었다. 한결같이 "택배가 너무 늦게 도착해서 짜증나요."라고 말하는 게 아닌가. 또 언제 도착하는지 알 수 없기 때문에 택배가 올 때까지 무작정 기다리는 경우도 많았다. 터키는 한국처럼 아파트 경비실에 물건을 맡기지 못하는데, 택배 수령을 놓치면 언제 다시 올지 알 수 없다고 했다.

클릭 한 번이면 내가 주문한 상품의 배송 상태와 배송 기사까지 확인할 수 있는 한국의 택배 시스템과 달리 체계적이지 못한 터키 배송 시스템은 소비자와 판매자 모두가 느끼는 가장 큰 불편함 중 하나였다.

내가 만약 기획자나 디자이너라면 이런 경우 어떤 사용자 통찰과 해결책을 찾을 수 있을까? 이에 대해 어떤 기획자는 '배송 시간을 단축시켜야겠네!'라고 생각할 것이다. 반면, 어떤 기획자는 '택배가 언제 배송될지 고객이 예측할 수 있게 해줘야겠네!' 하는 생각을 할 수 있다. 둘 사이에는 분명한 차이가 존재한다. 후자는 디자인 씽킹을 기반으로 생각하는 기획자라 할 수 있다. 앞서 엘리베이터의 속도를 높이는 것과 마찬가지로 물리적인 배송 시간을 단축시키는 것은 기술과 운영 프로세스의 개선 영역이지만, 심리적인 배송 시간의 단축은 사용자 중심의 디자인 씽킹 영역이다. 짧은 시간에 배송 시간을 현저히 단축시키는 것은 기술적으로나 사업적으로 쉬운 일이 아니다. 그러나 물건이 언제쯤 도착할지 소비자가 예측할 수 있게 하는 것은 그보다는 수월할 뿐만 아니라 소비자에게 훨씬 높은 서비스 만족감을 준다. 사람들의 불만을 증폭시키는 것은 막연한 기다림, 즉 불확실성이기 때문이다. 사람들은 예측된 불편함에 대해서는 관대한 편이다.

2012년 이후 가파른 성장세를 자랑하는 펩시의 여성 CEO 인드라 누이Indra Nooyi 는 디자인 씽킹Design Thinking 을 회사의 전략과 모든 중요한 의사결정에 적용시키고 있다. 최근 《하버드 비즈니스 리뷰》HBR, Harvard Business Review와의 인터뷰에서 "나는 거의 매주 시장을 방문해서 우리 제품들이 진열대에서 어떻게 보이는지 살핍니다. 이때 저는 CEO로서가 아니라 한 명의 소비자로서 스스로에게 질문합니다. 어떤 제품이 나에게 말을 거는 걸까? 그런 과정에서 진열대 위에 있는 상품들이 점점 더 어지럽게 진열되어 있다는 사실을 알게 되었어요. 그래서 우리 회사의 혁신 프로세스는 물론 제품을 구매하고 소비하는 과정에서의 소비자 경험을 처음부터 다시 고민해야 한다고 생각했죠."라며 펩시를 디자인 씽킹 중심의 회사로 만들게 된 계기를 설명했다.

그녀는 여성들이 스낵을 소비하는 행동 패턴을 제품 개발에 반영한 사례를 소개했다. 남자들은 과자를 다 먹고 나면 봉지를 입에 대고 남은 가루마저 털어 넣는 반면, 여자들은 그런 행동을 잘 하지 않는다고 한다. 과자 부스러기가 의자나 소파에 흘러서 지저분해지는 것을 무척 싫어하기 때문인데 여성 소비자들의 이러한 행동 특성을 반영해 플라스틱 트레이에 스낵을 넣어서 포장한 제품을 중국에서 출시했다고 한다. 통의 서랍을 열어 과자를 먹고, 남으면 서랍을 다시 밀어 넣는 식으로 디자인한 것이다. 이런 소비자 중심의 경영 방식으로 펩시의 디자인 씽킹 전략은 성공을 거두고 있다고 한다.

최근 들어 이곳저곳에서 디자인 씽킹이라는 말을 많이 듣는다. 실제로 대학생들이나 예비 창업자들로부터 조언을 구하는 메일이나 만남 요청이 꽤 늘어나고 있는데, 관련 분야에 몸담고 있는 나로서는 여간 반가운 일이 아닐 수 없다. 어떤 여자 대학생은 집에 입지 않는 청바지가 잔뜩 있는데, 어떻게 활용할 수 있을지를 디자인 씽킹으로 접근해 보겠다고 했다.

디자인 씽킹이라는 용어는 미국의 혁신 디자인 컨설팅 기업 아이디오의 CEO 팀 브라운이 2008년《하버드 비즈니스 리뷰》칼럼에서 소개하였고, 이듬해《디자인에 집중하라》Change by Design를 출간하면서 국내외에 널리 알려지게 되었다. 팀 브라운은 칼럼에서 디자인 씽킹이란 '사람들의 니즈와 구현 가능한 기술 그리고 고객 가치와 시장 기회를 지니는 비즈니스 전략 등 세 가지를 결합시키기 위해 디자이너의 감성적 능력과 방법론을 활용하는 사고 체계'라고 하였다.《디자인에 집중하라》에서는 '디자인을 스튜디오 밖으로 끄집어내 기존의 판을 바꾸고 고정관념을 붕괴시키는 역할을 하는 것'이라고 했다. 또한 사람들이 깨닫지 못하는 잠재적인 욕구를 꺼내 뚜렷이 밝힐 수 있도록 하는 일이 디노베이터, 즉 디자인 씽킹을 하는 이노베이터의 역할이라고 강조하였다.

국내에서는 1인 기업이나 스타트업을 지원하는 정부 정책하에서 사용자들이 원하는 창의적인 제품이나 서비스를 만들어 내는 구체적인 방법으로 디자인 씽킹이 주목을 받고 있다. 해외에서는 세계적인 경영 컨설팅 기업 맥킨지Mckinsey가 2015년 5월 유명 디자인 에이전시 루나Lunar를 인수했고, 엑센추어 역시 2013년 영국의 서비스 디자인회사 피오르드Fjord를 인수했다. 2014년 미국의 UX User Experience 디자인 기업 어댑티브 패스Adaptive Path는 거대 은행그룹 캐피털원에 매각되기도 했다. 이 밖에도 수많은 사례가 있는데, 전통적인 경영전략과 컨설팅에 디자인 씽킹 역량이 절실해졌다는 반증일 것이다.

디자인 씽킹이라는 개념은 사실 전혀 새로운 것은 아니다. 이미 국내
외 수많은 선도 기업이나 조직이 디자인 씽킹에 기반한 경영 활동을 해
오고 있다. 인간 중심적 디자인HCD, 서비스 디자인, UX 등이 사용자 경
험이라는 측면에서 보면 모두 비슷한 철학과 방법론을 공유한다고 할
수 있다. 단지 사용자 경험 자체에 더 집중하느냐, 비즈니스와 기술 관
점의 융합적 문제 해결까지 균형을 찾느냐에 따라 조금씩 차이를 보일
뿐이다. 내가 이 책에서 강조하는 '공감 디자인' 역시 디자인 씽킹의 큰
범주에 속한다고 할 수 있다.

나의 언어로 디자인 씽킹을 한 줄로 정의하면, '사용자 공감의 철학
과 방법론을 활용해 기존과 다른 창의적이고 담대한 해결책을 만들어
내는 생각 도구'이다. 문제의 핵심을 꿰뚫는 사용자 통찰을 발견하고 그
것을 혁신적 해결책으로 연결하기 위해서는 긍정적인 도전 정신과 함
께 창의적인 생각의 툴킷이 필요하다.

일부에서는 디자인 씽킹을 '디자인 사고'로 해석하여 사용하고 있지
만, 나는 엄밀한 의미에서 '디자인적 사고'라고 표현하는 것이 정확하다
고 본다. 디자이너에게 디자인 사고를 하라는 요구는 당연한 것이다. 그
러나 일반인들에게 디자인 사고는 다소 '디자인'의 감각적 스킬이나 노
하우를 강조한다는 오해를 줄 수 있다. 일반인들에게 중요한 것은 디자
인 그 자체보다 디자이너들이 가진 역량 중 창의적이고 감성적으로 사
고하는 철학과 노하우를 빌려 나의 혁신 활동을 효과적으로 수행하는
것이기 때문이다. 《디자인에 집중하라》의 역자가 '디자인 사고'가 아니

라 '디자인적 사고'라고 해석한 것도 같은 이유일 것이다.

이러한 디자인적 사고는 몇 가지 중요한 특성을 가진다.

1. 민족지학적Ethnographic 방법에 기반한 '사용자 공감'이다. 앞서 소개한 것처럼 사용자 되어 보기나 관찰과 소통 등을 통해 사용자의 환경 속으로 들어가 사용자가 진정 원하는 것이 무엇인지 발견하고 공감하려는 노력을 한다.

2. 다양성을 기반으로 하는 '통합적 사고방식'이다. 사람들이 느끼는 문제점을 기술이나 사업적 관점에서만 바라보지 않고 사용자의 관점에서 한 번 더 고민한다. 그렇다고 사용자 관점에만 집착해서는 안 되며, 세 가지 관점을 균형감 있게 바라보는 의도적인 노력이 필요하다. 이를 위해 다양한 사람들과 함께 다학제적 팀워크 환경을 구축하는 것이 매우 중요하다. 다양한 배경의 구성원들이 함께함으로써 보다 창의적인 결과물을 만들어 낼 수 있을 뿐만 아니라 사용자 통찰의 객관화가 가능해진다. 혼자 하는 혁신革新이 아니라 함께하는 협신協新이야말로 세상의 성공한 혁신들이 우리에게 주는 교훈이라 하겠다.

3. 신속, 반복적인 '콘셉트 프로토타이핑'Prototyping을 통해 창의적 문제 해결책을 지속적으로 실험한다. 프로토타이핑이 반드시 완성품에 가까울 필요는 없다. 문제 해결을 위한 콘셉트를 가장 명확하게 표현할 수 있다면 그 형식이 무엇이든 관계없다. 이 부분은 콘셉트의 장에서 자세히 다룰 예정이다.

앞서 소개한 혁신의 네 가지 변화에 발 빠르게 대응하기 위해서는 개인이나 조직이 사용자 관점으로 새로운 통찰을 얻고 이를 기반으로 창의적 해결책을 만들어 낼 수 있는 강한 혁신 문화가 필요하다. 디자인 씽킹은 문제를 대하는 마음가짐뿐만 아니라 그것을 해결하는 유용한 방법론으로 강한 무기가 될 것이다.

°미래를 통찰하는 공감의 힘

벵갈 호랑이가 사무실에 나타난다면

미국의 혁신 디자인 컨설팅 업체인 점프의 CEO이자 전 세계 기업들이 앞다투어 섭외하는 컨설팅 전문가 데브 팻나이크는 자신의 저서《와이어드》Wired to Care에서 조 로드Joe Rohde가 디즈니 동물의 왕국Disney's Animal Kingdom 사업을 진행한 과정을 소개했다. 조 로드는 많은 사람이 반대한 디즈니 동물원 사업의 아이디어를 이사회에서 관철시켰는데 개발비용 대비 수익성에 대한 경영층의 회의적인 판단을 뒤집기 위해 그는 직접 아프리카 오지에서 터득한 공감 디자인을 활용했다. 부정적인 의견과 질문이 이어지자 조 로드는 회의실 문을 열고 집채만큼 큰 벵갈산 호랑이 한 마리를 데리고 들어왔다. 아무도 예상하지 못한 갑작스러운 상황에 사람들은 혼비백산할 수밖에 없었다. 그리고 호랑이는 큰 소리로 으르렁거리며 머리를 디즈니 CEO인 마이클 아이즈너의 몸에 비비기 시작했다. 이 순간 아이즈너는 이렇게 말했다고 한다. "당신이 무엇을 말하고자 하는지 알겠소." 아이즈너는 책상에서 작성한 보고서를 수없이 검토했지만, 실제로 벵갈 호랑이를 경험한 것은 처음이었다.

결국 이사회는 사업 계획을 승인했고, 동물의 왕국은 매년 수백만 명의 관광객이 찾는 세계 최고의 놀이공원으로 자리 잡았다. 조 로드는 안락한 책상이 아니라 아프리카를 탐험하고 직접 현장을 경험하면서 공감한 자신만의 직관으로 사업의 성공을 확신할 수 있었다. 이 사례는 책상에서 만들어 내는 완벽한 보고서가 아니라 실제로 시장에서 제품이나 서비스를 이용하는 고객의 입장에서 어떤 경험을 하게 될지 체감해 보려는 노력이 얼마나 중요한지 보여준다. 숫자보다 중요한 것은 고객과의 공감을 통한 창의적 통찰이며, 이는 혁신을 추구하는 기업과 조직, 개인에게 새로운 사업 기회를 선사한다. 시장으로부터 공감적 통찰과 직관을 얻기 위해서는 책상에서 만나는 상상 속의 고객이 아니라 시장의 진짜 고객을 만나기 위해 떠나야만 한다.

공감 디자인으로 미래를 통찰하라

이제는 일상이 되다시피 한 개인과 조직의 혁신 활동에서도 우리는 여전히 창의적 통찰에 대한 결핍을 느끼곤 한다. 창의적 통찰이란, 기존의 고정관념에서 벗어나 관점의 전환을 유발하는 독창적이고 가치 생산적인 사고를 말한다. 나는 이 책에서 창의적 통찰에 기반한 구체적이고 실질적인 혁신 방법으로 '공감 디자인'을 제안한다. 공감 디자인은 상품 기획자나 의사 결정자들이 자사의 제품과 서비스를 이용하는 사용자에게 보다 행복한 경험을 제공하기 위해 스스로 사용자의 맥락 속으로 들어가 그들과 공감하려는 마음가짐이자 일하는 방법론을 말한다.

이 책에서 나는 고객과 사용자라는 용어를 섞어서 사용했다. 엄밀히 보면 비즈니스 관점에서 고객이 더 넓은 개념이지만, 공적인 개념의 서비스 등에서는 사용자도 포함하기 때문에 여기서는 특별히 구분하지 않고 사용했다.

모든 기업과 조직은 자사의 제품과 서비스를 이용하는 고객과의 관계 속에서 비즈니스 활동을 영위하고 있다. 따라서 기업은 자사의 고객을 제대로 이해하고 그들이 진정 원하는 제품과 서비스를 시장에 제안해야 한다. 공감 디자인은 앞서 강조한 혁신의 네 가지 큰 변화 속에서 미래지향적 사용자 통찰을 발견하고 기업과 조직, 개인 단위의 혁신을 성취하는 데 유용한 툴이 될 것이다. 공감 디자인은 일반 기업체의 상품뿐만 아니라 정부 기관이나 공공기업, 중소 스타트업들이 제공하는 서비스까지 모두 포함한다. 또한 일반 사원에서부터 최고 경영자에 이르기까지 거의 모든 사람이 고객과 마음으로 소통하여 통찰과 혁신적인 아이디어를 발견할 수 있는 실질적인 방법이 될 것이다.

여기서 말하는 디자인은 넓은 의미의 디자인이다. 디자인이라고 하면 흔히 겉으로 드러나는 상품의 외양을 보기 좋게 디자인하거나 건축물을 멋지게 디자인하는 예술 영역으로 생각하기 쉽다. 하지만 이 책에서 말하는 디자인은 기업이나 공공기관이 제공하는 제품과 서비스 전략, 상품 기획, 프로세스 설계, 구체적인 콘셉트의 실행 계획까지 포괄한다. 그러한 업무 담당자 또는 의사결정을 내리는 사람들을 '기획자 및 디자이너'라고 정의했다. 이 디자인에 대한 정의는 디자인 씽킹에서 말하는 디자인의 개념과 같다. 따라서 이 책에서 말하는 디자인은 제품이나 서비스를 이용하는 사용자 중심의 창의적 업무 및 관련 프로세스를 의미한다. 나는 이러한 디자인 과정에 '공감'이라는 핵심 가치가 기업 철학과 업무 방법으로 자리 잡기를 희망한다.

공감 디자인은 내가 회사의 지원으로 다녀온 시카고 IIT 디자인 대학원에서 배운 혁신 디자인 방법론과 오랫동안 이동통신 및 플랫폼 비즈니스 기업에서 경험한 인간 중심의 혁신 방법론인 HCI에 그 기반을 두고 있다. HCI는 SK텔레콤과 SK플래닛에서 신성장 사업 개발 및 비즈니스 혁신 모델을 발굴하기 위해 2006년부터 활용해 온 디자인 방법론이다. HCI 팀은 회사의 새로운 먹거리를 위한 기회 영역 및 비즈니스 모델 발굴, 이미 시장에 나와 있는 서비스의 새로운 가치 제안, 구체적인 신상품 개발을 위한 창의적 아이디어 및 콘셉트 개발 등을 9년 동안 수행해 왔다. 11번가, 스마트월렛(시럽), OK캐쉬백 등 커머스 영역에서부터 SK텔레콤 컨버전스 스토어, U-헬스케어, 스마트러닝, SNS 등 170개 이상의 크고 작은 프로젝트를 수행한 경험이 있다. 또한 디자인 씽킹에 기반한 HCI 방법론을 SK그룹의 직원들에게 알리는 역할을 수행하고 있다.

HCI 팀은 디자인 씽킹의 철학과 방법론을 오래전부터 발전시켜 온 아이디오나 도블린, 왓이프와 같은 수많은 이노베이션 조직과 공동 프로젝트를 진행했으며 시카고 IIT 디자인 대학원 등과 학문적 교류를 통해 방법론을 벤치마킹했다. 또한 10여 년간 수많은 국내외 프로젝트를 진행하며 한국의 기업 문화에 최적화된 인간 중심의 혁신 방법론으로 발전시켜 왔다. HCI 방법론은 문제 정의Define, 발견하기Find, 분석 및 종합하기Analyze&Synthesize, 아이디어 내기Ideate, 콘셉트 개발하기Develop라는 5단계의 프로세스로 진행된다. 이 모든 과정은 프로젝트 멤버들이 직접 참여하여 실제 사용자와 소통하면서 관찰한다. 그리고 분석과 종합의 과정을 거치면서 사용자 인사이트를 발견하며, 서비스 아이디어와 콘셉트를 디자인한다. 특히 '공감 디자인'은 내가 다양한 프로젝트를 현장에서 진행하면서 깨달은 실질적이고 현실적인 경험과 가슴 뜨거운 통찰에서부터 출발하였다.

공감 EMPATHY

새로운 통찰을 발견하는 창의적 생각 도구

° 우리는 왜 진짜 고객과 멀어졌을까

오늘날 수많은 기업과 기관이 사용자의 니즈를 해결하는 제품이나 서비스를 만들기 위해 온갖 노력을 기울이고 있다. 비즈니스에서 '고객은 왕이다'라는 명제가 존재하듯 고객이 비즈니스의 중심에 선 지 오래되었다. 그러나 실제로 사용자가 진정 원하는 것이 무엇인지를 찾아내는 것은 여간 어려운 일이 아니다. 사람들에게 아직 충족되지 않은 잠재 니즈를 발견하는 것은 다른 경쟁자와 차별화하여 새로운 시장을 창출하기 위해 반드시 필요하지만, 어디서부터 어떻게 시작해야 할지 막막하기만 하다.

HCI 팀에 합류한 지 얼마 되지 않았을 무렵, 나는 회사에서 개발한 기술을 적용할 만한 사용처를 발굴하는 프로젝트를 진행한 적이 있다. 프로젝트를 의뢰한 조직의 기술 전문가, 사업 개발을 담당하는 기획자가 함께 참여하였다. 우리는 해당 업계의 전문가를 꽤 많이 만났고, 적합한 고객군을 선별하여 심층 인터뷰와 관찰 조사를 진행하였다. 고객의 가정을 방문하여 실제로 고객들이 서비스를 어떻게 이용하는지, 어떤 불편함을 겪고 있는지 세세한 부분까지 살펴볼 수 있었다.

세 시간 정도의 고객 인터뷰와 관찰 조사를 마치고 나오는 길에 사업 기획을 담당하는 선배가 이런 말을 했다. "나는 올해로 15년째 서비스 기획을 해왔는데, 고객을 직접 만나서 그들의 이야기를 듣고 서비스를 사용하는 모습을 살펴본 것은 이번이 처음이야. 고객의 말에 너무나 공감되고 흥분되기까지 하더군." 선배의 솔직한 이야기를 듣고 나는 많은 생각을 했다. 그 선배만의 이야기가 아니라 상품을 기획하고 디자인하는 우리 모두의 현실적인 고민이기 때문이다. (출처《당신의 한줄은 무엇입니까》)

많은 사람이 기업이나 공공기관에서 제품과 서비스를 기획하고 디자인하는 일을 한다. 그러나 실제로 고객의 말과 행동을 유심히 관찰하고 그들이 진정 원하는 것이 무엇인지 발견하려는 노력이 부족한 경우가 많다. 나 역시 오랫동안 사무실 책상에 앉아서 머릿속으로 고객을 상상하며 일했다. 마치 나 스스로 진짜 고객이라도 된 것처럼 최면을 걸면서 말이다. 효율성이라는 이름으로 외부 컨설팅이나 리서치 업체에 그 일을 맡기고 나는 그들이 제공하는 보고서의 '책상 고객'만 만날 뿐이었다. 요즘은 빅데이터 속에 답이 있다고 해서 많은 관심을 끌고 있다. 물론 그런 분석적인 방법론과 보고서의 가치가 높은 것도 사실이지만, 먼저 나 자신이 시장의 진짜 고객과 충분히 공감하고 더 많이 이해하려고 노력할 때 그것의 효과를 기대할 수 있을 것이다.

공감의 끈은 왜 끊어졌는가

시계를 거꾸로 돌려 100년 전으로 돌아가 보자. 근대화가 본격적으로 시작되기 전 사람들이 물건을 사고파는 환경을 그려 보는 일은 그리 어렵지 않을 것이다. 중개상이 존재하기는 했지만, 대부분 물건을 만든 생산자가 자신의 가게나 시장에 나가 지역 사람들에게 물건을 판매하였다. 생산자는 자신이 만든 물건을 사용하게 될 사람들이 누구인지 잘 알고 있었다. 고객이 생산자에게 "이 물건이 저에게는 조금 큰 것 같으니 이 부분을 작게 고쳐 주세요."라고 요청하는 것도 그리 어렵지 않았을 것이다. 그리고 제품에 이상이 있으면 언제든지 찾아와 문제를 해결할 수 있었다. 이런 과정에서 생산자는 고객이 원하는 것이 무엇인지 즉각 파악할 수 있었다. 그야말로 고객에게 맞춤형 서비스가 가능했고 생산자와 소비자 사이에는 보이지 않는 '공감의 끈'이 연결되어 있었다. 공감의 끈이란 생산자와 소비자가 상대의 감정이나 의견을 충분히 이해하고 자신도 그렇다고 진심으로 느끼는 심리적 유대감을 의미한다.

자, 이제 시간을 다시 앞으로 돌려 오늘날의 기업 현실을 들여다보자. 더 이상 가내수공업 규모의 생산자 환경은 찾아보기 어렵다. 생산자와 소비자가 공감의 끈으로 연결된 시대와 달리 오늘날은 물건을 만들어서 판매하는 사람들과 그것을 소비하는 사람들 사이에는 비용 절감이나 데이터 마케팅과 같은 효율성이라는 덫이 존재한다. 이러한 덫에 빠져들면 생산자와 소비자 사이에 존재하는 공감의 간극은 점점 멀어질 수밖에 없다.

데브 팻나이크는 《와이어드》에서 산업혁명이 기업 환경에 미친 영향을 자세히 소개했다. 예를 들어 대형 스포츠 용품 기업 K2는 더브스를 인수한 후 생산 공장을 버몬트에서 중국 광저우로 이전했는데, 대부분의 공장 직원들이 한번도 눈을 구경한 적이 없었다. 본사 기획자나 디자이너들이야 눈과 관련한 스포츠에 대해 잘 알고 있었지만, 생산직 근로자들의 창의적인 제안을 기대할 수가 없었다고 한다. 그는 산업혁명 이후 멀어진 소비자와 생산자간 거리를 좁히고 그들 사이의 장벽을 허물어야 한다고 강조했다.

그렇다면 생산자와 소비자가 느끼는 공감의 간극이 점점 멀어지는 구체적인 이유는 무엇일까.

1. 복잡한 생산 과정 및 정보의 계층화

상품을 생산하여 소비자에게 판매하기까지 기획, 생산, 유통, 판매라는 복잡한 여정을 거치게 된다. 각각의 과정에서 참여자들은 자신이 맡은 역할을 성실히 수행한다. 상품 기획자는 상품을 더 많이 판매하기 위해 여러 가지 마케팅 전략을 수립한다. 정기적으로 판매 데이터를 파악하며 소비자가 어떤 제품을 많이 소비하는지 등의 동향을 조사하기도 한다. 기획자들은 기존 상품 외에도 신상품을 기획하여 끊임없이 트렌드를 주도해야만 한다.

기업의 유형과 상품 카테고리에 따라 다르지만 대부분의 기획자는 상품 기획에서부터 판매 관리에 이르는 방대한 업무를 수행하고 있다. 이러한 일련의 활동에는 고객들이 해당 상품을 어떻게 생각하는지, 어떻게 개선되기를 원하는지 파악하는 일이 가장 중요하지만, 제대로 알아내기가 결코 쉽지 않다. 게다가 기존 고객을 만족시키면서 신규 고객을 유입하는 신상품을 개발해야 하는 상황에서 고객의 잠재된 니즈를 충족시키는 독창적이고 가치 있는 상품을 만들기란 더욱 어려울 수밖에 없다. 기획자는 현장의 영업 사원이나 고객 상담 시스템을 통해 간접적으로 상품에 대한 반응이나 의견을 수렴하는 정도에서 만족하게 된다.

일반 제조업의 경우, 보통 고객과 직접 만나는 판매 사원, 관리 직원, 영업 담당, 상품 기획자에 이르는 정보 흐름의 계층 구조를 지닌다. 이 과정에서 일부의 정보로 전체를 판단하거나 개인이나 조직의 이해관계에 따라 해석을 다르게 하는 정보 왜곡의 문제가 일어날 수 있다. 고객의 니즈를 파악하는 또 다른 채널로 상품 기획자는 정기적으로 고객 반응 조사나 컨설팅을 의뢰한다. 실제 판매 데이터뿐만 아니라 좌담회나 정량 조사 등을 통해 자사 상품에 대한 고객의 반응을 파악하고 제품의 개선과 신상품 개발의 팁을 얻게 된다.

하지만 외부 업체의 도움을 받아 자사 고객에 대한 인사이트와 아이디어를 얻는 방법 역시 한계가 있다. 먼저 의사결정의 타이밍 이슈다. 요즘처럼 변동성이 큰 시장 환경에서는 고객 접점의 반응이나 사용자 니즈를 시의성 있게 파악하는 것이 매우 중요하다. 그런데 외부 업체의 컨설팅을 필요할 때마다 진행하기에는 비용과 시간이 많이 들 수밖에 없다. 또 다른 문제는 진짜 고객과 공감하는 데 한계가 있다는 점이다. 기획자 입장에서는 직접 조사에 참여하지 않았기 때문에 외부 업체에서 제공하는 보고서의 고객 인사이트에 대해 세세하게 이해하기가 쉽지 않고 공감이 되지 않는 경우도 많다.

2. 사용자 니즈의 다양성 증가

제품과 서비스는 타깃을 세분화해야 한다. 어떤 대상에게 어떤 가치를 줄 것인지 명확히 규명되어야 신상품 기획에서 판매 전략까지 관통하는 상품의 콘셉트를 잡을 수 있다. 그런데 어떤 대상에게 어떤 가치를 줄 것인지 규명하는 일은 결코 쉽지 않다. 사람마다 특정 상품에 기대하는 가치가 다르기 때문이다. 남자와 여자, 20대와 40대, 대학생과 직장인, 맞벌이 주부와 초등학생 자녀를 둔 전업주부 등 성별, 연령, 직업 등 인구통계학Demographics 측면뿐만 아니라, 해당 제품이나 유사 제품을 사용해 본 경험이 있는지 등 소비자의 소비 패턴까지 반영되면 신상품 기획에서 소비자의 니즈를 규정하는 것은 더욱 어려워진다.

기존 상품을 이용하는 고객도 마찬가지다. 특정 소비자 집단을 타깃 팅하여 상품을 출시하지만, 시간이 지나면서 소비자들이 그 상품에 대해 느끼는 체감 가치가 변화하거나 핵심 사용 계층이 이탈하는 현상도 발생할 수 있다. 특히 오늘날과 같이 소비자의 취향이 다양해지고 선호도가 사용 맥락에 따라 크게 달라지는 환경에서는 소비자의 니즈를 정확하게 파악하는 것이 어려울 수밖에 없다. 이는 상품을 기획하는 입장에서 보면 여간 곤란한 일이 아니다. 단순히 판매 데이터로 고객의 변화하는 니즈를 파악하는 데에는 한계가 있을 수밖에 없다. 이러한 생산자와 소비자의 간극을 메울 수 있는 방법으로 공감 디자인은 매우 의미 있는 접근이다.

° 사람들은 자신이 무엇을 원하는지 알지 못한다

기업 혁신의 지향점은 항상 미래를 향한다. 자사 제품이나 서비스를 사용하게 될 미래의 소비자는 과연 무엇을 원하는가? 어떻게 하면 우리의 고객들이 열광하는 상품을 만들어 낼 수 있을까? 이 질문에 대한 답을 찾기 위해 기업에서 많은 자원을 쏟아 붓지만, 그 답을 찾기란 쉽지 않다. 막대한 비용을 들여 시장조사를 실시한 후 야심차게 출시한 코카콜라의 뉴코크가 실제로 시장에서 소비자들로부터 외면당한 사례는 매우 유명하다. 현재의 제품과 서비스에 대한 단순한 개선을 넘어, 새로운 비즈니스의 기회를 발견하기 위해 우리는 외부 고객 조사에만 의존하지 말고 직접 진짜 고객과 소통하는 노력을 기울여야 한다.

과거 코닥이 동시대의 소비자를 대상으로 심층 인터뷰나 좌담회를 실시했다고 해서 사람들로부터 디지털카메라가 가져올 새로운 사용자 경험에 대한 이야기를 들을 수 있었을까? 사람들은 자신이 경험해 보지 못한 혁신적인 미래 경험에 대해서는 제대로 이야기하지 못한다. 오히려 새로운 기술과 학습 비용에 대한 부정적인 선입견으로 거부감을 갖는 경우가 많다. 아이폰이 그랬듯, 전혀 새로운 사용자 경험은 온전한 제품과 서비스가 내 손에 쥐어졌을 때 깨닫게 된다. "와우, 바로 이거였어!"라고 소리치면서 말이다. 1903년 헨리 포드가 자동차를 세상에 내놓기 전까지 사람들에게 "당신이 원하는 것이 무엇인가요?"라고 물었다면, 대부분 '빠른 말'이라고 답했을 것이다. 사실 사람들이 진짜 원했던 것은 빠른 말이 아니라 '빠른 운송 수단'이다. 이렇게 자신의 경험에 비추어 생각하고 판단하는 사람들의 한계에 주의할 필요가 있다.

결국 소비자가 열광하는 제품이나 서비스는 기업 활동을 하는 기획자나 디자이너, 의사 결정자들이 미래지향적인 고객 통찰을 통해 만들어 내야 한다. 상품을 디자인할 때 주의해야 할 점 중 하나가 바로 사용자에게 혁신적인 사용 경험을 물어보는 것이다. 사람들이 아무리 자신의 경험에 기초하여 충실하게 대답하더라도 그것을 경험하고 응답하는 시점의 시차에서 오는 왜곡된 정보가 생각보다 클 때가 많다. 또한 사용자는 자신이 좋아하는 제품이나 서비스에 대해 크게 고민하지 않는다. 단지 나에게 즐거움과 효용을 주는 상품에 기꺼이 돈을 지불하고 가치 있게 사용할 뿐이다.

이처럼 사용자들의 내면 깊숙한 곳에 숨어 있는 니즈를 파악하는 일은 결코 쉽지 않다. 일반적인 사용자 조사는 사람들의 언어적 반응에 기초하기 때문이다. 사실 언어는 인간의 진화 과정에서 불과 수십만 년 전에 탄생했다. 특히 문자화된 방식의 의사 전달은 역사가 훨씬 짧다. 사람의 진짜 속마음은 언어가 아니라 시간과 공간의 맥락, 제스처, 눈짓 등 비언어적인 단서에 의해 훨씬 진실하게 전달된다. 이러한 비언어적이고 무의식적인 전달은 자신도 모르게 나타나는 동물적인 감각의 영역이라 할 수 있다. 즉 기획자나 디자이너의 해석으로 밝혀 내야 하는 영역인 것이다.

실제로 내가 속해 있는 HCI 팀은 프로젝트의 주제와 관계없이 직접 고객을 만나고 현장에서 관찰을 진행한다. 얼핏 보면 비효율적으로 비쳐질 수도 있지만 우리가 오랫동안 이런 방식을 고집하는 이유는 현장에서 고객과 공감하며 비언어적 뉘앙스까지 캐치하기 위함이다. 분석의 과정에서 우리는 인터뷰 내용을 스크립트, 즉 고객이 한 말을 그대로 기록한 문서로 분석하는데 내가 직접 참여하지 않은 인터뷰에서는 그 내용을 분석할 때 어려움을 겪을 수밖에 없다. 활자화된 고객의 말 속에서 실제 의미하는 바가 무엇인지 알아채기 힘든 경우도 많다. 현장에서 고객의 몸짓이나 눈빛과 함께 전달될 때 그 언어는 진실에 가까워지기 때문이다. 필요한 경우 인터뷰 내용을 담은 비디오를 틀어서 확인하기도 하지만, 이 역시 현실적으로 쉽지 않다. 그래서 우리는 비언어적 반응마저 놓치지 않기 위해 직접 현장으로 향한다. 그리고 사용자의 실제 환경에서 무의식적인 행동을 관찰하고 그들이 처한 다양한 환경에서 언어가 들려주지 못하는 여러 가지 증거를 수집한다. 일련의 과정에서 우리는 정작 고객 자신도 느끼지 못하는 잠재된 니즈를 발견하기 위해 노력하고 있다.

° 총체적으로 사람의 욕구를 파악하라

이 책에서 나는 니즈를 기능적 필요와 심리적 욕구나 욕망을 포괄하는 용어로 사용하였다. 또한 맥락에 따라 잠재 니즈와 욕구라는 표현을 혼용하였다. 시장에서 의미 있는 사용자 니즈를 발견하고자 할 때 주의해야 할 점은 니즈를 총체적이고 다면적으로 판단해야 한다는 것이다. 그래야 좀 더 객관적이고 공감도 높은 통찰을 얻을 수 있다. 하나의 현상을 보고 고객의 니즈를 1차원적으로 판단하다 보면 자칫 낭패를 보기 쉽다. 이 책의 주요한 내용도 사람들의 총체적인 경험 안에서 사용자와 어떻게 공감하고 어떻게 그들의 니즈를 이해할 것인지에 대한 부분이다. 또한 이 장에서는 사람들의 욕구가 발현되는 배경으로 감성적, 문화적, 인지적, 물리적 인간 요소라는 네 가지 특성을 정의하였다. 이것은

IIT 디자인 대학원의 필수 과목이기도 한데, 사람들의 행동과 인식의 동기를 이해하는 데 도움이 될 것이다.

순간의 경험이 아니라 전체 여정을 보라

어떤 주제에 대한 사용자 통찰을 얻고자 할 때 대부분 사용자가 해당 제품이나 서비스를 이용하는 순간의 경험에 집중하기 쉽다. 특히 기업의 입장에서는 자사 상품을 이용하는 동안 어떤 불편함을 겪었는지, 개선할 점은 없는지 파악한다. 그러나 사용자의 내적 욕구를 이해하기 위해서는 전체적인 맥락을 살펴봐야 한다. 시내버스 회사라면 승객들이 버스를 타서 운행 중에 무엇을 원하는지 알고자 할 것이다. 마트를 운영한다면 사람들이 마트에 들어와서 나갈 때까지 어떻게 하면 더 나은 서비스와 경험을 제공할 것인지 연구하게 된다.

그러나 사람들의 장보기 프로세스는 쇼핑 전날 밤부터 시작되기도 한다. 내일 마트에 가면 어떤 물건을 살지 고민하고 포스트잇에 메모를 하기도 하고, 혼자 사는 사람이 구입하기에 용량이 큰 제품의 경우 친구에게 전화를 걸어 같이 살까 의논하기도 한다. 물건을 구매한 후에도 어떤 품목은 너무 비싸게 사지 않았는지 검색을 하다 더 싸게 파는 곳을 발견하면 환불을 해야 하나 고민한다. 이것이 사용자의 관점이다. 사용자의 경험 여정은 훨씬 넓고 깊다. 사용자의 전체적인 경험을 봐야 하는 이유에 대해서 다른 예를 살펴보자.

2008년 나는 IIT 디자인 대학원에서 디자인 종합Design Synthesis이라는 수업을 들었다. 특정한 주제에 대해 사람들의 행동양식과 인식을 파악하고 데이터를 분석, 종합하여 의미 있는 사용자 통찰과 상품의 콘셉트를 제안하는 워크숍 형태의 수업이었다. 세 명으로 구성된 우리 프로젝트 팀의 주제는 래디슨Radisson이나 스프링 호텔Spring Hotel 같은 중형급 호텔에 새로운 서비스 콘셉트를 제안하는 것이었다. 당시 리먼 브라더스 사태 등 미국 경기가 침체된 상황에서 호텔에 도움이 될 만한 콘셉트를 만들기 위해 우리는 관찰 조사와 현장 인터뷰를 계획했다.

맨 처음 우리가 집중한 부분은 호텔 로비와 룸서비스같이 호텔 내부 프로세스에 관한 것이었다. 나는 시카고 시내에 있는 몇 개의 호텔을 정한 후 손님을 가장하여 호텔 룸을 소개 받으며 세세한 내용을 조사했다. 그리고 호텔 로비에 앉아 손님들과 직원들의 행동을 관찰했다. 호텔 로비는 여행객들이 쉴 수 있는 첫 번째 장소이며 호텔의 얼굴이기 때문에 호텔 입장에서는 가장 신경 쓰는 부분이었다. 그런데 호텔에 들어선 여행객들의 표정이 그다지 밝아 보이지 않았다. 공항이나 기차역에서 지친 몸을 이끌고 도착했으니 여행객들의 피로한 모습은 당연했을 것이다.

한참 동안 로비에 앉아 관찰하던 나는 두 명의 젊은 부부가 나누는 이야기를 듣게 되었는데, 그동안 내가 생각하지 못했던 인사이트를 발견했다. 호텔 룸에서 편한 옷으로 갈아입은 부부는 "이제 어디로 가볼까? 이 동네에서만 느낄 수 있는 흥미진진한 것이 없을까?" 하는 이야기를 주고받으며 로비에 한동안 서 있더니, "일단 나가 보자."라며 호텔을 나섰다.

순간 나는 지금까지의 접근 방식이 잘못되었다는 사실을 깨달았다. 호텔 로비를 어떻게 바꿀까, 룸서비스를 어떻게 개선할까 하는 등 호텔 사업자 관점이 아니라, 호텔을 이용하는 사용자의 관점에서 생각하게 된 것이다. 사람들이 진짜 원하는 것은 '훌륭한 호텔 서비스'보다 '시카고에서의 즐거운 여행'이었다. 왜 나는 여행자의 경험을 호텔 안에 가두고 있었을까? 이는 분명 서비스를 공급하는 사업자의 시각이었다.

우리 프로젝트 팀은 호텔 로비나 고객 서비스처럼 호텔 안으로 생각의 틀을 가두지 않고 낯선 도시에서의 여행과 호텔 이용 경험으로 사고의 범위를 넓혔다. 그리고 전체적인 경험 여정을 여행의 관점에서 계획, 예약, 이동, 체크인, 호텔 이용, 체크아웃, 다음 여행 등 전체적으로 확장하고 그 안에서 호텔 사업자가 제공할 수 있는 가치와 서비스 아이디어를 발굴했다.

우리는 개인 맞춤형 편안함Customized Comforts, 편의성Convenience Comforts, 연결의 즐거움Connected Comforts이라는 세 가지를 제공하는 가치와 함께 세부적인 서비스 콘셉트를 도출하였다. 예를 들면 셔틀버스에서의 모바일 사전 체크인, 모바일 RFID 기능을 활용한 스마트 키 서비스 등을 제안했다. 현재 스타우드Starwood 호텔 체인은 스마트폰과 애플워치의 블루투스 기능을 활용한 사전 체크인 및 도어 자동 오픈 서비스를 실험적으로 제공하고 있다. 또 프로젝트 팀은 인터뷰와 설문조사를 통해 여행지에서의 지역 탐방에 대한 기대를 해결하기 위해 페이스북이나 호텔 파트너십과 연계한 소셜 커넥션 서비스 등을 제안하였다.

이처럼 특정 제품이나 서비스의 사용자 경험으로부터 통찰을 얻고자 할 때는 사용자 경험에서 총체적으로 살펴볼 필요가 있다. 특히 사업자의 관점이 아니라 사용자의 입장에서 제품이나 서비스를 이용하는 범위를 넓게 확장하면 새로운 사용자 가치와 아이디어를 얻을 수 있다. 기회는 늘 봐왔던 중심부가 아니라 생각지도 않았던 주변부에 있는 경우가 많기 때문이다.

인간의 욕구는 다면적이다

이제 사람들의 욕구가 발현되는 배경과 상품을 기획하는 과정에서 고려해야 할 다면적인 인간 요소에 대해 알아보자. 인간의 욕구를 충족시키는 제품이나 서비스를 디자인하기 위해서는 심리적 영역에 해당하는 감성적, 문화적 요소와 함께 물리적, 인지적 인간 요소와 같은 기능적 영역까지 충분히 고려해야 한다.

1. 감성적 인간 요소 Emotional Human Factors

사람들의 내면에 흐르는 욕구를 이해하는 데 있어 감성적 인간 요소는 무엇보다 중요한 역할을 한다. 사람의 감성Emotion을 특별한 이벤트에 반응하는 느낌 정도로 생각할 수 있지만, 살아 있는 인간이라면 언제나 특정한 감정 상태에 있다. 이성과 대비되는 감성은 사람들이 구매를 결정하는 중요한 동기가 되며, 소비자의 행동에도 영향을 미친다. 비합리적이고 감정적인 경제 주체로서의 인간의 속성을 탐구한 행동경제학

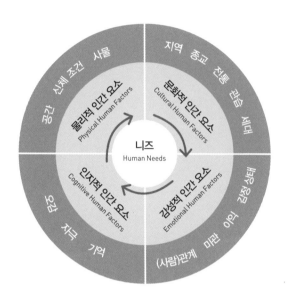

의 창시자 대니얼 카너먼Daniel Kahneman이 주장한 것처럼 경제활동에서 소비자의 판단 기준은 이성뿐만 아니라 감성적 요인에 의해 큰 영향을 받는다는 사실은 디자인적 사고에 기반한 기획 과정에도 많은 시사점을 준다.

　주말에 친구들과 홍대 앞으로 놀러 갔다 도로에 세워진 람보르기니를 봤다고 해보자. 내 몸은 앞으로 걷고 있지만 눈은 자동차를 향할 것이다. 그런데 똑같은 자동차가 정비소에서 수리되고 있는 모습을 보았다면 그렇게까지 나의 욕망을 자극하지는 않았을 것이다. 맥락에 따라 같은 대상도 다르게 받아들여지는 것은 사람의 감성이 그만큼 고정된 것이 아니라 변화무쌍하다는 점을 보여준다.

아프지 않아도 언제든지 찾아가 차를 마시면서 의사와 30분 정도 상담을 받을 수 있는 병원이 있다. 언젠가 제너럴 닥터의 김승범 원장을 인터뷰한 적이 있다. 병원이나 의사가 아니라 환자의 입장이 되어 보니 전혀 다른 모습의 병원을 탄생시킬 수 있었다고 한다. 나는 그가 어린이들을 위해 디자인한 곰돌이 청진기가 무척 인상적이었다. 대부분 아이들은 청진기만 봐도 큰 소리로 울음을 터트리는데, 울음을 그칠 때까지 그가 할 수 있는 것은 아무것도 없었다고 한다. 그래서 아이의 입장에서 고민한 결과 김승범 원장이 생각해 낸 해결책은 곰돌이 인형이었다. 몇 번의 실패 끝에 곰돌이 인형 속에 무선 청진기를 넣는 식으로 해결책을 찾았다고 한다. 아이들은 똑같이 청진기로 진찰을 받지만 곰돌이 인형이라는 감성적 자극물에는 전혀 다르게 반응한다. 의사지만 환자의 마음으로 청진기를 바라봤던 그의 이야기를 듣고 공감을 기반으로 하는 디자인이 우리 사회에 얼마나 의미 있는 역할을 할 수 있는지 깨달았다.

2010년 나는 스마트폰의 활성화를 위한 방향성을 제안하는 프로젝트에 참여한 적이 있다. 프로젝트 팀은 연령이나 직업 등 데모적 특성과 함께 새로운 기기에 대한 수용성 등을 고려해 여러 명의 사용자를 만나 심층 인터뷰를 진행하고 스마트폰을 사용하는 모습을 관찰했다. 특히 우리는 스마트폰의 초기 사용자에 주목했다. 초기 사용자들은 비구매 요인과 구매 동인의 실마리를 찾는 데 크게 도움이 되기 때문이었다.

스마트폰의 초기 사용자들에게서 발견되는 몇 가지 상반된 키워드는 '두려움'과 '신세계'였다. 전혀 경험해 보지 못한 고기능의 스마트 기기는 일반 폰에 익숙한 사람들에게 두려움 그 자체였다. 특히 많은 여성이 기기에 대한 두려움으로 스마트폰을 '나에겐 쓸모없는 기능으로 가득 찬 값비싼 기기'로 자기방어적 정의를 내린 경우도 많았다. 사람들은 스마트폰이 주는 이득보다 제대로 쓰지 못할 경우의 손실에 대해 더 걱정하고 있었다. 반면 적극적으로 기능을 배우는 사용자들은 스마트폰에 대해 '날마다 새로운 즐거움을 발견하게 해주는 신세계'로 인식하고 있었다. 사업자 입장에서는 '내가 과연 이 물건을 잘 쓸 수 있을까?'라는 불안감을 가지는 사람들에게 생활에 필요한 앱을 체험하게 함으로써 필요성을 느끼게 하는 것이 무엇보다 중요했다.

또한 스마트폰의 초기 사용자들을 만나면서 '동질감'이라는 요소를 발견했다. 아이폰 사용자 주변에는 아이폰을 쓰는 사람이 많았고, 삼성폰 사용자 주변에는 삼성폰을 사용하는 사람이 많았다. 각 폰의 운영 시스템이 다르기 때문에 지인들 간에 앱을 공유하려는 기능적인 이유도 있지만, 전혀 경험해 보지 못한 새로운 기기의 두려움을 친구나 지인들이 사용하는 폰을 구입함으로써 해결하고자 하는 심리적 위안이 작용했다. 소비자의 이러한 감성적 가치는 비즈니스 측면에서도 큰 의미를 가진다. 상품 기획이나 판매 전략의 타깃을 단순히 연령이나 지역과 같은 데모적 특성에서 벗어나 '주변의 나와 비슷한 사람들'로 확장할 수 있는 통찰을 주기 때문이다.

감성적 인간 요소는 인간관계나 경제적 자극, 미적 외관, 감정 상태 등에 의해 영향을 받게 된다. 나는 실제로 여러 프로젝트에서 소비자들의 감성적 구매 동인을 발견하는 데 많은 노력을 기울이고 있다. 소비자의 구매에 영향을 미치는 경제적 요인이나 기능적 편의성은 소비자가 쉽게 설명해 주기 때문에 그 가치를 발견하기가 그다지 어렵지 않다. 그만큼 경쟁자들도 이미 알고 있을 가능성이 크며 다양한 해결책이 제시된 경우가 많다. 반면, 감성적 영역의 동인을 발견하기 위해서는 더 많은 노력과 몰입의 과정이 필요하지만, 그것을 발견했을 때 소비자의 잠재적 니즈를 해결할 가능성 또한 높아진다.

2. 문화적 인간 요소Cultural Human Factors

인간은 누구나 자연인으로서의 독특한 문화를 가지고 있다. 선천적인 성향뿐만 아니라 관습이나 사회제도 아래 형성된 그 사람만의 독특한 특성을 읽어 내는 것은 사람들의 숨은 니즈를 찾는 데 있어 매우 중요하다. 개인의 문화는 사회 구성원으로서의 총체적인 문화에 녹아 있는데, 지역이나 종교, 관습 등 오랜 기간 형성된 문화적 특성 안에서 사람들은 사회적 동질감을 느끼고 심리적 안정을 누리게 된다. 사람의 행동이 개인과 문화권에 따라 서로 다른 의미를 가지는 것은 디자인 씽킹에 있어 중요한 고려 요소이다.

네덜란드 델프트 공과대학의 피터 데즈메트Pieter Desmet 교수는 자신이 개발한 프리모PrEmo라는 조사 툴킷을 소개했는데, 사람들의 감정 표현을 14개의 캐릭터로 구분했다. 이것을 만들게 된 이유가 각 국가별로 상이한 언어적 해석의 오류와 문화 차이를 극복하기 위해서라고 했다. 예를 들면, 핀란드 사람들에게 "이 제품은 어느 정도 디자이어러블Desirable한가?" 하는 질문을 하면 점수가 현저히 낮게 나오는데, 디자이어러블을 핀란드어로 번역하면 '굉장히 사고 싶은'이 되기 때문이다.

또 같은 질문을 일본 사람들에게 하면 속마음은 '별로 좋지 않음'에도 불구하고 언어적 표현으로는 '좋음'이라고 답하는 경우가 많다고 한다. 화가 나도 밖으로 잘 드러내지 않는 일본 문화의 영향이다. 그래서 비언어적인 캐릭터의 방식을 고안했다고 한다. 실제로 미국의 세제회사에서 르노르Lenor라는 섬유유연제의 포장 용기 색깔을 변경한 적이 있다. 내용물이 같은 섬유유연제의 포장 용기가 어떤 색이냐에 따라 동유럽과 서유럽 사람들의 선호도가 완전히 다르게 나타났다고 한다. 동유럽은 밝은 색을 선호하지만, 서유럽 사람들은 부드러운 파스텔 톤의 색깔을 선호한다는 것이다.

무사시노 예술대학의 하라 켄야 교수가 《디자인의 디자인》Designing Design에서 일본 국기인 일장기의 붉은 원형에 대한 문화적 코드는 같은 동양권에서도 서로 다르게 나타났다고 했다. 일본의 많은 전후 세대에게 그 원은 평화로운 국가를 상징하지만, 중국 학생들에게 그것의 이미지를 물으면 붉은 피, 군국주의 등을 떠올린다고 한다. 이는 우리나라도 크게 다르지 않을 것이다. 동일한 문화권에서조차 특정 대상에 대해 서로 다른 코드를 가지고 있다는 것을 보면, 인간의 보편적 특성에 숨어 있는 디테일한 역사, 문화적 코드의 중요성을 다시 한 번 깨닫게 된다. 경제 발전의 정도뿐만 아니라 역사나 지리적 환경, 문화적 인간 요소에 대한 고려가 부족하면 비즈니스에서 낭패를 보기 쉽다. 반면, 특정 대상에 대한 문화적 코드를 제대로 읽는다면 기업에게는 새로운 기회일 수도 있다. 문화적 인간 요소에 대한 실질적인 사례와 시사점에 대해서는 파트2의 '코드'에서 자세히 다루도록 하겠다.

3. 인지적 인간 요소 Cognitive Human Factors

미국의 한 가전회사에서 기술적으로 혁신적인 진공청소기를 시장에 내놓았다. 청소기의 소음을 현저히 줄인 것이었다. 결과는 어땠을까? 청소할 때 나는 시끄러운 소리를 없앴으니 당연히 좋은 반응을 얻었을 것 같지만, 결과는 예상 밖으로 저조했다고 한다. 한국과 달리 미국 가정은 대부분 바닥에 카펫이 깔려 있다. 진공청소기로 카펫을 청소할 때 소리가 나지 않으니 사용자는 청소가 잘되고 있는지 인지하기가 쉽지 않던 것이다. '윙' 하고 청소기 모터가 돌아가는 소리를 들으면 이물질이 잘 빨려 들어간다고 느꼈던 것이다. 공감 디자이너라면 소음은 줄이더라도 청소가 잘되고 있다는 느낌을 살릴 수 있는 장치까지 고민했을 것이다.

우리가 사용하는 노트북에도 같은 원리가 들어 있다. 사람들이 과연 소리가 나지 않는 키보드를 원할까? 얼마 전 커피숍에서 옆자리에 앉은 한 직장인이 노트북 앞에 별도의 대형 키보드를 놓고 '탁탁탁' 소음을 내며 타이핑하는 모습을 본 적 있다. 주위 사람들은 모두 인상을 찌푸렸지만, 그 손님은 아랑곳하지 않고 자기 일을 하고 있었다. 주변을 생각하는 배려가 부족하기는 했지만, 그 손님 입장에서는 손과 귀로 전달되는 투박한 자판 소리를 통해 작업이 훨씬 잘되고 있다고 느꼈을 것이다.

이렇게 오감을 통해 들어오는 외부 자극은 중앙처리 장치인 두뇌에서 유추와 가설 평가를 통해 어떻게 반응할지 선택하는 과정을 거친다. 이러한 의사결정 과정에 자극이나 정보의 수, 자신의 경험과 기억 등이 영향을 미친다. 특히 감각기관에 인지되는 외부 자극을 어떻게 구성하는가에 따라 의사결정에 큰 영향을 준다. 제품의 색깔, 글자 모양과 크기, 여백의 구성과 같은 디테일한 요소뿐만 아니라 인터넷 화면을 어떻게 구성하느냐에 따라 매출에 영향을 준다. 온라인 쇼핑몰에서는 소비자들이 서비스 화면에 머무는 동안 어떤 이미지나 버튼에 관심을 많이 갖는지 확인하기 위해 아이트래킹Eye-tracking과 같은 기술을 활용하기도 한다. 어떤 자극에 긍정적인 반응을 보이는지 쉽게 파악할 수 있다.

실제로 사용자들을 만나 보면, 모바일이나 인터넷 화면의 구성이나 유저 인터페이스에 대한 이야기를 많이 듣는다. 이런 요소는 사용자가 제품이나 서비스를 이용할 때 즉각적으로 인지할 수 있고 불편함이나 개선의 필요성을 비교적 쉽게 판단할 수 있다. 이렇게 제품이나 서비스를 기획할 때 사람들의 인지적 요소를 고려하는 것은 가장 기본적인 과정이다. 사람들의 인지적 본능과 경험 등이 구매에 결정적인 영향을 미치고, 사용하는 동안에도 상품의 만족도를 좌우하는 척도가 되기 때문이다.

4. 물리적 인간 요소 Physical Human Factors

몇 년 전 뉴스에서 앞으로 좌측 보행을 폐지하고 우측 보행 정책을 실시한다는 기사가 난 적이 있었다. 좌측 보행은 일제의 영향으로 1921년부터 최근까지 지켜 온 정책이었다. 일본에서 좌측 보행이 정착된 이유는 사무라이들의 칼집 휴대 문화 때문이라고 한다. 사무라이들은 주로 왼쪽 허리에 칼을 차고 다녔는데, 반대편에서 걸어오는 사무라이들과 칼집이 서로 부딪혀 자주 시비가 붙었다고 한다. 이를 피하기 위해 만들어진 보행 기준이 일제강점기부터 그대로 적용된 것이다.

그런데 앞으로는 글로벌 스탠더드에 맞추기 위해 우측 보행을 실시하기로 한 것이다. 사람들 대다수가 오른손잡이이고 무의식적으로 오른쪽으로 움직이려는 본능이 있다. 건널목에서도 좌측으로 보행하다 보니 오른쪽으로 달리는 자동차와 사고가 나는 경우도 빈번했다. 가만 생각해 보니, 백화점에서 에스컬레이터를 타고 내려올 때도 나는 아무 생각 없이 오른쪽으로 돌았던 기억이 났다. 내려가는 길은 왼쪽에 있는데도 말이다. 그렇다 해도 수십 년 동안 익숙해진 사람들의 행동이 쉽게 바뀔지 의문이 들었다. 어린 시절 "자동차는 오른쪽 길, 사람들은 왼쪽 길."하며 노래까지 따라 부르지 않았던가?

그때 이후 나는 지하철이나 백화점같이 유동인구가 많은 곳에 가면 사람들을 관찰했다. 처음에는 예상대로 대부분 왼쪽으로 보행했다. 그런데 불과 몇 년 지나지 않은 지금은 상황이 완전히 달라졌다. 통로 바닥이나 벽에 '우측 통행'이라고 적힌 표시만으로도 많은 사람이 새로운 보행 정책에 적응해 갔다. 형식과 포맷에 해당하는 사회 시스템이나 제도가 이렇게 쉽게 사람들의 습관을 바꿀 수 있다는 것이 놀라울 뿐이다. 하지만 이 변화는 오른쪽으로 움직이려는 인간의 신체적 본능이 있기에 가능했을 테다.

언젠가 공원 화장실에 갔을 때 좌변기가 너무 높아 불편했던 적이 있다. 한국인의 표준 키에 해당하는 나로서는 이해가 가지 않았는데, 공원에서 한참 동안 놀다 보니 그 이유를 알 것 같았다. 외국인이 굉장히 많이 찾는 공원이었다. 공사업체의 단순한 실수든, 외국인을 배려한 것이든 대다수의 시민들에게는 불편한 디자인임에 틀림없었다. 공공디자인의 영역뿐만 아니라 제품이나 서비스를 디자인할 때 인간의 신체적 특성과 환경을 고려하는 것은 너무나 당연하다. 그러나 우리 생활 곳곳에서 사용자의 신체적, 물리적 특성에서 벗어나는 상품을 수도 없이 접한다. 어린이날 아들한테 선물하기 위해 킥보드를 샀는데, 본체와 손잡이를 연결하느라 진땀을 뺀 적이 있다. 게다가 아이의 키에 맞게 높이를 조절하는 부분도 세심한 고민 없이 대충 만들어져서 매우 실망했다.

얼마 전부터 나는 아이폰6를 사용하고 있는데, 화면이 커진 장점은 있지만 그로 인해 한 손으로 화면을 조작하기가 어려워졌다. 모바일의 특성상 대부분 한 손으로 폰을 자유롭게 조작하기를 원한다. 그런데 검색 포털뿐만 아니라 다운 받은 앱의 실행하기, 뒤로가기 버튼이 왼쪽 상단이나 하단에 위치해 있어 엄지손가락이 잘 닿지 않아 두 손으로 사용하는 경우가 많다. 서양인에 비해 한국 사람들의 손이 상대적으로 작고 짧은 데서 오는 불편함일 것이다. 신체적 특성과 물리적 환경과의 조화까지 고려한 디자인은 제품과 서비스를 개발함에 있어 가장 기본적이면서도 중요한 부분이라 할 수 있다.

° 새로움을 통찰하는 두 개의 렌즈와 여섯 가지 생각 도구

통찰은 프로세스가 아니라 공감에서 온다

나는 사내 교육이나 외부 워크숍 등을 진행하면서 인간 중심의 혁신HCI, Human Centered Innovation 교육에 참여하는 사람들의 뜨거운 열정에 놀랄 때가 많다. 팀 단위로 주제를 정하고 1~2일간 함께 힘을 모아 새로운 것을 발견하고 무언가를 만들어 낸다는 것은 힘들지만 분명 가치 있다. 교육에 참가한 사람들은 자신이 만든 결과물을 그냥 버리기가 아쉬워 사진에 담아 가기도 한다.

언젠가 교육에 참여했던 예비 창업자를 몇 달 지나 만난 적이 있다. 그녀의 사무실에는 포스트잇과 사진들이 하나의 주제를 중심으로 그루핑되어 잔뜩 붙어 있었다. 나는 평소에도 이렇게 일하냐고 묻자, 그녀는 HCI 교육에 참여한 이후부터 창업 아이디어도 사용자 중심으로 발굴해야겠다고 생각했고 실제로 업무에도 조금씩 적용한다고 했다. 나는 교육 받은 내용을 현업에 적용하는 모습을 보고 말할 수 없이 큰 보람을 느꼈다.

하지만 교육을 받고 나서 실제 업무에 적용하기가 쉽지 않다는 이야기도 많이 듣는다. 또 인간 중심의 디자인이나 디자인 씽킹과 관련한 책도 많이 읽지만, 업무에 활용하기가 어렵다는 얘기도 자주 듣는다. 원래 교육이나 책에서 얻은 지식을 현실에 적용한다는 자체가 힘들지만, 그 이유를 찾아보는 것도 의미가 크지 않을까? 내가 찾은 이유는 크게 두 가지로 나눌 수 있는데, 이것이 이 책을 쓰게 된 계기이기도 하다.

첫 번째는 디자인이라는 단어가 주는 오해다. 보통 사람들은 '내가 하는 일은 기획이나 전략이지, 디자인이 아니야. 난 그림도 못 그린다고……'라고 생각하는 경우가 많다. 외국에서도 이와 비슷하게 생각하지만, 한국에서는 유독 디자인의 의미를 좁게 해석하는 경향이 크다. 하지만 앞서 언급한 것처럼 인간 중심의 디자인이나 디자인 씽킹에서 말하는 디자인은 보다 넓은 개념으로 이해해야 한다. 그림을 전혀 그리지 못해도 할 수 있는 것이 바로 디자인이다.

두 번째 이유는 인간 중심의 디자인을 지나치게 프로세스적으로 이해한다는 것이다. '지금 당장 이 제품의 문제점을 개선해야 하는데 언제 그런 프로세스를 따라서 기획한단 말인가?'라고 생각하기 쉽다. 실제로 대부분의 디자인 씽킹 기반의 혁신 조직은 하나의 주제에 대해 2~3개월씩 프로세스에 따라 심도 깊게 연구한다. 대부분의 방법론 교육이나 워크숍도 이러한 프로세스에 따라 진행된다.

그러나 인간 중심의 혁신 방법론은 프로세스라기보다는 일을 대하는 철학(신념)이나 마음가짐이다. 방법론은 환경이나 자세와 함께 혁신 디자인의 중요한 축이지만, 그것이 전부는 아니라는 말이다. 방법론이나 프로세스는 혁신을 할 수 있는 통찰을 발견하고 창의적인 아이디어를 발상하는 과정이지 목적이 아니다. 직업적이고 전문적으로 방법론을 활용해야 하는 사람이 아니라면, 보통의 경우는 프로세스에 따라 몇 달씩 프로젝트를 진행하기란 현실적으로 쉽지 않다. 우리가 일상에서 사용자와 관련한 통찰과 아이디어를 보다 쉽게 찾아낼 수 있는 가이드가 필요한 이유다. 이 책에서 나는 기존의 선형적 디자인 프로세스Linear Process와 구체적인 방법론에 대한 설명보다는 '사용자 공감'을 기반으로 하는 통찰의 중요성을 강조했으며, 그와 관련한 다양한 사례를 소개했다. 각 장마다 간략하게 그 방법들을 정리했지만, 오히려 여러 가지 사례에서 더 많은 통찰의 힌트를 얻을 수 있을 것이다.

통찰을 발견하는 공감 렌즈

나는 통찰을 발견하는 과정을 연구하면서, 공감 렌즈라는 개념을 도출했다. 먼저 사고의 확산 단계는 오목렌즈에 비교할 수 있다. 오목렌즈는 빛(문제 정의)을 받으면 여러 갈래로 퍼져 나가는 속성이 있다. 특정 주제에 대한 문제를 정의한 후 실제 사용자의 환경에서 직접 사용자와 코드를 맞추고, 관찰과 소통을 통해 새로운 정보를 최대한 얻어 내는 확산의 단계가 그것이다. 여기서 중요한 것은 지금까지 내가 알고 있던 고정관념을 버리고 순수하게 사용자의 관점에서 생각하고 행동하는 것이다.

다음은 수렴의 단계인데, 볼록렌즈의 속성과 비교할 수 있다. 빛을 받으면 한곳으로 집중시키는 돋보기의 원리를 떠올리면 이해가 쉽다. 이와 같은 수렴 단계에서는 확산 단계에서 쌓인 수많은 정보와 경험을 바탕으로 해결책을 찾아간다. 수많은 정보를 분석하여 사용자 니즈와 인사이트를 발견하고, 최대한 많은 아이디어를 도출해 낸 후 그중에서 가능성 있는 아이디어와 콘셉트로 수렴해 가는 과정이다. 발상은 먼저 충분한 아이디어를 낸 후 평가와 수렴의 과정을 거친다는 측면에서 확산적 수렴이라 할 수 있다.

이러한 확산과 수렴의 과정에서 중심적 프리즘 역할을 하는 것이 바로 '공감'이다. 공감은 강력한 실행의 동인이 되기도 한다. 표에서 정리한

| 두 개의 렌즈와 여섯 가지 생각 도구 |

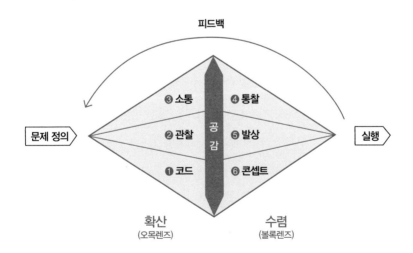

여섯 개의 도구는 반드시 순서에 따라 진행해야 하는 것은 아니다. 관찰을 하는 과정에서 통찰과 아이디어가 동시에 떠오를 수도 있고, 사용자와 소통하는 과정에서 구체적인 콘셉트에 대한 확신을 얻을 수도 있다. 또한 확산과 수렴의 과정은 선형적이거나 일회성이 아니라 필요할 때 전 단계나 맨 처음의 문제 정의 단계로 다시 돌아가는 순환적 성격을 지니고 있다. 결국 일의 순서라기보다는 확산과 수렴의 공감 렌즈를 끼고 필요할 때마다 자유롭게 활용할 수 있는 '통찰의 무기'라고 보면 된다.

나는 이 책에서 시장의 진짜 고객으로부터 얻은 사용자 통찰의 중요성과 그것을 찾는 구체적인 방법을 설명할 것이다. 그것은 사용자로부터 인사이트를 발견하고 니즈를 기반으로 하는 상품의 콘셉트를 디자인하는 일을 오랫동안 해오면서 현장에서 느끼고 배운 경험에 기반하고 있다. 이 책을 통해 상품 기획자나 디자이너, 의사 결정자들이 새로운 눈과 귀로 사용자를 바라보는 '공감 렌즈'를 가질 수 있기를 희망한다. 이 공감 렌즈를 통해 사람에 대한 새로운 관점과 혁신적인 아이디어의 영감을 얻을 수 있을 것이다.

이제 공감 렌즈를 끼고 흥미진진한 시장 속으로 들어가 보자.

PART **2**

새로움을 통찰하는
여섯 가지 **생각 도구**

코드 CODE

사용자의 문화 코드로 전환하라

공감 디자인의 첫 번째 단계는 기획자나 의사 결정자들이 사용자 관점으로 문화 코드Culture Code를 완전히 전환하는 것이다. 이는 기업이나 조직 구성원과 의사 결정자들이 자사의 제품이나 서비스를 이용하는 고객의 입장으로 완벽하게 전환함으로써 충분한 공감대를 형성하는 것을 의미한다. 단순히 고객을 이해하는 차원을 넘어, 스스로 고객이 되어 보는 과정에서 그동안 생각지도 못했던 전혀 새로운 관점의 통찰과 아이디어를 얻을 수 있다.

만약 호텔을 운영하는 최고 경영층이 한번도 스탠더드 룸에 묵어 본

적이 없다면 어떨까? 항공사의 경영진이 단 한번도 이코노미석에 탑승해 본 적이 없다면? 스위트룸이나 일등석에서 최고급 서비스를 받으면서 일반인들이 자사의 상품을 이용하면서 느끼는 불편함과 진짜 원하는 것을 알아챌 수 있겠는가? 그런데 이런 일등석 딜레마는 많은 기업의 의사 결정자들이 직면한 현실적인 문제이기도 하다.

효율성이라는 이름으로 기업은 시스템과 판매 데이터에 의존할 수밖에 없는데, 이는 과거와 현재를 분석하는 데는 유용하지만 사람들이 원하는 미래지향적인 통찰을 얻는 데에는 한계가 있을 수밖에 없다. 직접 고객의 환경 속으로 들어가 살아 있는 사용자 관점의 통찰을 얻게 되면 왜곡된 시장 정보를 걸러 낼 수 있는 눈을 가질 수 있으며, 보고서 속의 데이터가 내포한 새로운 기회를 얻는 데에도 도움이 될 것이다. 이번 장에서는 사용자와 공감의 끈을 연결하는 마인드셋과 구체적인 방법에 대해 알아보자.

° 문화 채널의 리모컨 돌리기

새로운 영역이나 생소한 지역에서 사업 기회를 모색할 때는 먼저 자신의 문화 채널을 돌려 사용자 집단의 문화 코드 속으로 완전히 들어가는 과정이 필요하다. 나는 이런 몰입의 과정을 '문화 채널의 리모컨 돌리기'라고 이름 붙였다. 이런 노력을 통해 우리는 기존에 가지고 있던 생각의 틀을 깨는 새로운 통찰을 얻을 수 있으며 그 문화에 녹아 있는 사람들 내면의 코드를 읽어 낼 수 있다. 사용자와 공감하려는 노력 없이 자신에게 익숙한 책상에서 머릿속으로 만들어 낸 상품은 성공할 가능성이 낮아질 수밖에 없다. 이는 마치 서로 다른 주파수 채널에서 소통하면서 서로를 이해하려고 애쓰는 것과 다르지 않다.

새로운 개념의 소셜 네트워킹 앱을 고민한다면 다양한 앱을 직접 사용해 봐야 한다. 단순히 기능을 훑어보는 것이 아니라, 진짜 열렬한 회원이 되어 다른 회원들과 커뮤니케이션도 하고 콘텐츠를 공유하기 위해 노력해야 한다. 그 과정에서 실제 사용자들이 주고받는 내용 중에 의미 있는 문화 코드를 해독해 낼 수 있다.

만약 우리가 인도에서 신상품을 론칭한다고 가정해 보자. 수천 킬로미터나 떨어진 사무실 책상에서 인터넷을 검색하거나 사업 계획서를 검토하는 경우가 많다. 그러나 이보다 훨씬 효율적인 방법은 인도를 직접 찾아가는 것이다. 현지 사람들의 일상에서 발견하는 다양한 사업적 실마리가 시간과 비용을 아끼는 길이다. 그런데 많은 경우 철저한 준비를 통해 나름의 가설과 솔루션을 가지고 현지로 간다. 이럴 때는 이미 많은 일이 진척된 후라 다시 되돌아가기도 쉽지 않다.

얀 칩체이스는 《관찰의 힘》에서 글로벌 프로젝트를 진행할 때 자신이 활용하는 '현지인 되어 보기' 노하우를 소개했다. 보통 현지 조사 팀이 유명 호텔에 머물면서 제한적인 지역 문화를 경험하는 데 반해, 자신의 팀은 일반 주택가에 숙소를 마련한다고 한다. 그곳의 지역 문화에 좀 더 깊숙이 파고들기 위해서다. 그 밖에도 자전거 타고 시내 곳곳을 돌아다니기, 새벽 4시에 도시와 함께 깨어나 마을 산책하기, 미장원이나 이발소에서 현지인과 소통하고 조사 대상자를 소개 받기, 현지인과 함께 출퇴근하기 등 기획자가 새로운 문화를 체험할 때 활용할 수 있는 유용한 팁을 공유했다. 얀 칩체이스는 새로운 문화와 그곳 사람들을 깊이 있게 이해하기 위해서는 단순한 방문자가 되어서는 안 된다고 강조한다. 공과금을 내기도 하고, 병원에도 가고, 출근에 늦어서 발을 동동 굴러 보기도 해야만 비로소 그 도시와 사람들을 제대로 이해할 수 있다고 말한다.

상품을 기획하고 디자인할 때 자신이 직접 현지인이 되거나 상품의 최종 사용자가 되어 보는 자세는 매우 중요하다. 어떤 현상에 대해 사용자의 이야기를 듣고 이해하는 것과 몸으로 직접 체감하는 것은 차원이 다르기 때문이다. 사용자의 문화 채널에서 공감한 사람은 겉으로 드러난 표현에 의존하지 않고 오히려 사용자의 이야기를 균형감 있게 판단할 수 있는 눈과 귀를 얻게 된다. 하루 종일 책상에서 혼자만의 상상으로 그려 낸 솔루션은 현실성이 떨어지는 경우도 많고 상황에 따라 쉽게 흔들릴 수밖에 없다. 반면 자신이 직접 사용자가 되어 보면 구체적이고 실질적인 아이디어를 얻을 수 있다. 또한 자신이 기획한 아이디어에 대해 자신감과 함께 실행을 위한 강력한 추진 동력을 얻게 된다. 고객으로부터 발견한 통찰은 그 무엇보다 강한 신뢰와 확신을 주기 때문이다. 현장에서 우리 스스로 깨달은 통찰만이 탁월하게 빛나는 법이다.

°일상생활을 그대로 따라간다

몇 해 전 나는 세 명의 동료와 함께 U-헬스케어 프로젝트를 진행했다. 모 병원과 함께 당뇨나 고혈압 등 만성질환자들의 치료를 도와주는 스마트폰 기반의 의료 서비스 콘셉트를 제안하는 프로젝트였다. 프로젝트 팀은 인간 중심의 디자인 방법론을 활용해 다양한 영역의 프로젝트를 진행하지만, 만성질환은 우리 프로젝트 팀원들에게는 너무나 생소한 영역이었다. 환자들을 만나기 전에 의사나 간호사 등 전문가를 인터뷰하고 관련 도서를 탐독했지만, 우리에게 전혀 낯선 만성질환을 연구하는 일은 여전히 어렵기만 했다.

그때 우리 팀이 사용한 방법은 바로 사용자 채널로 코드를 전환하는 것이었다. 즉 우리 스스로 만성질환자가 되어 보는 것이었다. 물론 우리 팀 네 명 중 누구도 당뇨나 고혈압은 없었다. 먼저 우리는 혈압기와 혈당체크기 같은 의료 장비를 마련했다. 그리고 10평 남짓한 프로젝트 룸을 진짜 병원처럼 꾸몄다. 한쪽 테이블에는 각종 의료기로 채웠고, 유리문에는 병원 로고와 팀원들의 사진, 의사와 간호사의 이름까지 붙였다. 복도를 지나가던 다른 프로젝트 팀원들이 혈당과 혈압을 체크하러 일부러 찾아오기도 했다.

모든 환경이 갖춰졌으니, 이제부터는 실제로 환자처럼 행동하는 일만 남았다. 우리는 하루에 세 번씩 혈당과 혈압을 체크한 다음 매번 환자 노트에 수치를 기록했다. 점심은 일부러 칼로리가 낮은 음식을 먹고,

조미료를 덜 쓰는 식당을 골라서 다녔다. 2개월의 프로젝트가 끝났을 때는 몸무게가 5킬로그램이나 빠졌을 정도였다. 식당이나 메뉴에 따라 혈당 수치가 큰 차이를 보였는데, 사회생활을 하는 환자들이 일상생활에서 음식을 조절하는 게 얼마나 어려운지 알 수 있었다.

이처럼 환자가 되어 보는 노력 중 가장 큰 어려움은 혈당을 체크하기 위해 하루에 서너 번씩 손끝에 바늘 침을 맞는 일이었다. 우리가 만난 한 당뇨 환자는 "10년 동안 하루에도 몇 번씩 침을 맞았지만 아직도 침만 보면 겁이 나요."라고 말했다. 바늘이 주는 본능적인 두려움을 해결해 주는 솔루션이 절실해 보였다. 침만 보면 겁이 난다는 환자의 말을 머리로 이해하는 것이 아니라 내가 온몸으로 체감해 봄으로써 프로젝트 팀은 전혀 다른 접근과 해결책을 찾을 수 있었다.

프로젝트 팀에서 진행한 환자 되어 보기 노력과 별개로 나는 '환자와의 코드 맞추기'를 위한 나만의 방법을 찾아냈다. 40년 동안 당뇨를 잘 관리해 온 탤런트 김성원 씨는 《당뇨와 친구하라》라는 책을 썼는데, 그는 외출할 때 감염을 예방하기 위해 마스크를 쓰고 흰색 면장갑을 낀다고 했다. 일반 환자들은 이 정도까지 하지 않지만, 나는 그의 방법을 따라 해보기로 했다. 그 당시 나는 공덕역에서 광화문까지 지하철로 출퇴근했는데, 흰색 면장갑과 마스크를 착용하고 지하철 손잡이를 잡고 있으면, 사람들은 나를 흘끔흘끔 쳐다보며 눈치를 살피곤 했다. 일반인이 보기에 나의 모습이 너무나 이상했던 것이다. 당시는 4월 말이라 마스크는 물론이고 흰색 면장갑을 낀 사람도 찾아볼 수 없었기 때문이다. 한

흰색 면장갑에 마스크를 끼고 출근하기　　혈당 체크를 위한 침 맞기

동안 동료들은 나를 '지하철의 마스크맨'이라고 불렀다.

　열흘 넘게 밖에 나갈 때 그런 모습으로 다녔는데, 김성원 씨가 책에서 말한 것처럼 경계하는 듯한 사람들의 따가운 시선이 온몸으로 느껴졌다. 우리가 만난 어떤 환자는 하루에도 몇 번씩 화장실에서 동료들 몰래 주사를 맞는다고 했다. 주변 사람들에게 자신이 환자라는 사실을 숨기고 싶어 했다. 음식 조절이나 운동, 약물치료 같은 눈에 보이는 해결책 외에도 당뇨 환자들이 일상에서 겪는 크고 작은 심리적 장애물에 대한 고려도 중요하다는 사실을 알게 되었다.

　우리는 환자들이 생활 반경 내에서 인증된 음식점과 저혈당 음식을 찾을 수 있도록 도와주는 스마트폰 기반의 서비스 콘셉트를 제안했다. 음식점 주변의 걷기 코스와 연결하는 기능까지 포함했는데, 식사 후 짧은 거리라도 걸어서 혈당수치를 낮추고자 하는 사람들의 행동 패턴까지 고려했다. 이외에도 프로젝트 팀원들이 환자 되어 보기 과정에서 떠올렸던 크고 작은 아이디어를 콘셉트 개발에 활용할 수 있었다. 우리가 환자의 입장에서 사용자의 가치를 판단할 수 있었다는 것이 가장 큰 성과라 할 수 있었다.

° 유니버설 디자인은 어떻게 탄생할 수 있었을까

노인에게 필요한 디자인과 젊은 사람을 위한 디자인은 달라야 할까? 세계적인 디자이너 레이먼드 로위의 사무실에서 신입사원으로 근무하던 패트리샤 무어Patricia Moore는 선배들과 냉장고 손잡이의 디자인에 관한 토론을 벌이다 충격을 받았다. 패트리샤는 관절염이 있고 근력이 약한 노인들도 쉽게 여닫을 수 있는 냉장고를 디자인해야 한다고 생각했지만, 선배들은 "우리는 그런 사람들을 위해 디자인하지 않아."라고 주장했던 것이다. 이때부터 그녀는 연령, 성별, 장애나 인종 등에 상관없이 누구나 보편적으로 사용할 수 있는 유니버설 디자인Universal Design의 길로 뛰어들었다.

2012년 10월 호《월간디자인》과의 인터뷰에는 그 질문에 대한 답을 찾기 위한 패트리샤 무어의 흥미로운 스토리가 실렸다. 그녀는 26세였던 1979년부터 3년이 넘는 시간을 80대 노인으로 변장하여 살았다. 그 당시는 건축이나 디자인뿐만 아니라 사회 전반에 걸쳐 노인은 소비자가 아니라는 잘못된 시각이 있었다고 한다. 그런 편견에 대한 구체적인 증거를 얻고자 그녀 자신이 노인이 되기로 했다. 대충 노인처럼 분장한 것이 아니라 노인과 같은 신체적 불편함을 느끼기 위해 분장 전문가의 도움을 받았다. 매번 변장을 할 때마다 두세 시간씩 걸렸는데 흰머리 가발과 주름진 얼굴로 특수 분장을 했을 뿐만 아니라, 귀에 솜을 막고 안경을 뿌옇게 만들어 청력과 시력을 노인 수준으로 떨어뜨렸다. 다리에는 철제 보조 기구를 달아 걷기 불편하도록 했다. 집 없는 거지 노인에서부터 부잣집 노인까지 아홉 명의 노인 역할을 로테이션했으며 그렇게 3년간 노인의 모습으로 미국과 캐나다의 116개 도시를 돌아다녔다.

그녀는 노인의 삶을 시작한 첫날부터 세상은 노인들에게 불편함 그 자체라는 사실을 깨달았다고 한다. 보통 사람이라면 10분이면 가는 거리가 한 시간이나 걸렸다. 택시를 타거나 화장실을 이용할 때, 식당의 문을 열거나 식품점에서 물건을 꺼낼 때 등 일상생활 곳곳에서 물리적인 불편함을 느꼈다. 신체적인 불편뿐만 아니라 가게 점원들로부터 일반인과 다른 취급을 받거나 심리적인 모멸감을 느낄 때도 많았다고 한다.

"사람은 누구나 젊을 때 즐겼던 것을 나이가 들어서도 똑같이 즐기고 싶어 한다." 유니버설 디자인의 선구자적 역할을 한 패트리샤 무어가 오랜 시간 디자인과 노인학을 연구하며 얻은 결론이다. 그때의 경험을 바탕으로 그녀는 디자인 회사를 설립했고 제너럴일렉트릭, 존슨앤존슨, 킴벌리 클락과 같은 수많은 기업에 도움을 주었다. 옥소 굿그립OXO Good Grips 은 어린이와 노인이 쉽게 사용할 수 있을 뿐만 아니라 누구에게나 그립감 좋은 제품으로 유명하다. 그녀는 노인으로 살았던 3년 동안 생활 곳곳에서 불편함을 체감했으며, 그것이 주는 새로운 기회 또한 발견할 수 있었다. 디자이너로서 노인 세대의 문화 코드를 발견한 것은 물론, 누구나 공감할 수 있는 보편적 디자인의 영역을 개척할 수 있었다.

또 하나의 공감 디자인 사례가 있다. 《당신의 한 줄은 무엇입니까》에서도 소개한 적이 있는데, 사용자 중심의 혁신을 추구하는 이노베이터들에게 큰 영감을 준다. 지금까지 나는 많은 전문가를 만났는데 《인터뷰 잘 만드는 사람》의 저자 김명수 기자야말로 공감 디자인의 절대 고수라 할 수 있다. 그는 대기업 회장 같은 유명인뿐만 아니라 청소부 아줌마같이 이름 없는 인생의 롤모델을 발굴하고 인터뷰를 해왔다. 김명수 기자가 세상 밖으로 끄집어 낸 주인공은 무려 1,000명이 넘는다. 몇 년 전 그를 만난 지 얼마 되지 않았을 때 나는 그의 인터뷰와 기사 작성 노하우가 궁금해 전화를 걸었던 적이 있다. 그에게 기자로서 어떻게 공감도 높은 글을 쓰는지 묻자 정말 답변이 간단했다. '그들의 삶을 실제로 살아 보는 것'이 가장 좋은 방법이라고 했다. 그러면서 소개한 그만의 공감하기 경험이 무척이나 인상적이었다.

대한민국 상위 1퍼센트의 부자들과 평범한 사람들이 함께 살아가는 공간, 강남의 한 유명 아파트에 경비로 취업한 것이다. 그리고 3년 동안 그곳에서 근무하면서 다양한 사람들을 만나 인터뷰하고 글을 썼다고 한다. 3년이라는 긴 시간 동안 그곳에서 일한 이유를 묻자 이렇게 대답했다. "취재로는 글쓰기에 한계가 있습니다. 사람들은 그렇게 쉽게 마음의 문을 열지 않거든요. 단순히 머릿속으로 상상해서 쓴 글과 직접 체험하면서 쓴 글은 읽어 보면 완전히 달라요. 그래서 그들과 동화되고 싶었습니다. 그렇게 주민들과 친해지고 경비나 청소부 아줌마들과도 무척 친하게 지냈죠. 같은 이유로 택배 기사도 해보고 엑스트라도 직접 해보는 겁니다."

그때 쓴 인터뷰 기사를 소개해 달라고 하자 그의 입에서 5년 전에 쓴 인터뷰 대상자의 이름이 줄줄 나왔다. 유명인이 아니라 아파트 주민이나 청소부 아줌마, 경비 아저씨의 이름이 말이다. 그렇게 1,000명이 넘는 사람을 일일이 기억하는 것이었다. 김명수 기자가 마지막으로 했던 말은 비즈니스를 하는 기획자나 디자이너에게도 좋은 자극이 된다. 마라톤 선수를 인터뷰한 평범한 기자의 글이 단순히 '힘들다'라고 했다면, 마라톤 선수를 충분히 이해하고 공감하기 위해 함께 뛰면서 인터뷰한 기자의 글은 '힘.들.다.'라는 것이다. 헉헉대면서 쓴 기사에서 왠지 모르게 탁월하다는 감동을 받을 수밖에 없는 이유다.

'사용자처럼'이 아니라 '진짜 사용자'로 살면서 터득하는 경험적 통찰은 책상에서 인터넷으로 찾아낸 정보와는 비교할 수 없는 힘을 지닌다. 패트리샤 무어나 김명수 기자처럼 3년이라는 시간을 투자하지는 않더라도 자신이 담당하는 영역에서 진짜 사용자가 되는 방법은 생각보다 쉽다. 단지 사용자의 입장에서 문제를 바라보려는 인식의 전환과 약간의 노력만 있으면 충분하다.

○터키 카디코이 시장의 낯선 이방인

2012년 초, 나는 팀 동료들과 함께 약 2개월간 터키에서 온라인 쇼핑몰 사업과 관련한 프로젝트를 수행하였다. 당시 SK그룹은 11번가 운영 경험을 활용해 터키의 도우쉬그룹과 함께 터키에서 온라인 쇼핑몰 사업에 진출하기로 한 상태였다.

터키는 유럽과 아시아를 연결하는 지리적 특성으로 인해 이슬람, 아시아, 유럽 문화가 하나의 시간과 공간에 공존하는 문명의 교차로 같은 곳이다. 터키인들은 그들의 뿌리를 먼 옛날 아시아의 초원에서 찾는다. 우리에게 익숙한 유목민족 투르크가 서쪽으로 이동하면서 오늘날의 터키 땅에 정착하였다. 1,000년을 이어온 비잔티움 제국을 무너뜨린 오스만 투르크는 동유럽과 북아프리카를 잇는 넓은 제국의 주인으로 군림하며 온 유럽을 떨게 했지만, 18세기에 접어들면서 유럽의 시민혁명이나 산업혁명 같은 시대적 흐름을 따라가지 못했다. 그 결과 강성했던 투르크 제국은 유럽의 종이호랑이로 전락하고 쇠락의 길을 걷게 되었다. 그렇게 세계의 중심에서 멀어진 터키가 최근 들어 다시 살아나고 있다. 특히 터키 경제는 세계 유수의 기업들로부터 주목을 받을 정도로 급성장하고 있는데, 프로젝트를 진행하면서 만나 본 수많은 터키 상인에게서 경제적 활력과 문화적 자긍심을 느낄 수 있었다.

한국에서 성공한 11번가가 터키 온라인 쇼핑몰 시장에 진출하기 위해서는 사회경제 전반의 인프라뿐만 아니라 쇼핑을 하는 터키 사람들에 대한 심도 깊은 연구가 필요했다. 온라인 쇼핑 비즈니스와 관련한 프로젝트이다 보니 인터넷으로 쇼핑을 많이 하는 헤비 쇼퍼Heavy Shopper 뿐만 아니라 인터넷에서 상품을 판매하는 셀러를 카테고리별로 분류하여 인터뷰하기로 했다. 본격적인 조사에 앞서 우리는 이스탄불 신시가지에 위치한 최신식 백화점이나 대형마트 등을 관찰했다. 그런데 어찌된 일인지 며칠이 지나도 터키 사람들의 쇼핑 행태에 있어 특징적인 부분을 발견할 수 없었다. 한국의 백화점이나 마트에서 사람들이 쇼핑하는 모습과 크게 다르지 않아 내심 걱정되는 것도 사실이었다.

그런 와중에 나는 한 가지 유용한 정보를 얻었다. 사무실의 안내 데스크에서 일하는 아이샤라는 직원과 이런저런 이야기를 나누다가 그녀의 쇼핑에 대한 팁을 얻은 것이다. 이스탄불은 보스포루스해협을 경계로 크게 신시가지인 유럽 지구와 구시가지인 아시아 지구로 나뉜다. 그런데 신시가지에 거주하는 그녀는 멀리 떨어진 구시가지의 카디코이 시장까지 한 달에 두 번씩 쇼핑을 다닌다는 것이었다. 상설시장이 아니라 매주 화요일에만 문을 여는 재래시장이었다.

왜 아이샤는 지하철과 버스를 갈아타고 한 시간 30분이나 걸리는 카디코이 시장을 찾는 걸까? "특별히 살 게 있어 가는 것은 아니에요. 혹시나 하는 마음에 계속 가게 되더라고요. 간혹 정말 마음에 드는 물건을 싼 가격에 건질 수 있거든요." 혹시나 하는 마음에 계속 찾는 공간, 그것은 온라인 쇼핑몰 또한 담아내야 하는 쇼핑 공간의 강력한 속성 중 하나다.

이런 고급 정보를 얻고 사무실에 앉아 있을 우리가 아니었다. 나는 그녀가 말하는 '즐거운 화요일'을 직접 체험하기 위해 그녀가 카디코이 시장으로 쇼핑 가는 코스를 노트에 자세히 적었다. 그리고 프로젝트 팀 후배와 함께 화요일 아침 일찍 사무실을 떠났다. 한 손엔 지도, 한 손엔 카메라를 들고 인사이트 사냥Insight Hunting을 떠난 것이다. 아이샤의 말처럼 그곳은 보통 먼 거리가 아니었다. 버스를 타고 보스포루스해협을 건너고 지하철을 몇 번이나 갈아타고서야 겨우 도착할 수 있었다. 그야말로 산 넘고 바다 건너 쇼핑을 가는 느낌이었다. 그런데도 그녀에게 이 길은 즐거움과 설렘의 시간이었으리라.

어렵사리 찾아간 카디코이 시장은 내가 어렸을 적 엄마 손을 잡고 따라 다니던 시골의 오일장 같았다. 이스탄불의 고급 백화점과 대형 할인 마트를 조사하던 우리로서는 전혀 새로운 형태의 쇼핑 공간을 발견한 것이다. 후배와 나는 무엇을 어떻게 관찰할지 정하고 헤어졌다. 카디코이 시장은 그야말로 날것의 쇼핑 행태가 그대로 드러나는 공간이었다. 나는 물건을 사고파는 사람들의 모습과 물건을 진열하는 방식 등 세세한 부분을 하나라도 놓칠세라 꼼꼼히 사진과 비디오에 담았다. 이 시장은 외진 곳에 위치해 외국인은 거의 찾아볼 수 없었는데, 사람들은 동양에서 온 낯선 이방인들이 신기한 듯 이것저것 알아들을 수 없는 질문을 했다. 1만 킬로미터 떨어진 이스탄불이지만 마치 한국의 시골 장터처럼 친절하고 정감이 넘쳤다.

상인들의 상품 진열에서 발견되는 특이점 중 하나는 상품을 한정된 공간에서 효과적으로 드러내려는 경향이 크다는 것이었다. 예를 들면 여성용 스타킹을 판매하는 상인은 매대 공간이 부족하자 공중에 마네킹 다리를 띄워 놓았다. 같은 모양의 스타킹이라도 색깔별로 모두 진열하고 있었다. 마치 이렇게 많은 상품을 보유하고 있다는 것을 자랑하듯 말이다. 얼핏 보면 공중에 떠 있는 마네킹 다리들이 당연한 것 같지만, 한정된 공간에서 상품을 최대한 어필하려는 상인들의 욕구가 강하게 드러난 것이었다. 이는 부족한 공간의 한계를 극복하기 위해 가상의 공간을 만든 자구책인 셈이다.

이런 형태의 상품 진열은 문구점이나 의류점, 가구점 등 오프라인 상점에서도 동일하게 관찰되는 패턴이었다. 나중에 오프라인과 온라인 쇼핑몰을 동시에 운영하는 가구 판매상을 만났을 때에도 같은 행태를 목격할 수 있었다. 온라인 판매 공간에서도 다양한 상품을 최대한 눈에

터키 카디코이 시장의 모습

잘 띄게 노출하려는 욕구를 자신만의 방법으로 해결하고 있었다. 사람들의 이런 행태에서 내가 생각한 문화 코드는 '과시'였다. 터키 사람들도 손님을 따뜻하게 환대하고 남들에게 자신을 과시하는 성향이 강한데, 한국 사람들과 많이 닮아 있었다. 그래서 터키와 한국은 '형제의 나라'라고 했던가. 쇼핑몰의 공간에서도 이런 과시의 욕구를 해결해 주는 기능이나 서비스를 반영할 필요가 있었다. 예를 들면, 보유한 아이템의 수뿐만 아니라 색상별, 사이즈별 상품 정보를 가급적 하나의 화면에 담아내는 사용자 인터페이스가 그것이다. 물론 그러한 방식에 대한 사용자의 수용성 검증도 필요하다.

카디코이 시장에서 관찰되는 쇼핑 행태 중 또 다른 특징은 하나의 물건을 구매하더라도 끊임없이 살피고 또 살핀다는 것이었다. 품질을 꼼꼼히 따져 보고 구매하는 행태는 전 세계 어디에서나 공통적이지만, 터키에서는 그 정도가 훨씬 강했다. 한 50대 아주머니는 저렴한 보디로션 하나를 사는 데 설명서를 읽고 고민하느라 10분 이상 걸리기도 했다. 이런 모습은 향수를 구매하는 젊은 여성들에게도 똑같이 나타났다. 나중에 소비자 인터뷰를 통해 알게 된 사실인데, 터키에서는 일명 짝퉁 제품이 많고 품질의 편차가 커서 쇼핑을 할 때 신중할 수밖에 없다고 설명했다.

상황이 이렇다 보니, 반대로 판매자들은 상품의 신뢰성과 품질에 대한 예측 가능성을 어필하기 위해 다양한 대안을 제시하고 있었다. 예를 들면, 시장에서는 신뢰를 주기 위해 저울을 많이 사용했으며, 레스토랑에서는 정확한 가격과 환전 금액을 계산해서 보여주기 위해 종업원들이 계산기를 들고 다니면서 주문을 받았다. 심지어 어느 케밥 레스토랑에서는 여러 가지 소스를 쟁반에 담아 와서 손님들에게 시식을 할 수 있게 했다. 오프라인 쇼핑에서 신뢰성 부족에 따른 불확정적 리스크 Unexpected Risk가 온라인 쇼핑에서는 더 크게 작용하기 때문에 쇼핑 사업자들이 반드시 해결해야 할 문제였다.

반나절에 걸쳐 카디코이 시장을 관찰하면서 후배와 나는 여러 가지 인사이트를 얻을 수 있었는데, 이는 인터넷을 검색하거나 인터뷰를 통해서는 좀처럼 찾을 수 없는 것들이었다. 하나의 문화 채널 안에서도 동시에 여러 개의 문화가 존재한다. 온라인 쇼핑몰을 기획하는 영감을 오프라인에서 찾는 이유도 오랫동안 사람들의 몸에 배어 있는 쇼핑 문화의 특성이 오프라인과 아날로그에서 더욱 적나라하게 드러나기 때문이다. 사람들의 욕구의 근원은 아날로그와 디지털을 가리지 않는다. 또한 현대식 백화점보다 시골의 재래시장에서 가식이나 꾸밈없이 보이는 날것의 일상에서 더 많은 통찰을 얻을 수 있다. 사업 영역이 무엇이든, 온라인이든 오프라인 비즈니스든 우리가 사무실에서 벗어나 고객이 있는 현장으로 가야 하는 이유다. 특히 전혀 새로운 시장으로 진입해야 하는 경우에는 그 문화에 대한 더 많은 연구가 필요한데, 현지 문화를 직접 깊숙이 체험해 보는 문화 채널의 리모컨 돌리기 노력은 그 시작점이 될 것이다.

옆으로 기울어진 소나무가 다시 세워진 이유

나는 시카고 IIT 디자인 대학원에서 공부하던 중 잠깐 한국에 들어온 적이 있다. 어느 날 아이가 아파 서울의 한 병원에 갔는데, 차로 정문을 통과하다 무척이나 낯선 광경을 목격했다. 한창 진행되고 있는 진입도로의 가로수 공사에서 소나무를 옆으로 기울여서 심고 있었던 것이다. 실수로 저렇게 심거니 했는데 며칠 후 다시 찾았을 때는 100여 미터 이상이나 소나무들이 기울게 심어져 있었다. 나는 옆에 있는 아내에게 "여기 가로수길 조경 공사가 어떤 것 같아?"라고 물었다. 아내 역시 나와 비슷한 생각을 했다. 왠지 모르게 좀 어색한 느낌이라고 했다. 나는 차에서 내려 카메라로 가로수 전경을 몇 장 찍었다.

그리고 얼마 후 시카고로 돌아가서 미국인 친구와 디자인에 대한 의견을 주고받다 갑자기 그 사진이 떠올랐다. 미국인들은 이 조경 디자인에 대해 어떻게 생각할지 무척 궁금했다. 그런데 그 친구의 반응은 나의 예상과 전혀 달랐다. "와, 무척 창의적이네. 사람들이 햇볕을 피할 수도 있고 실용적이기까지 하군."이라고 말했다. 몇 명의 다른 친구들도 비슷한 반응이었다. 무엇이 이런 차이를 만들어 내는지에 대해 나는 꽤 오랫동안 고민했다. 당시 나는 한국 문화에서 소나무가 지니는 독특한 코드 때문이라고 결론지었다.

한국 사람들에게 소나무는 어떤 의미일까? 주변에서 쉽게 볼 수 있는 흔한 나무 가운데 하나지만 꽤 오랜 세월 동안 사람들의 인식 속에

옆으로 기울어진 소나무 가로수길　　　　　다시 곧게 세워진 가로수길

소나무는 늘 푸르고 한결같은 대상으로 자리 잡고 있다. 동양화에서도 대나무나 매화 등과 함께 주요 소재가 되는 소나무는 장수와 꿋꿋한 절개를 상징한다. 전통과 함께 지금까지 우리에게 각인된 소나무의 문화코드는 옆으로 기울어진 소나무 디자인에서는 인위적인 부자연스러움을 넘어 인지적 불편함마저 주고 있었다.

그런데 얼마 전 그 병원을 다시 찾았을 때 옆으로 기울어졌던 소나무들이 모두 똑바로 세워져 있었다. 7년이나 지난 지금, 소나무들은 왜 다시 곧게 세워졌을까? 안전상의 이유일 수도 있겠지만, 나처럼 느끼는 사람들이 많았음에 틀림없다. 이런 창의적 시도가 실용주의적 사고가 강한 미국이나 유럽이었다면 환영 받을 수도 있었겠지만, 한국에서 꽤 많은 비용을 들여 다시 복원해야만 하는 결과는 우리에게 시사하는 바가

　　　　　　　PART 2 · 새로움을 통찰하는 여섯 가지 생각 도구

크다. 비즈니스에서도 대상이 가지는 문화적 코드를 제대로 읽지 못해 낭패를 보는 경우가 비일비재하기 때문이다. 이때의 경험은 그 후로 나에게 '문화와 디자인'이라는 분야에 관심을 가지게 하는 계기가 되었다.

어느 날 팀의 선배가 식당에서 찍은 사진 한 장을 보여줬다. 그것은 우리가 식당에 가면 흔히 볼 수 있는 식탁 위 냅킨과 수저였다. "왜 이런 불편함이 아직도 해결되지 않는 것일까? 쉽게 해결할 수 있는데 말이야."라며 선배가 의문을 제기했다. 식당에 갈 때마다 우리는 누가 먼저랄 것도 없이 냅킨과 숟가락, 젓가락을 세팅하는 것부터 식사가 시작된다. 식탁의 위생 상태에 대한 우려 때문에 나타난 행동처럼 보이지만, 가만 생각해 보면 이것 역시 한국 사회의 문화 코드와 관련이 있어 보였다.

사람들이 식사하기 전에 하는 행동에서 내가 발견한 코드는 '배려'였다. 식탁에 마주 앉은 순간의 어색함을 해결하려는 수단이기도 하지만, 상대방에 대한 존중과 배려의 수단으로 우리는 냅킨과 수저를 활용한다. 직장 상사나 처음 만나는 사이라면 더욱 예의를 갖춘 모습으로 냅킨을 깔고 수저를 올린다. '저는 이만큼 당신을 존중합니다'라는 표현을 하듯이 말이다. 사람들의 이런 행동에서 사업 아이디어를 떠올린다고 가정해 보자. 대부분 위생적인 받침대를 만드는 것을 생각할 것이다. 그러나 공감 렌즈를 낀 기획자라면 식사 전 하나의 의식에 가까운 상대방을 배려하는 마음까지 담을 수 있는 도구를 고민할 것이다.

정신분석학자이자 문화인류학자인 클로테르 라파이유Clotaire Rapaille

박사는 자신의 저서 《컬처 코드》The Culture Code에서 사람들의 문화 속에서 일정한 대상에 각인된 무의식적인 의미를 컬처 코드라고 정의했다. 각각의 국가나 문화별로 특정한 사물에 대해 서로 다르게 인식하는데, 문화별로 달리 각인된 코드를 발견하면 비즈니스적으로 새로운 기회를 잡을 수 있다는 것이다. 그는 코드를 발견하는 작업을 통해 미국인들이 자동차에 기대하는 것이 자유와 관능적인 경험이라는 사실을 발견했다. 미국인들의 자동차에 대한 기억 저편에는 처음 자동차 열쇠를 손에 쥐었을 때의 해방감과 자동차 뒷좌석에서의 첫경험이라는 설렘이 자리 잡고 있었다. 이러한 발견을 통해 탄생한 크라이슬러 자동차 회사의 피티 크루저PT Cruiser는 사업적으로 대단한 성공을 거뒀다고 한다.

일상생활에서 발견되는 사람들의 소소한 행동과 익숙한 사물 속으로 몰입하면 우리는 해당 주제의 문화 코드를 발견할 수 있다. 이처럼 코드를 발견하고자 하는 노력은 기획자나 디자이너에게 비즈니스적 통찰과 신선한 아이디어의 영감을 주기도 한다. 1차적으로 드러나는 불편함을 해결하는 솔루션이 아니라 그 뒤에 숨어 있는 문화적 맥락까지 고려할 때 사람들로부터 환영 받는 제품과 서비스를 개발할 수 있지 않을까? 그러한 문화적 인간 요소에 대한 고민이 담긴 디자인은 막대한 시간과 비용을 아끼는 길이기도 하다.

포맷이 사고를 지배한다

내가 소속된 HCI 팀에서는 다양한 영역에 대한 사용자 관점의 인사이트와 상품 콘셉트를 발굴하는 일을 하는데, 그 주제가 무엇이든 사용자를 더 잘 이해하기 위해 자주 활용하는 방법 중 하나가 '사용자 되어 보기'이다. 이 방법을 위해서 앞서 소개한 것처럼 직접 사용자와 똑같이 행동해야 한다. 여기서 또 한 가지 조건이 있다. 바로 환경을 해당 주제에 맞게 바꾸는 일이다.

예를 들면 교육 관련 프로젝트를 진행한다면 프로젝트 룸을 마치 학교처럼 꾸민다. 문 앞에는 교실처럼 1학년 2반이라는 팻말을 붙이고, 프로젝트 룸에는 태극기와 급훈을 붙인다. 마치 우리가 학생이 된 것처럼 느끼기 위해서다.

앞서 언급했듯이 헬스케어와 관련된 주제라면 프로젝트 룸을 병원 진료실처럼 장식한다. 내가 처음 이 팀에서 일할 때는 그런 시도가 무척 신선하기도 했다. 하지만 마음 한 켠에서는 '그런 형식적인 것이 뭐가 그리 중요하겠어? 일만 잘하면 되는 거 아닌가' 하는 생각도 했었다. 그런데 시간이 지날수록 그런 방식이 알게 모르게 성과에 많은 영향을 미친다는 사실을 깨달았다. 형식과 포맷이 사람들의 사고에 주는 영향이 생각보다 크기 때문이다. 환경이라는 포맷을 어떻게 꾸미는가에 따라 그 환경에서 기획하고 만든 내용물도 영향을 받을 수밖에 없다.

나는 제조사 마케팅 솔루션에 대한 연구를 통해 새로운 형태의 솔루션을 발굴하는 프로젝트를 수행한 적이 있다. 전체적인 프로젝트를 설계하는 문제 정의 단계에서 프로젝트 팀원들과 함께 어떻게 하면 제조사 마케터처럼 사고할 수 있을지 고민했다. 다양한 카테고리의 제조사 마케터와 팀장들을 인터뷰할 계획이었는데, 먼저 우리 자신부터 제조사 마케터의 환경 속으로 들어가 보고 싶었다.

우리는 먼저 프로젝트 룸을 제조사 공장처럼 꾸몄다. 연기가 나는 공장 그림과 함께 커피와 술, 과자 사진을 잔뜩 오려 붙였다. 그 옆에는 프로젝트 팀원들의 사진 위에 김○○ 공장장, 이○○ 작업반장, 김○○ 오락부장과 같이 재미있게 꾸몄다. 그리고 프랑스 출신의 인턴 사원에게는 글로벌 어드바이저라는 직함을 주었다. 팀원들이 지나다니다 "소주 한 박스만 보내 주세요!"라는 농담을 건네기도 했다.

사람들이 드나드는 입구를 공장처럼 꾸민 다음에는 "내부 공간을 마트처럼 꾸며 보면 어떨까?" 하는 아이디어를 냈다. 나는 당장 주말에 아파트 분리수거장으로 향했다. 대형 할인마트에서 팔 것 같은 물건을 수거하기 위해서였다. 분유통, 우유병, 샴푸통, 소주와 맥주병, 커피 박스, 염색약 박스, 식초나 양념통 같은 빈 용기를 빠짐없이 챙기는 모습을 본 경비 아저씨가 "그것들을 죄다 어디에 팔아먹으려고 그래?"라며 껄껄 웃으셨다. 집에서는 라면과 아들 영양제를 챙기느라 아내의 눈총을 받기도 했다.

월요일 아침 일찍 사무실에 출근한 나는 집에서 챙겨 온 빈 통에 물을 가득 채우고 프로젝트 룸의 선반을 꾸미기 시작했다. 그리고 벽에는

30퍼센트 할인, 1+1 행사, OK캐쉬백 100원 적립 등 마트의 이벤트 존처럼 꾸미고 상품의 카테고리와 관련된 기사를 출력하여 함께 붙였다. 그렇게 프로젝트 룸을 꾸며놓으니 제법 마트 같은 분위기를 풍겼다. 사실 일하는 공간을 해당 주제에 맞게 꾸몄다고 해서 당장 번뜩이는 아이디어를 얻는다는 보장은 없다. 내가 이런 것에 가치를 두는 진짜 이유는 형식과 포맷이 내용에 영향을 미친다는 믿음을 바탕으로 공급자 중심의 일하는 자세를 사용자 관점으로 돌리기 위함이다. 이런 의도적인 노력은 전염 효과가 있어 사용자 관점의 통찰을 얻기 위한 다양한 방법을 시도할 수 있도록 만들어 준다.

이 프로젝트에서도 제조사 마케터를 인터뷰하면서 마켓 트렌드와 시사점을 얻었지만, 정작 프로젝트를 관통하는 핵심적인 통찰은 대형 할인마트나 편의점을 관찰하는 과정에서 찾을 수 있었다. 우리는 항상 어떤 프로젝트건 프로젝트 룸 꾸미기, 공통 룰Ground-rule 세팅과 같은 형식적인 부분에 꽤 많은 노력을 기울인다. 이처럼 형식과 포맷에서부터 시작하지만, 그 바탕에는 일하는 문화를 창의적으로 만들려는 목적이 크다. 형식과 포맷은 물리적이거나 환경적인 것뿐만 아니라 팀 운영 방식과 같은 소프트웨어적인 것을 포함한다.

사람은 누구나 자신만의 고유한 문화를 가지고 있다. 그 문화는 각자 타고난 성향과 성장 환경에 의해 오랜 기간에 걸쳐 형성되며 사람들의 사고방식과 행동 패턴에 영향을 미친다. 누군가를 더 잘 이해하기 위해서는 상대의 문화적 특성을 파악해야 한다. 마찬가지로 우리가 사용자로부터 새로운 통찰을 얻기 위해서는 사용자의 문화적 맥락 속으로 뛰어 들어가 그들과 공감하며 하나가 되려는 노력이 필요하다. 그 과정에서 사람들의 문화에 깔려 있어 밖으로 잘 드러나지 않는 숨겨진 기회의 코드를 발견할 수 있을 것이다.

문화 코드를 발견하는
실행 노하우

문화 채널의 리모컨 돌리기를 통한 코드 발견하기를 위해서는 어떤 방법을 활용하면 좋을까? 주제와 산업 카테고리에 따라 다르지만, 공통적으로 활용할 수 있는 방법을 크게 글로벌 코드와 상품 코드로 나눠 정리했다.

1. 글로벌 코드 발견하기

자신이 관여하는 상품에 대한 해외 현지인들의 반응을 조사하거나 상품 기획의 영감을 얻기 위해 해외 출장을 가는 경우 또는 일반적인 해외여행에서도 짧은 시간에 효과적으로 그곳 사람들과 현지 문화를 경험하는 방법을 소개하면 다음과 같다.

하나, 전통시장에서 쇼핑 모습 관찰하기 : 해외여행이나 이문화 체험에서 주로 방문하는 현대화된 면세점이나 대형 쇼핑몰은 지역 사람들뿐만 아니라 세계 각지의 사람들이 모여들기 때문에 현지인들의 오프라인 쇼핑의 특성을 이해하기 힘들다. 도심 지역이라도 현지인들에게 물어보면 원초적 활력이 느껴지는 골목상권이나 지역 전통시장을 찾을 수 있다. 오래된 곳이나 옛날 방식일수록 건질 정보가 더 많다. 현장에서는 특히, 판매자가 더 많이 팔기 위해 어떻게 소비자에게 어필하고 있는지 살펴보고, 소비자의 특이한 행동을 발견하기 위해 노력한다. 가급적 많은 사진을 남기는 것도 필수다.

둘, 택시가 아닌 대중교통 이용하기 : 해외 출장을 가면 택시를 자주 이용하는데, 급한 경우가 아니라면 불편하더라도 지하철이나 버스를 이용하는 편이 좋다. 언어 소통이 가능하다면 지하철에서 사람들이 주고받는 얘기를 듣거나 사람들에게 궁금한 점을 과감하게 질문하는 적극성도 필요하다. 용기만 있다면 사람들로부터 생각보다 많은 정보를 얻을 수 있다.

셋, 고급 호텔보다는 뒷골목의 모텔에서 숙박하기 : 글로벌 인사이트를 얻고자 하는 기획자라면 값비싼 호텔보다는 허름한 모텔이나 게스트하우스에서 묵을 각오를 해야 한다. 도시 뒷골목에서 가까운 곳에 머무르면서 보다 쉽게 현지인들과 소통하기 위해서다. 어쩔 수 없이 호텔에 숙박해야 한다면 많은 시간을 호텔 룸이 아니라 현지인의 삶을 관찰하면서 보내야 한다. 그 밖에도 현지인들이 자주 찾는 식당에서 식사를 하며 사람들을 관찰하거나 인터넷을 통해 지역 커뮤니티 모임을 알아보고 행사에 참여하는 방법도 좋다. 또한 현지인의 가정을 방문하여 대화를 나누면서 생생한 삶의 모습을 확인할 수 있다면, 가장 좋은 이문화 체험이 될 것이다. 이런 노력이야말로 그 지역과 관련한 상품을 기획할 때 필요한 영감을 얻는 데 큰 도움이 될 것이다.

2. 상품 코드 발견하기

새로운 상품을 기획하거나 디자인하는 사람들에게 평소 해당 제품이나 서비스를 이용하는 사람들의 니즈나 문화 코드를 읽어 내는 기술은 무엇보다 중요하다.

하나, 연관 상품 및 경쟁 상품 체험하기 : 내가 관여하는 제품이나 서비스는 물론이고 이와 관련 있는 경쟁 상품도 서너 개 정도는 충분히 사용해 봐야 한다. 자사의 경쟁 상품을 경험하지 못하면 자사 제품의 장단점도 파악할 수 없고, 새로운 기능이나 서비스 제안에 대한 확신도 얻을 수 없다. 대충 사용하는 것이 아니라 서비스에 가입하고 후기와 댓글을 남기면서 진짜 열렬한 팬처럼 사용해 볼 필요가 있다. 일부 의사 결정자들 중에는 해당 제품이나 서비스를 경험해 보지 못한 상태에서 의사결정을 내리는 경우도 있다. 보고서나 인터넷 기사를 통해 얻는 정보도 중요하지만, 직접 경험하면서 쌓은 내재화된 정보가 있다면 의사결정에 필요한 확신을 쉽게 얻을 수 있을 것이다.

둘, 커뮤니티에 가입하기 : 자신이 관여하는 상품 또는 경쟁 제품이나 서비스를 이용하는 사람들의 온라인 커뮤니티에도 가입해 본다. 회원들이 주고받는 대화 속에서 일반 소비자들이 느끼는 불편함을 파악할 수 있으며 무엇을 개선해야 할지에 대한 힌트도 얻을 수 있다. 세대별로 다른 특성을 가지고 있을 수도 있으므로 성격과 구성원이 다른 여러 개의 커뮤니티에서 활동해 볼 필요가 있다.

셋, 관찰과 소통하기 : 해당 상품을 사용하는 사람들의 모습과 주변 환경을 관찰하고, 사용자와의 직접적인 소통 과정에서 새로운 관점을 제시하는 통찰을 얻을 수 있다. 관찰과 소통은 사용자의 문화 코드를 읽기 위해 기획자와 디자이너에게 요구되는 가장 기본적이고 중요한 역량이라 할 수 있다. 이 내용은 다음 장에서 자세히 다룰 예정이다.

관찰 DISCOVERY

익숙함 속에 숨겨진 새로운 기회를 발견하라

새로운 기회는 어디에서 올까? 내가 전혀 경험하지 못한 것에서 영감을 얻기도 하지만 대부분의 비즈니스 기회는 일상의 익숙함 속에 숨어 있는 경우가 많다. "진정한 발견 행위는 새로운 땅을 발견하는 것이 아니라 새로운 눈으로 사물을 보는 것이다."라고 했던 마르셀 프루스트의 말처럼 기회를 발견하는 날카로운 관찰의 눈을 가지는 것이 창의성과 통찰의 과정에서 가장 중요한 요건이라 해도 과언이 아니다.

관찰이란 수많은 자극 속에서 특별한 의미를 찾아내는 통찰의 발견 행위라고 할 수 있다. 그렇다고 관찰을 아무나 할 수 없는 전문가들의 특별한 업무 정도로 생각할 필요는 없다. 우리는 모두 본능적으로 창의적 발견을 할 수 있는 관찰력을 가지고 태어났다. 다만 교육과 사회화 과정에서 그 능력이 퇴화했을 뿐이다. 어렸을 때를 생각해 보라. 작은 사물도 새롭게 받아들이고 호기심 가득한 질문을 하지 않았던가? 나는 오랜 기간 잃어버렸던 새로움을 발견하는 관찰 능력 역시 사용자와 공감하려는 마음가짐에 의해 다시 살아날 수 있다고 생각한다. 이번 장에서는 일상에서 사용자 통찰을 발견하는 관찰 방법에 대해 자세히 알아보자.

°인사이트 헌터의 네 가지 질문

우리는 매일매일 수없이 많은 자극과 마주친다. 그런데 우리의 머릿속에 남아 있는 자극은 얼마나 될까? 무심코 지나치기 때문에 극히 제한적인 몇 가지만 두뇌에 남을 뿐이다. 그러나 혁신과 창의의 과정에서는 무심코 발견하는 통찰을 기대하기보다 특정한 의도와 목적을 가지고 현상 뒤에 숨어 있는 이면을 관찰하는 적극적인 노력이 필요하다. 이를 우리는 '의도적 관찰'이라 부른다. 일상에서 특정한 주제와 관련된 사람들의 말과 행동, 사물과의 상호작용, 서비스 이용 프로세스 등을 의도를 가지고 자세히 들여다보고, 그것으로부터 특별한 의미를 찾아내는 것이다. 여기서 말하는 관찰은 객관적이고 정량화된 과학적인 관찰 방법론을 의미하지 않는다.

일제강점기 때 소설가 이태준은 좋은 글을 쓰기 위한 방법을 잡지에 연재하면서 이런 말을 했다. "물이 '퍽 맑다'라는 것과 '어찌 맑은지 돌 틈에 엎드린 고기들의 숨 쉬는 것까지 보인다' 하는 것이 다르다. 한 사람은 얼른 바쁘게 보았고 한 사람은 오래 고요하게 보았기 때문이라 할 수 있다." 이는 단지 글쓰기에 국한되는 것은 아니다. 사람들의 삶 속에서 사용자 통찰을 발견하는 데에도 똑같이 적용된다. 그렇다면 새로운 통찰을 찾고자 하는 기획자나 디자이너는 일상의 자극에서 무엇을 발견해야 할까? 인사이트 헌팅을 하는 관찰자에게 필요한 네 가지 질문은 다음과 같다.

1. 행동 유발의 동기가 무엇인가?Motivation : 사람들이 어떤 행동을 했을 때 그 행동을 하게 되는 근본적인 원인을 파악한다. 예를 들어 의류 매장에서 한 고객이 휴대전화로 옷걸이에 걸린 옷을 점원 몰래 찍고 있다면, 왜 그런 행동을 하는지 원인을 파악할 필요가 있다. 온라인 쇼핑몰에서 구매하기 위한 쇼루밍 행위일 수도 있고, 자신에게 잘 어울리는지 친구에게 카톡으로 물어보려고 했는지도 모른다. 그에 대한 원인을 즉각 결론 내리기보다는 다른 팩트와 함께 종합적으로 판단하는 것이 좋다. 추가적인 행동을 관찰하거나 다른 사람의 공통적인 행동을 목격한다면 좀 더 명확하게 그 이유를 유추할 수 있다.

2. 원래 용도와 다른 사용은 없는가?Workarond : 원래 용도와 다르게 사용되는 물건이나 도구가 있는지도 중요하다. 흔히 말하는 자구책을 찾는

것으로, 특히 헤비 사용자나 극단적 사용자들에게서 자신만의 자구책 또는 차선책을 발견하는 경우가 많다. 일반적이지 않고 이 사람에게서만 나타나는 특별한 사례라고 해서 외면하지 말고 의미 있게 받아들이는 것이 좋다. 보통 힘들거나 귀찮아서 못하는 행동을 스스로 해결책을 만들어 낸 사람들에게서 일반적으로 적용할 수 있는 니즈를 발견할 수도 있기 때문이다.

3. 문제나 불편한 점은 무엇인가?Pain-point : 관찰에서 놓치면 안 되는 부분 중 하나가 바로 눈에 보이는 불편함이다. 물리적인 불편뿐만 아니라 심리적인 측면에서 어려움은 없는지 살펴본다. 이때 중요한 점은 공급자가 아니라 사용자의 관점에서 개선해야 하는 기능이나 프로세스가 무엇인지를 찾아보는 것이다. 오랫동안 기획자의 입장에서 바라본 대상에서 의외로 불편함을 느끼지 못하는 경우도 많기 때문이다.

4. 기존의 나의 생각과 다른 점은 무엇인가?New Perspective : 마지막으로 지금까지 나의 생각과 전혀 다른 사실을 발견한다면 관찰을 통해 얻을 수 있는 가장 큰 수확이다. 즉 일반적인 사실과 전혀 다른 현상을 발견하는 것은 비즈니스에 있어 차별화된 기회 영역을 발견하는 통찰을 주기 때문이다. 이는 관찰에 있어 가장 어려운 부분 중 하나지만, 가장 큰 희열을 느끼는 순간이기도 하다. 하지만 관찰할 당시 이런 통찰을 얻지 못했다고 해서 낙심할 필요는 없다. 무엇보다 많은 양의 팩트를 수집하는 것이 오히려 더 중요하다. 분석의 과정을 거치면서 사소한 것에서 특별한 의미를 발견할 수 있기 때문이다.

°평범한 일상에서 익숙해진 불편함을 찾아라

나는 오랫동안 사람들을 만나고 관찰하면서 흥미로운 사실 하나를 발견했다. 제3자가 봤을 때는 힘들고 불편해 보이는데, 본인은 전혀 불편하다고 인식하지 못하는 경우가 많았다. 예를 들면 스마트폰이 활성화되기 전 사람들은 영화를 인터넷에서 컴퓨터로 다운 받은 후 다시 PMP로 옮겨서 시청했다. 오랫동안 이런 방법으로 많은 양의 콘텐츠를 소비해 온 사람들을 만나 그 과정을 시연해 달라고 요청하기도 했다. 우리가 보기에는 꽤 번거로운 과정이지만, 이들 헤비 사용자Heavy User 들은 힘들다고 느끼지 못하는 경우가 많았다. 일반인들은 복잡하고 번거로운 과정 때문에 쉽게 포기할 수 있지만 이들은 그런 과정을 당연하게 받아들이고 사용했다.

새로 이사 온 아파트의 엘리베이터 속도가 현저히 느린 경우도 처음에는 불평을 많이 하지만, 얼마 지나지 않아 이 속도를 정상으로 받아들이는 것도 이상한 일이 아니다. 이런 불편은 우리 일상의 곳곳에서 다양하게 존재한다. 출근길 버스나 지하철에서부터 TV 리모컨에 이르기까지 주위를 둘러보면 온통 불편함투성이다. 이를 거꾸로 생각해 보면, 세상에는 개선하고 혁신할 거리가 넘쳐난다는 이야기로도 해석할 수 있다.

2009년 원당 e편한세상은 서툰 운전자라면 누구나 느꼈을 아파트 주차장의 부족한 10센티미터 공간을 입주민들에게 돌려주는 광고로 큰 호응을 얻었다. 10센티미터, 아파트를 짓는 업체라면 쉽게 포기할 수 없는 공간을 과감히 포기했지만, 이 덕분에 이익보다는 사람을 먼저 생각하는 기업 이미지를 확고히 할 수 있었다. 이 10센티미터가 주는 편안함은 어떻게 발견했을까? 운전에 익숙하지 않은 주부들이 광고에서처럼 좁은 주차장에 차를 대느라 애쓰는 모습을 쉽게 볼 수 있다. 누구나 차문을 열고 내릴 때면 옆 차와 부딪치지 않을까 조심하는 모습도 자주 목격한다. 이 회사는 주부들을 대상으로 아파트에서 생활하면서 겪는 불편함을 조사했다고 한다.

그렇다면 아파트의 불편함이나 개선점을 묻는 질문에 주부들이 "주차장의 간격이 너무 좁아서 불편해요."라고 호소했을까? 그럴 가능성보다는 어느 조사자가 아파트 주차장에서 차를 앞으로 뺐다가 뒤로 후진하기를 반복하는 주부를 관찰했을 가능성이 크다. 사람들은 너무 오랫동안 반복적으로 해온 탓에 더 이상 불편함을 인식하지 못하고 잘 표현하지도 못하는 경우가 많다.

관찰을 통한 창의적 아이디어 발굴을 전문으로 하는 디아이디어그룹The Idea Group의 김은영 대표는 이것을 '익숙해진 불편함'이라고 했다. 만일 어느 아파트에 거주하는 주부를 인터뷰한다고 가정해 보자. "아파트에 살면서 불편한 점이 뭔가요?"라고 묻는다면, 대부분 집 안에서 쉽게 눈에 띄는 점들을 이야기할 것이다. "싱크대 색깔이 너무 어두운데 좀 더 밝았으면 좋겠어요." "겨울에 외풍이 심해서 그런지 관리비가 많이 나와요." "아파트 경비원들이 너무 불친절해요." 등의 답변을 듣기 쉬

©대림산업(주)   ©삼성전자(주)

울 것이다. 늘 주차하면서 불편을 겪지만 처음 보는 사람을 만나서 주차
공간이 조금만 더 넓었으면 좋겠다고 떠올리기란 쉽지 않다.

　2015년 2월 출시된 삼성 '액티브워시 세탁기' 역시 소비자들이 세
탁하는 모습을 철저히 관찰하여 탄생했다고 한다. 많은 주부가 세탁기
가 있음에도 불구하고 여전히 손으로 애벌빨래를 한다는 사실을 발견
한 것이다. 주부들은 화장실 세면대나 다용도실 바닥에 쪼그리고 앉아
서 힘들게 손빨래를 한 다음 세탁기를 돌리는 것이었다. 액티브워시는
소비자들의 이런 불편을 해결하기 위해 빨래판인 빌트인싱크를 설치하
여 주부들이 편안하게 서서 애벌빨래를 할 수 있도록 디자인했다. 화장
실에서 세탁기까지 이동하는 번거로움을 해결한 것이다. 이 경우도 사
람들의 행동을 제대로 관찰함으로써 기회를 포착한 사례라 할 수 있다.
출시 20주 만에 국내에서만 10만 대가 팔렸다고 한다. 만약 주부들에게
세탁기를 사용할 때 무엇이 불편한지 물었다면 "세탁기 소음이 심해요."

"이물질이 끼어서 고장이 자주 나요." 등의 답변을 듣지 않았을까? 애벌빨래처럼 자주 겪는 불편함도 세탁기에 대한 고착화된 고정관념 아래서는 쉽게 떠올리지 못했을 것이다.

인터뷰	관찰
스스로 잘 알고 있는 것	스스로 인식하지 못하는 것
중요하다고 생각하는 것	습관적이라서 사소하다고 판단하는 것
일반적인 것	독특한 것

표를 보면 알 수 있듯이 인터뷰처럼 언어에 의존하는 조사 기법에서 사람들은 자신이 경험한 것, 자신이 잘 알고 진실이라고 믿는 것, 중요하다고 생각하는 것을 이야기한다. 어떻게 보면 이런 것이 기업들에 의해 오랫동안 '학습된 불편함'일 수도 있다. 인터뷰에서 의미 있는 통찰을 찾기 위해서는 기획자의 제대로 된 해석이 중요하다. 반면, 관찰을 통해서는 사람들이 말로 표현하지 못하는 것, 사소한 것이라 별로 중요하지 않다고 여기는 것 중에서 의미 있는 행동 양식을 발견할 수 있다. 앞의 사례들처럼 익숙해져서 스스로 인지하지 못하는 불편함도 관찰을 통해 찾을 수 있다.

°사람의 말보다 특이한 행동과 증거에 주목하라

나는 특정 주제의 문제점을 파악하고 솔루션을 도출할 때 그 주제와 관련된 사람을 많이 만나지만, 그들의 말에만 전적으로 의존하지 않는다. 오히려 그들이 보여주는 특이한 행동이나 소유물에 많은 관심을 기울인다. 사람들은 스스로 자신의 특이한 행동을 인지하지 못하는 경우가 많다. 오랫동안 그런 방식으로 해왔기 때문에 당연하게 받아들인다. 또 자신이 가지고 있는 물건 중에서 전혀 중요하게 생각하지 않거나 기억조차 하지 못할 때도 많은데, 사람들의 미충족 심층 니즈는 오히려 이런 곳에 숨어 있는 경우가 많다.

사람들의 소비 활동과 관련한 프로젝트에서 한 40대 주부는 신용카드 사용과 관련한 불편함을 묻는 질문에 "별로 불편한 점이 없어요."라고 대답했다. 그런데 지갑에서 카드를 꺼냈을 때 특이한 점이 발견되었다. 각각의 신용카드 뒷면에 각종 혜택의 종류와 적립률을 네임펜으로 적어 놓은 것이다. 롯데월드 10퍼센트, 학원 5퍼센트, 교통 5퍼센트와 같이 말이다. 또 어떤 여대생은 빵집 입구에 붙은 할인 포스터를 한동안 훑어보고 나서야 매장으로 들어가기도 했다. 40대 후반의 한 남자 직장인은 아예 자신이 가지고 있는 적립 카드를 몽땅 점원에게 건네며 알아서 적립해 달라고 요청했다.

대부분 이런 불편함을 당연하게 받아들이지만, 가만 생각해 보면 소비와 혜택의 수많은 정보 홍수 속에서 헤매는 소비자들의 모습을 단적으로 보여주는 사례이다. 얼마나 많은 소비자가 귀찮거나 불편해서 자신의 혜택을 쉽게 포기해 버리는가? 기술 발달과 함께 사용자 경험에 대해 많은 사업자가 치열하게 고민하고 있기에 머지않아 이런 불편함은 해결될 것이다. 어떤 매장에 가든 스마트폰만 내밀면 알아서 최적의 혜택이 있는 카드로 결제되고 적립까지 가능해지는 날이 머지않았다.

나는 음성인식 기술의 사용처를 발굴하는 프로젝트를 진행한 적이 있다. 처음에 우리 팀은 산업 영역과 사용자의 일상생활을 두 축으로 해서 음성인식 기술을 필요로 하는 곳을 선정하였다. 그중 택배 업무에 음성인식 기술을 적용하면 효과적일 거라는 가정 아래, 40대 택배 기사를 섭외했다. 점심부터 오후 늦게까지 나는 동료와 함께 택배 트럭을 타고 기사를 따라다니며 관찰했다. 대상자의 일거수일투족을 옆에서 관찰하는 일명 섀도잉Shadowing 기법이었다.

아침 7시에 출근해서 밤 10시가 넘도록 180건이 넘는 택배 업무를 처리해야 하는 택배 기사를 보면서 '시간은 돈이다'라는 말이 실감 났다. 트럭 바구니에 고무밴드로 묶인 여러 뭉치의 송장은 지역과 아파트, 시간대별로 분류되었는데, 시간을 절약하기 위한 자신만의 노하우라고 했다. 시간이 어느 정도 지났을 무렵 그는 시간에 쫓겼는지 한 손은 운전대를 잡고 한 손은 송장을 쥔 채 핸드폰을 목과 귀 사이에 대고 고객과 통화를 했다. 옆에서 지켜보는 우리는 사고라도 날까 봐 조마조마했는데, 그에게는 자연스러운 일상처럼 보였다. 또 아파트에서는 택배물을 엘리베이터 문 사이에 끼워 두는 등 시간과 노력을 단축시키기 위한 갖가지 자구책을 목격할 수 있었다. 그러한 상황은 사진과 비디오에 담겨 자동차, 핸드폰, 사람을 연결하는 음성인식 기술의 유용한 사용처로 채택되었고 추후 기술 개발을 위한 로드맵에 활용되었다.

특정 주제와 관련한 사용자의 불편함을 발견하고 자신도 몰랐던 새로운 인사이트를 찾아내기 위해서는 사용자의 일상을 관찰하고 사용자 주변에 숨어 있는 증거를 확인할 필요가 있다. 이는 대충 지나치지 않고 의도적으로 대상을 바라보려는 기획자나 디자이너의 집요함이 있을 때 가능한 것이다.

° 어떻게 냉장고에 숨겨 놓은 진짜 속마음을 찾았을까

나는 냉장고에 관심이 많다. 엄밀하게 말하면 냉장고 자체가 아니라 냉장고 안에 있는 물건과 그것을 사용하는 사람들이 궁금하다. 냉장고는 음식물을 보관하는 기능적 공간뿐만 아니라 사람들의 다양한 욕망이 저장된 감성적 공간으로 이해할 필요가 있다. 때로는 목적을 가지고, 때로는 자신도 모르게 무의식적으로 열게 되는 냉장고 속에는 우리가 생각하는 것 이상의 많은 의미가 담겨 있다. '냉장고가 냉장고지 무슨 의미가 있다고 그래?'라고 생각할 수도 있지만, 사용자를 전문으로 연구하는 일을 막 시작했을 무렵부터 경험적으로 그런 확신을 갖게 되었다. 그래서 프로젝트 주제와 상관없이 사용자의 가정을 방문할 때에는 양해를 구하고 냉장고를 열어 보는 경우가 많다.

흥미로운 사실은 냉장고 문을 열면 사람들이 인터뷰에서 말했던 내용과 전혀 다른 행태적 증거가 쏟아져 나온다는 것이다. 또한 냉장고의 원래 용도와 다르게 사용하는 소비자들의 대안적 경험을 접하면서 놀랄 때도 많다. 몇 가지 사례를 통해 사람들의 경험과 그것이 가지는 의미에 대해 살펴보자.

네 가지 색깔의 냉장고 사용 경험

먼 옛날부터 인류는 부족한 식량을 확보하여 오랫동안 보관함으로써 자신과 가족의 생명을 유지하려는 본능을 이어왔다. 냉장고는 그런 인간의 본능이 가장 직접적으로 드러나는 공간이다. 오늘날의 쇼핑은 식량을 확보하는 행위라 할 수 있는데, 마트에 갔을 때 왠지 모를 행복감을 느끼는 것은 어찌 보면 당연하다. 쇼핑한 물건을 냉장고에 보관하는 순간에도 마찬가지로 심리적 안정감을 느낀다. 냉장고에 저장된 물건을 하나씩 정리하다 보면 어떤 종류의 식량이든 먼저 보관하려는 인간의 욕망을 금방 확인할 수 있다. 식량 보존에 대한 오랜 가치는 냉장고에서 또 다른 형태로 나타나기도 한다. 냉장고에 붙어 있는 수많은 메뉴판 역시 배고픔에 대비하기 위해 무형의 음식 정보를 물리적으로 저장하는 행위라고 볼 수 있다.

나는 냉장고의 보존 가치가 음식을 넘어 독특한 형태로 확장된 경우도 가끔 발견한다. 어떤 가정에서는 냉장고에 화장품을 보관하기도 한다. 또 어떤 사람은 의약품을 보관하는 용도로 냉장고를 이용한다. 화장품과 의약품은 상온에서 보관하도록 생산되었기에 굳이 냉장고에 보관할 필요가 없지만 부패와 변질에 대한 원초적 두려움은 사람들에게 대안적 솔루션을 스스로 만들게 한 것이다. 이러한 속성을 잘 살펴보면 또 다른 형태의 냉장고를 고안할 수도 있다. 김치 냉장고, 와인 냉장고, 화장품 냉장고 그다음에는 또 어떤 냉장고가 개발될까?

보존이라는 냉장고의 기능적 가치Functional Value 외에 내가 주목하는

| 냉장고의 가치 확장 |

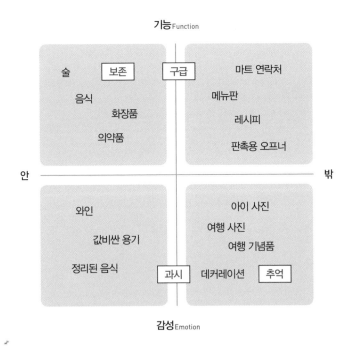

것은 과시, 추억 등 냉장고가 감성 표출의 수단으로 활용된다는 것이다. 이러한 감성적 가치Emotional Value는 다양한 형태로 나타난다. 내가 시카고에서 생활할 당시 미국인 룸메이트는 여행을 무척 좋아했다. 외국뿐만 아니라 미국 내에서도 자주 여행을 다녔는데, 여행지의 마그넷 기념품을 수집하는 취미가 있었다. 그의 냉장고에는 수십 개나 되는 각양각색의 마그넷이 붙어 있었다. 냉장고 앞에 서서 한참 동안 자신이 다녀온 나라와 여행지를 자랑하곤 했다. 이런 행태는 여행지에서 찍은 멋진 사진을 붙여 놓는 패턴과도 유사하다.

아이들의 성장 사진이나 가족사진을 냉장고에 붙여 놓는 것 역시 추억을 유지하거나 남들에게 자랑하려는 의도가 숨어 있을 것이다. 아무래도 손님이 방문했을 때 눈이 쉽게 가는 곳이 냉장고이기 때문이다. 손님의 방문이 빈번할수록 냉장고 안은 깔끔하게 정리되어 있고, 먹거리도 남들에게 보여주는 형태로 진열하는 경우가 많다. 냉장고를 통해 자신의 수준을 드러내려는 욕구가 내포되어 있기 때문일 것이다. 냉장고 하나에도 사람들의 다양한 욕망이 숨어 있는 것이다.

냉장고 속에서 속마음을 엿보다

몇 해 전에 만성질환자들을 위한 U-헬스케어 서비스 콘셉트를 제안하는 프로젝트에 참여했다. 당뇨나 고혈압 같은 만성질환을 앓고 있는 환자들이 일상생활에서 어떤 어려움을 겪는지 알아내고, 그것을 해결하는 데 도움을 주는 솔루션을 도출하는 프로젝트였다. 우리는 특히 당뇨 환자들의 가정을 방문하여 그들의 삶을 심도 깊게 연구하였다. 그중 한 여자 직장인 당뇨 환자와의 인터뷰는 내가 고객의 니즈에 대해 깊이 고민하는 계기가 되었다. 어려서부터 선천적으로 당뇨병을 가지고 있는 1형 당뇨 환자였는데, 하루에 몇 번씩 인슐린 주사를 맞아야 했다. 전문가들은 후천적으로 발병하는 2형 당뇨 환자에 비해 1형 당뇨 환자들은 더욱 철저한 관리와 식이요법이 필요하다고 했다. 그녀 역시 하루에 세 번씩 남들 몰래 인슐린 주사를 맞고 있었으며, 혈당 체크를 거르지 않고 꼼꼼하게 기록하고 있었다. 스스로도 다른 당뇨 환자들보다 관리를 잘하고 있다고 자부했다. 운동도 열심히 하고 식이요법도 체계적으로 실행하고 있어 당뇨 관리에 큰 어려움이 없다고 했다.

함께 간 선배가 그녀의 건강관리에 대해 세세하게 질문하는 동안 나의 주목을 끄는 것이 있었다. 그것은 바로 현관문에 붙어 있는 배달 음식점 전단지였다. 냉장고 문에도 수많은 배달 광고판이 붙어 있었다. 중국 요리며 치킨 등 일반인이 즐겨 먹는 배달 음식들이었다. 인터뷰에서 그녀가 말한 대로라면 당뇨 관리를 위해 절대 먹지 않을 음식들이었다. 인터뷰를 하면서 우리는 거실이나 방을 구경시켜 주는 홈 투어Home-tour를 요청했다. 나는 참지 못하고 궁금했던 질문을 던졌다. "냉장고와 현관에 배달 음식 전단지가 많이 붙어 있네요. 자주 시켜 드시나요?"라고 묻자, 그녀는 약간 당황해하는 듯이 대답했다. "아휴, 배달은 안 시켜 먹어요. 저 전단지는 친구들이 놀러 왔을 때 다른 집처럼 보이려고 일부러 붙여 둔 거예요. 친구들은 제가 당뇨 환자인지 모르거든요." 이 말을 듣고 나자 그녀가 친구들에게 자신이 당뇨가 있다는 사실을 숨긴다고 했던 말이 생각났다. 당뇨 환자들이 겪고 있는 심리적 부담감에 대해 공감할 수 있었다.

인터뷰가 끝나고 선배와 나는 커피숍에서 인터뷰 대상자에 대해 간략히 토론하는 시간을 가졌다. 그 자리에서 나는 그녀가 당뇨 환자임을 숨기기 위해 붙여 놓은 전단지와 환자의 부담감에 대해 이야기를 꺼냈다. 그런데 선배는 같은 팩트에 대해 전혀 다르게 해석하고 있었다. 그녀가 당황한 나머지 거짓말을 했다는 것이다. 우리는 한동안 같은 사안에 대해 서로의 주장을 굽히지 않았고 쉽게 결론을 내릴 수가 없었다.

이 일이 있은 지 얼마 지나지 않아, 나는 또 다른 당뇨 환자를 인터뷰했다. 당뇨 관리를 잘하고 있는 40대 초반의 남자 직장인이었다. 평상시의 당뇨 관리 일정을 포토 다이어리에 미리 작성하게 했는데, 그 역시 건강을 되찾기 위해 운동과 식이요법 등 많은 노력을 기울이고 있었다. 하루에 두세 번씩 혈당을 체크하여 자신의 핸드폰에 일일이 혈당 수치를 기록하고 있었는데, 여간 번거롭고 귀찮은 일이 아니었다. 한 시간쯤 인터뷰가 진행되었을 무렵, 나는 잠시 쉬면서 집 안을 구경시켜 달라고 했다. 그리고 냉장고 문을 여는 순간 깜짝 놀라고 말았다. 소주와 맥주, 막걸리가 보란 듯이 냉장고를 채우고 있었다. 그의 얼굴에 죄라도 지은 것처럼 당황해하는 기색이 역력했다. 그 순간 나는 실례를 무릅쓰고 더 깊이 파고들었다. 그리고 냉장고 가장 아래 칸에 숨겨진 음식 꾸러미를 발견했다. 몇 겹으로 싼 종이를 펼친 순간 다시 한 번 놀랐다. 그는 "아, 이건 구룡포 과메기예요. 제가 제일 좋아하는 음식이거든요."라며 아주 작은 목소리로 말했다.

이 구룡포 과메기에 막걸리 한 사발을 마시는 자신의 모습을 상상하고 있을 나를 의식했던 게 틀림없었다. 집 안을 살펴보고 나서 다시 시작된 인터뷰에서 그는 속마음을 털어놓기 시작했다. "사실 운동도 열심히 하고 나름 열심히 당뇨 관리를 한다고 생각하는데, 솔직히 먹는 것 때문에 힘들어 죽겠어요. 당뇨에 걸리기 전에 좋아했던 음식을 안 먹을 수는 없잖아요." 일상생활에서 자신이 좋아하는 음식과 이별해야 하는 고통은 생각보다 컸다. 당뇨 관리를 잘한다고 자부하는 사람조차도 극복하기 힘든 벽이었다. 그에게 냉장고는 자신의 숨겨진 욕구와 페인 포인트가 강하게 저장된 공간이었다. 자신은 비록 인식하지 못하더라도 말이다. 나는 며칠 전에 진행했던 1형 당뇨 환자의 냉장고에 붙어 있는 배달 전단지에 대한 나의 해석이 틀렸을 가능성이 크다는 사실을 깨달았다. 또 다른 환자는 당뇨에 치명적인 박카스를 냉장고에 쌓아 두고 먹기도 했다. 이들 모두의 공통점은 자신이 당뇨 관리를 잘하고 있으며 별 어려움이 없다고 말하는 것이었다.

사람들은 특정 주제와 관련해 자신이 생각하는 이상을 자신의 말과 일치화하려는 경향이 있다. 실제 자신의 행동이 그 이상을 따라가지 못하더라도 그렇다고 믿는 경우도 많다. 특히 외부인과의 인터뷰 같은 인위적 환경에서는 의도적이든 무의식적이든 자신이 보여주고 싶은 부분을 강조하거나 자신의 말을 합리화하려는 심리가 매우 강하게 작용한다. 고객의 말에만 의존할 경우 부분적이거나 왜곡된 정보의 함정에 빠질 가능성이 크다. 하나의 팩트보다는 전체적 관점에서 대상을 이해해야 하며, 한 사람보다는 여러 사람의 정보를 통해 객관화된 분석을 거쳐야 한다. 또한 냉장고 속 구룡포 과메기의 사례처럼 고객의 말에만 의존하지 말고 관찰과 같은 보완적 방법을 활용하는 것이 중요하다. 특히 냉장고는 사람들의 욕구가 자신도 모르게 녹아 있기 때문에 대상자의 숨은 니즈를 발견하기에 매우 유용하다.

프로젝트 팀은 자신이 좋아하는 음식을 마음 놓고 먹으면서 당뇨 관리를 쉽게 할 수 있도록 돕는 스마트폰 기반의 서비스 콘셉트를 개발하였다. 그러나 의료 분야는 혁신이 느리게 진행되는 대표적인 영역이다. 원격진료나 의료정보 사용 등과 관련한 제도도 하루빨리 개선되어야 하며 시장 참여자 간 이해관계가 복잡하게 얽혀 있지만, 앞으로 가장 유망한 산업 중 하나임에 분명하다.

°그녀는 왜 가게 문턱을 넘지 못하나

얼마 전 나는 세 명의 동료들과 함께 '근미래의 오프라인 쇼핑 경험을 혁신하기 위한 서비스 콘셉트 개발' 프로젝트를 진행하였다. 우리는 다양한 쇼핑 카테고리의 매장 점주를 인터뷰하고 오프라인 매장에서의 소비자들을 관찰 조사했다. 또한 헤비 쇼퍼들을 선별해서 인터뷰를 진행했다. 우리는 주로 헤비나 익스트림 사용자Extreme User를 많이 만났는데, 미래지향적인 혁신의 단서를 얻기 위해서는 일반인을 만나는 것보다 훨씬 효과적이기 때문이다. 우리는 사용자들에게 포토 다이어리를 작성하게 하거나 쇼핑하는 모습을 관찰하고 가정 방문 인터뷰Home-visit Interview를 진행하였다. 프로젝트를 진행하면서 우리는 일명 밀레니얼 세대의 쇼핑 행태를 파악하고 가까운 미래의 쇼핑 변화를 예측할 수 있었다.

특히 20대 초반의 젊은 소비자들은 기성세대와는 전혀 다른 쇼핑 DNA를 가지고 있었다. 그리고 그 변화의 중심에는 모바일이 있었다. 저성장 장기침체 등의 영향으로 제한된 쇼핑 예산을 가장 효율적으로 활용하는 방법을 스스로 터득한 것이다. 다양한 쇼루밍 행태 외에도 매장에 가기 전에 필요한 탐색 과정을 마치고 오프라인에서 직접 체험한 후 구매하는 역쇼루밍Reverse-Showrooming의 모습도 곳곳에서 발견할 수 있었다. 이는 쇼루밍 소비자를 오프라인 매장으로 다시 끌어오려는 사업자나 매장주들의 힘겨운 생존 노력이 있었기에 가능한 결과이다. 최근 온라인과 오프라인의 다양한 채널을 통합적으로 활용하면서 소비자에게 새로운 소비 경험을 제공하는 옴니채널 전략이 점점 가속될 수밖에 없는 이유가 바로 여기에 있다.

어떤 젊은 쇼퍼는 자신이 가지고 있는 모든 의류를 사진으로 찍어 폴더에 저장해 놓은 경우도 있었다. 숍에서 마음에 드는 옷을 입어 볼 때 집에 있는 옷과 잘 어울리는지 매칭해 보기 위해서였다. 모바일은 과거 판매자 중심의 소비에서 소비자가 정보의 주도권을 가지는 능동적 소비 문화로 패러다임을 바꿔 놓았다. 특히 경제적이면서도 자신의 개성을 드러낼 수 있는 개인화된 소비가 가능해진 것 역시 모바일 정보의 즉시성과 양방향 상호작용의 영향이 크다. 피팅과 관련한 이런 특이한 행동은 물리적 공간의 한계를 극복하려는 적극적인 소비자들의 자구책이었다. 또 다른 소비자는 각 브랜드 간의 아이템을 비교할 수 없기 때문에 옷을 구매한 후 다른 매장의 피팅룸에서 입어 보고 잘 어울리지 않으면 환불하는 방식으로 불편함을 해결하고 있었다. 이런 모습은 일부 익스트림 사용자들에게서 나타나는 현상이지만 그 원인을 들여다보면 대다수의 소비자들이 공통적으로 느끼는 불편함이나 니즈일 것이다.

나는 프로젝트 기간에 잠실 지하상가를 관찰했는데, 어느 소비자의 어색한 행동이 눈에 들어왔다. 20대로 보이는 그녀는 의류 매장 앞에서 안으로 들어갈까 말까 망설이는 듯 보였다. 나는 그녀의 행동을 관찰했다. 그런데 다른 매장에서도 그런 행동이 반복적으로 이루어졌다. 매장 밖에 진열된 상품을 살펴보지만, 매장 안으로 선뜻 들어가지는 못하는 것이었다. 나는 그 이유가 궁금했다. '주인이 들어와서 구경하라고 하는데도 왜 그녀는 매장 안으로 들어가지 않는 걸까?' 나는 다른 손님이 매장에서 옷을 걸쳐 본 후 곧바로 구매하는 모습을 보고 나서야 약간의 힌트를 얻을 수 있었다. 당장 물건을 살 생각이 없었던 그녀에게 매장의 문턱이 너무 높았던 것은 아닐까?

이날부터 나는 쇼핑하는 사람들의 심리적인 맥락에 관심을 가졌는데, 다른 소비자들을 만나면서 그것은 점점 더 명확해졌다. 얼마 후 나는 구매 의사와 시간적 여유를 축으로 사람들의 쇼핑 모드를 네 가지로 정리했다. 내가 잠실 지하상가에서 만났던 그녀는 아마도 '정보 탐색자' 모드에 있었을 것이다. 시간적 여유는 있지만 구매 의사가 별로 없는 상태에서 돌아다니기만 하는 탐색 과정에서 적극적인 피팅을 꺼렸던 것이다. 다른 소비자들의 인터뷰에서도 물건을 사지 않을 경우 매장에서 피팅하는 것은 부담이 되는데, 이럴 때는 점원들의 부담스러운 도움 없이 편하게 옷을 입어 보고 싶다는 말을 많이 했다.

| 네 가지 쇼핑 모드 |

	구매 의사 높음	**목적 구매자** Quick Winner	**쇼핑 확신자** Confident In & Out

목적 구매자
Quick Winner

• 이미 탐색한 정보를 활용해 희망 상품을 신속하게 구매한다.
• 매장 직원의 추천에 의존하거나 빠르게 모바일로 검색한다.

쇼핑 확신자
Confident In & Out

• 충분히 온라인 검색을 했어도 여러 매장을 직접 비교한다.
• 살 마음이 있어 당당하게 피팅하거나 테스팅한다.
• 구매 후 더 싼 물건을 발견하면 환불한다.

구매 의사 높음

무심 보행자
Passer - by

• 웬만한 자극이 없으면 그냥 지나친다.
• 간혹 눈에 띄는 디스플레이 상품을 사진에 담아 간다.

정보 탐색자
Endless Nomad

• 살 마음은 없지만 다음 쇼핑을 위해 끊임없이 정보(메모 및 사진)를 수집한다.
• 비구매에 따른 부담감으로 적극적인 피팅을 꺼린다.

구매 의사 낮음

시간 여유 없음   시간 여유 있음

옷을 입어 보는 등 물리적 불편함을 해결하는 것뿐만 아니라 사람들의 심리적 맥락을 이해하는 것도 손님을 응대하고 대응하는 전략에 도움이 된다. 일부 선도적인 패션 업체들은 매장 앞에 아이패드와 같은 디스플레이를 비치하여 손님들이 매장 밖에서도 아이템을 검색할 수 있도록 했다. 미리 검색을 통해 후보 아이템을 선별한 후 실물을 피팅해 보는 것은 비대면 쇼핑을 희망하는 소비자뿐만 아니라 점원이나 매장주에게도 효율적인 방법임에 틀림없다.

최근 주목받고 있는 핀테크나 사물인터넷, 빅데이터 기술은 앞으로 소비자의 물리적이고 심리적인 불편을 해소해 주는 역할을 하게 될 것이다. 그렇다고 매장에서 사람의 역할이 사라지는 것을 원한다고 볼 수는 없다. 미래의 쇼핑은 직원의 물리적 도움은 기술이 대체하더라도 직원의 감성적인 도움과 접대는 여전히 기대할 것이기 때문이다. 이렇게 사람들이 불편해하거나 어색해하는 행동과 특이한 사물을 유심히 관찰한다면 미래의 변화된 모습을 예측할 수 있을 것이다.

° 소비자가 새로운 변화를 체험하게 하라

2009년 가을의 점심시간에 나는 회사 앞 커피숍에 앉아 있었다. 직장 동료와 함께 점심을 먹고 들른 커피숍은 평소처럼 사람들로 북적거렸다. 동료와 이야기를 나누면서 주변을 살피던 나는 사람들의 재미있는 행동 한 가지를 발견하였다. 같이 온 사람들과 대화를 나누면서도 수시로 핸드폰을 만지작거리는 것이었다. 그 당시는 고사양의 피처폰이 인기를 끌고 국내에 아이폰이 들어온다는 소문이 돌 때였다. 서로 이야기를 나누면서 게임을 하거나 문자를 주고받는 등 휴대폰과 사람을 번갈아 보며 시간을 보내고 있었다. 어떤 사람은 대리점에서 금방 사온 듯한 고기능의 단말기를 친구와 함께 살펴보며 연구하고 있었다. 값비싼 핸드폰을 샀으니 친구에게 자랑도 하고 싶었을 것이다. 1년 후 스마트폰이 국내에 확산되어 갈 무렵 내가 아는 사람은 아이폰을 구입한 날 커피숍에서 혼자만의 오픈 의식을 했다고 한다.

이때 내 머릿속에 아이디어 하나가 떠올랐다. 커피숍과 이동통신 대리점을 결합하는 것이었다. 그 당시에도 통신 대리점은 핸드폰을 판매하는 공간으로 그 역할을 다하는 것처럼 보였지만, 내 생각은 조금 달랐다. 사람들이 휴대폰을 구입할 때 대리점에서는 고사양의 기능을 충분히 체험하지 못한다고 생각했다. 직원들이 친절하고 자세히 설명한다고 해도 손님 입장에서는 기다리는 다른 손님이 부담스럽기도 하고 다양한 기능을 충분히 경험하기에는 시간이 부족하기 때문이다. 만약 커피숍에 앉아서 여유롭게 새로 나온 핸드폰을 체험할 수 있다면 소비자입장에서는 새로운 구매 경험이 될 거라고 생각했다. 대리점 운영자의 입장에서도 포화 상태에 이른 핸드폰 판매 수익 외에 커피숍을 함께 운영함으로써 추가적인 매출을 기대할 수 있다.

오랫동안 익숙한 방식이 항상 정답은 아니다. 특히 비즈니스 모델과 신상품 개발에서는 다소 황당한 생각을 돌출시킬 필요가 있다. 너무나 익숙한 모습이지만 그냥 지나치면 보이지 않는 것들도 의도를 가지고 낯설게 바라보면 그동안 생각지도 못했던 나만의 인사이트와 아이디어가 떠오를 수도 있다. 익숙함 속에서 의도적인 낯섦 찾기가 필요한 이유다.

나는 이 생각을 핸드폰에 기록하고 사진도 몇 장 찍었다. 얼마 후 회사에서 진행하는 아이디어 발굴 프로그램에 이 내용을 제안했다. '커피향 나는 SK텔레콤 어떠세요?'라는 제목으로 커피숍과 이동통신 대리점을 결합하는 신개념의 유통망 개발 아이디어였다. 꽤 오랫동안 현장에서 마케터로 일하면서 대리점 사장님들을 만나 본 경험이 있었기에 이 아이디어가 충분한 가능성이 있다고 확신했다. 그런데 얼마 후 탈락했다는 메일을 받았다. 몇 가지 합당해 보이는 이유는 있었지만, 아쉽다는 생각이 떠나지 않았다.

그로부터 몇 달 후 드디어 아이폰이 국내에 상륙했다. 사업자나 전문가들의 예상과 달리 소비자들은 피처폰에서 스마트폰으로 급격하게 옮겨 갔다. 업계 전문가들은 대부분 아이폰의 영향이 그리 크지 않을 것이라 판단했는데 이런 판단을 했던 가장 큰 이유는 스마트폰을 고기능의 단말기 정도로 바라보았기 때문이다. 아이폰 역시 사양이 업그레이드된 PDA에 지나지 않는다고 생각한 것이다. 그러나 2008년부터 미국에서 아이폰을 직접 사용했던 나는 아이폰이 가져올 변화를 직감했다. PDA와는 전혀 다른 사용자 경험과 수많은 생활밀착형 콘텐츠는 전문가를

삼성동 티월드 카페 1호 매장

위한 제품이 아니라 우리 삶의 방식을 변화시키고 있었기 때문이다. 혁신은 전혀 없던 것에서 섬광처럼 출현하는 것이 아니라 여러 번의 실패 속에서 사람들이 외면하고 있는 영역에서 갑자기 치고 올라오는 법이다. 새로운 사용자 경험이라는 무기를 들고서 말이다.

아이디어를 내고 나서 1년 반이 지난 2011년 여름, 회사에서는 스마트폰 시대에 맞는 새로운 이동통신 유통 모델로 커피숍과 이동통신 대리점을 결합하는 컨버전스 유통 채널을 구상하였다. 나는 해당 주제를 진행하는 프로젝트에 참여하게 되었다. 아이폰의 영향으로 세상이 바뀐 것을 실감하였다. 실제로 우리 프로젝트 팀은 컨버전스 유통 매장의 가능성을 찾기 위해 많은 사람을 만나고 커피숍과 이동통신 대리점을 관찰 조사했다. 그리고 컨버전스 유통 매장을 구현하기 위한 핵심 가치를 도출하고 다양한 서비스 콘셉트 및 공간 디자인을 제안하였다.

이렇게 해서 삼성동 티월드 카페T- world Cafe 1호점을 시작으로 현재 전국에 70개의 컨버전스 스토어가 운영되고 있다. 국내 컨버전스 스토어의 원조라고 할 수 있는 티월드 카페는 특히 20~30대 직장인과 여성 고객의 비율이 높다. 최근에는 제2롯데월드몰에 '커넥트 투'Connect To라는 카페도 생겼다. 카페 안쪽에는 렉서스 자동차가 두세 대 전시돼 있는데, 지금까지 15만 명이 다녀갔다고 한다. 이종 간 컨버전스는 위의 사례처럼 디지털과 아날로그적 경험이 만났을 때 효과가 크다. 그리고 실질적인 사용자 경험의 결합을 촉진시키는 여러 가지 장치나 프로그램을 제대로 운영하지 않으면 단순한 물리적 결합으로 그치고 만다.

° 왜 자전거는 한곳에 모여 있을까

몇 달 전 나는 동료와 함께 자전거를 주제로 관찰을 진행한 적이 있다. 매일 출퇴근 시 주변의 자전거를 살펴보면서 사진도 찍고 메모도 해두었다. 어느 날 동사무소 앞을 지나던 중 자전거 여러 대가 인도에 한꺼번에 주차돼 있는 모습을 보고 문득 궁금해졌다.

'왜 자전거들은 한곳에 모여 있을까?'

아침마다 지나다니면서 늘 봐왔던 모습이라 당연한 것 같지만, 자전거 주차장도 아닌데 사람들이 약속이나 한 듯이 한곳에 자전거를 주차했다는 것은 뭔가 특별한 의미가 있어 보였다.

한곳에 모여 있는 자전거

홀로 주차되어 있는 자전거

　이런 모습은 거리 곳곳에서 발견할 수 있었는데, 심지어 오토바이들도 유사했다. 나는 사람들이 그런 행동을 하는 이유가 될 만한 단서를 며칠 후 찾을 수 있었다. 아파트 앞을 걸어가다가 자전거 한 대가 홀로 주차되어 있는 모습을 봤는데 이 자전거 바구니는 온갖 쓰레기로 가득 차 있었다. 마치 깨진 유리창의 법칙처럼 누군가가 자전거 바구니에 쓰레기를 버리기 시작하니 다른 사람들도 같은 행동을 한 것이 분명했다. 비교적 깨끗한 자전거임에도 주인이 없거나 방치되어 있다고 생각했을 것이다. 이 모습을 보고 나서 왜 자전거 주인들이 본능적으로 함께 모여 있고자 하는지 알 수 있었다. 자전거 주인들이 원하는 것은 도난이나 분실과 같은 '잠재적인 위험으로부터 관리 받고 있다고 느끼는 것'이었다. 관리인도, CCTV도 없지만 사람들은 본능적으로 자신의 재산을 보호하기 위해 공동체가 주는 심리적 안심을 추구하고 있었던 것이다.

만약 자전거 보관소나 대여소 같은 공공서비스를 운영하는 기획자라면 이런 발견을 어떻게 활용할 수 있을까? 분실이나 도난으로 인해 많은 예산이 낭비되고 있지만, 관리자를 두기에는 예산도 부족한 상황이다. 그렇다면 사용자 인사이트에서 답을 찾을 수도 있지 않을까? 관리받고 있다는 느낌, 이는 거꾸로 말하면 관리되고 있다는 느낌을 주면 도난의 리스크를 현저히 줄일 수 있다는 얘기다. CCTV로 촬영하고 있다고 느끼게 하거나, RFID 태그의 부착 등 행정적인 조치만으로도 효과를 볼 수 있을 것이다. 또한 시커멓게 쌓인 자전거의 먼지만 깨끗이 닦아내도 관리되고 있다는 느낌을 주기에 충분하다.

세계적인 범죄 도시 뉴욕이 살인, 강도 같은 중범죄율을 75퍼센트나 낮춤으로써 안전한 도시로 거듭나고 있다. 그 놀라운 변화의 비법이 바로 도시가 관리되고 있다고 느끼게 한 것이었다.

° 지갑에서 인간의 원초적 욕망을 훔치다

지금은 시럽 월렛Syrup Wallet이라는 이름으로 알려진 스마트 월렛은 사람들의 실물 지갑을 대체하는 역할을 하기 위해 태어났다. 사람들이 늘 가지고 다니는 뚱뚱한 지갑을 어떻게 하면 가볍게 할 수 있을까? 이는 많은 전자지갑 회사가 사람들에게 소구하는 가치이기도 하다. 스마트

월렛이 초기에 집중한 사용자 가치Value Proposition는 '사람들이 불편하게 가지고 다니는 수십 장의 멤버십 카드를 스마트폰에 담는 것'이었다. 이런 편의성은 사람들에게 충분히 어필했다. 불과 2년 만에 1,000만 사용자가 스마트 월렛을 다운 받아 사용할 정도였다. 그런데 멤버십 카드를 담는 편의성만이 스마트 월렛이 줄 수 있는 가치의 전부일까?

2013년 나는 스마트 월렛의 또 다른 고객 가치와 새로운 서비스 콘셉트를 찾는 프로젝트를 세 명의 동료와 함께 진행하였다. 우리 프로젝트 팀은 꽤 많은 가정을 방문해서 인터뷰하고, 마트나 백화점에서 사람들이 쇼핑하는 모습을 관찰했다. 특히 사람들의 실물 지갑에 대해 심도 깊게 탐구했다. 스마트 월렛이라고 하는 모바일 앱의 새로운 방향을 찾기 위해서는 무엇을 봐야 할까? 얼핏 생각하면 사용자들이 해당 앱을 어떻게 사용하는지, 또 그것을 사용하면서 어떤 불편함을 느끼는지 살펴볼 것이다. 그러나 사람들의 더 깊은 곳에 잠재하는 욕구를 발견하기 위해서는 디지털이 아닌 아날로그에서 그 답을 찾을 수 있다고 믿었다. 사람들의 일상적인 행동과 소유물의 저 너머에는 자신도 모르는 본능이 자리 잡고 있기 때문이다.

여기서는 프로젝트의 결과물보다 사용자 경험을 탐험하는 과정에서 발견한 몇 가지 흥미로운 현상을 담고자 한다. 사람들의 지갑 속에는 우리가 생각하는 것 이상의 많은 물건이 담겨 있다. 각종 신용카드나 멤버십 카드, 커피숍에서 받은 종이 쿠폰과 영수증처럼 주로 소비와 관련된 물건이다. 또 남자친구와 찍은 스티커 사진, 서해안 횟집에서 받아 온

명함, 자동차 사고를 대비한 부적까지 자신도 모르게 무의식적으로 삶의 증거를 지갑에 담는다.

그중에서 나의 관심을 끌었던 사람들의 행동 패턴은 상품권이나 달러 같은 예비 지폐와 관련한 내용이었다. 많은 사람의 지갑이나 핸드백 속에는 갖가지 상품권이 있었다. 백화점 상품권, 주유 상품권, 문화 상품권 등 종류도 다양했다. 그런데 여기서 재미있는 점은 바로 사람들의 인식이다. 지갑에 상품권이 있다는 사실을 깜빡 잊어버린 사람이 많았다. 어떤 사람들은 아예 상품권을 넣어 둔 사실조차 기억하지 못했다. 대부분 "나중에 쓰려고 넣어 둔 거예요."라고 말했지만, 가지고 다닌 지 몇 년이 지나도록 사용하지 않고 있었다. 그동안 사용할 기회가 수없이 많았을 텐데 말이다. "이제 조만간 써야죠."라고 말하지만 1년 뒤에도 사용하지 않을 가능성이 크다.

왜 그럴까? 나는 그 이유를 미래의 불확실성에 대비하는 인간의 원초적인 본능 때문이라고 생각했다. 먼 옛날부터 인류는 식량을 보이지 않는 곳에 보관하고, 외부 침입으로부터 스스로를 보호하는 탁월한 능력을 지니고 있다. 언제 어떤 위험이 닥칠지 알 수 없기 때문에 늘 위급한 상황에 대비하기 위해 무언가를 확보하기 원했다. 근세에 들어 보험이라는 상품이 생겨난 것도, 따지고 보면 같은 이유일 것이다. "나중에 쓰려고 했는데, 깜빡 잊고 있었네요."라는 말 속에서 '미래의 불확실성'에 대비하고자 하는 사람들의 무의식적 욕구를 읽어 낸다면 전자지갑의 기능 중 하나로 '비상금'의 개념을 뽑아 낼 수 있다. 실물 지갑을 잃어

버려 아무것도 할 수 없는 난처한 상황이 되더라도 안심하고 위기에 대처할 수 있는 도움을 바라는 건지도 모른다.

사람들의 지갑 속에서 발견할 수 있는 또 다른 패턴 중 하나는 영수증 보관과 관련된 것이었다. 사람들은 왜 영수증을 보관할까? 하루에도 몇 번씩 결제를 하고 종이 영수증을 받는다. 대부분 다시는 그 영수증을 볼 일이 없음에도 일단은 그것을 받아서 챙긴다. 점원에게 "그냥 찢어 주세요."라고 말하는 사람보다는 찢더라도 본인이 받아서 직접 찢는 경우가 많았다. 사람들의 이런 행위는 소비와 결제 시점의 불일치에서 오는 불안감 때문이다. '혹시 모를 막연한 불안감' 때문에 금액을 확인하고 귀찮더라도 일단은 지갑 속에 그 증거물을 챙기는 것이다. 결제 과정에서의 '안심'이라는 가치는 카드사의 문자 알림 서비스가 어느 정도 해결해 주고 있다. 언젠가 종이 영수증도 사라지겠지만 사람들은 본능적으로 한동안 영수증을 챙길 것이다. 그리고 안도할 것이다.

결제 과정과 영수증에서 우리가 찾을 수 있는 또 다른 가치는 '추억'이다. 나의 책상 서랍 한구석에는 대학생 시절 일본 여행에서 챙겨 온 영수증 한 묶음이 아직도 보관되어 있다. 먼 과거로 돌아가지 않더라도 최근에 아들과 다녀온 《파워레인저》 공연이나 《어벤져스》 영화 티켓은 꽤 오랫동안 버려지지 않을 것이다. 프로젝트에서 우리가 만난 사람들 역시 다르지 않았다. 해남이나 부산 여행에서 챙겨 온 각종 영수증을 별도로 모아 놓고 있었다. 그들에게 영수증을 보관하는 이유를 묻자, "영수증을 보면 그때 친구들하고 재밌게 놀았던 기억이 되살아나잖아요."

라고 답했다.

어떤 남자 대학생은 여자 친구와 데이트하면서 갔던 음식점과 메뉴를 다이어리에 꼼꼼히 기록하기도 했다. '이런 사람이 얼마나 되겠어?'라고 생각할 수도 있지만, 많은 사람의 마음속에는 같은 욕구가 존재할 것이다. 단지 귀찮거나 불편해서 행동으로 옮기지 못할 뿐이다. 우리는 이때 영수증이라는 결제 행위의 물리적 결과물에만 집중하지 않고 결제 행위를 잘라서 볼 필요가 있다. 그 안에는 소비 금액과 품목뿐만 아니라 시간과 장소 등의 데이터와 함께 눈에 보이지 않는 사람들의 행위와 의미가 함께 담겨 있다. 이렇게 '추억이나 스토리' 같은 아날로그적 가치는 전자지갑이라는 디지털 솔루션으로 충분히 담아낼 수 있다. 지금은 SNS가 그 역할을 수행하고 있다. 모든 기능을 하나의 공간에 담아내야 한다는 의미는 아니지만, 적립이나 결제의 편의성에서부터 소비 행위에 숨어 있는 보이지 않는 추억의 가치까지 담아낼 수 있다면 진정한 의미의 전자지갑이 될 수 있지 않을까?

°가로수길에서 아날로그와 디지털이 연결되다

나는 얼마 전 미래의 스토어는 어떻게 진화할 것인가에 대한 단서를 얻기 위해 주말 동안 가로수길과 제2롯데월드몰을 관찰한 적이 있다. 미래를 담는 가장 확실한 증거는 인터넷이나 내 머릿속이 아닌 사람들이 실제 활동하는 현장에 있다고 믿기 때문에 직접 현장을 찾아간 것이다.

가로수길 입구의 어느 커피숍에서 관찰 조사 계획을 세운 다음, 인사이트 헌팅을 시작했다. 가로수길은 이전에도 몇 번 조사를 진행한 적이 있었기 때문에 계획을 제대로 세울 필요가 있었다. 관찰할 때 무엇을 어떻게 볼 것인지 미리 렌즈의 초점을 맞추는 것이 중요하다. 어떤 렌즈를 끼고 보느냐에 따라 보이는 것이 달라지기 때문이다.

나는 의류매장에서 옷을 입어 보는 사람과 그것을 도와주는 점원들의 행동 하나하나에 주의를 기울였다. 그들의 모습을 유심히 관찰하면 쇼핑할 때의 물리적 불편함이 금방 눈에 들어온다. 그것을 극복하기 위한 소비자와 판매자의 노력도 하나씩 보인다. 대부분 친구와 함께 쇼핑을 하지만, 혼자 왔을 경우에는 사진을 찍어 카톡으로 잘 어울리는지 물어보기도 한다. 이런 불편은 머지않아 기술이 대체해 줄 영역의 것들이다. 체험의 과정이 사라진다고 할 수는 없지만, 체험의 과정이 더욱 부

가로수길에 있는 라인 프렌즈 스토어

담 없고 즐거워질 것이 분명하다.

내가 이날 가로수길 관찰에서 찾은 가장 큰 발견 중 하나는 '디지털과 아날로그의 만남'이다. 디지털 속 콘텐츠 요소가 실물 세상 밖으로 나오고 있었다. 그리고 실물 세상에서의 소비 경험은 다시 디지털 세상 속으로 담기고 있었다. 바로 라인 프렌즈 스토어에서 이런 모습이 눈에 들어왔다. 이곳은 라인 앱의 캐릭터를 실물 인형이나 패션 아이템으로 만들어서 판매하는데, 발 디딜 틈이 없을 만큼 사람들로 붐볐다. 계산대 앞에는 셀 수 없을 만큼 많은 사람이 길게 줄을 서 있었다. 물건을 사지 않더라도 많은 사람이 캐릭터 인형 앞에서 사진을 찍으며 즐거워했다. 나는 어른들마저 브라운, 코니, 제임스 같은 캐릭터 인형에 열광하는 모습을 보면서 신기한 생각마저 들었다.

콘텐츠와 실물의 경계 없는 만남은 소비자들에게 전혀 새로운 경험을 제공하고 있었다. 특히 모바일 세상에서 익숙해진 캐릭터를 오프라인 세상에서 조우하는 즐거운 경험을 다시 디지털 안에 담아 가는 과정에서 소비자의 경험은 증폭되고 있었다. 나는 이것을 '디지털 애착 관계의 현실 확인 과정'이라고 정의했다.

디지털과 아날로그의 만남은 화장품 매장 빌리프Belief에서도 또 다른 방식으로 발견되었다. 고객이 매장에 설치된 빌리프 원더랜드라는 게임 디스플레이에서 자신의 포인트를 재미있게 적립하는데 이는 고객의 매장 방문을 유도하기 위한 마케팅 솔루션의 하나라고 할 수 있다. 이런 디지털과 아날로그의 경계 없는 마케팅 방식은 그 효과가 클 수밖에 없다. 그 이유는 소비자가 즐거워하기 때문이다. 실제로 최근에 제조 업계의 마케터들을 인터뷰해 보면 자사의 제품과 온라인을 연계한 타깃 마케팅을 해보고 싶다는 얘기를 많이 한다. 기존의 TV, 신문 등 메이저 매체를 통해 진행하는 마케팅은 비용이 많이 들지만, 그 효과는 점점 줄어들 수밖에 없다. 사람들의 미디어 소비 행태가 온라인이나 모바일로 분산되고 있기 때문이다.

그런 측면에서 나는 최근에 SK플래닛에서 개발한 모멘티 앱에 많은 관심이 갔다. 사람들의 모바일 일상에서 특별한 순간에 제휴된 제조사의 실물 교환 쿠폰을 선물하는 방식이다. 예를 들면, 게임에서 목표 점수를 달성한 순간 음료수나 스낵 쿠폰이 선물로 팝업이 된다. 사용자는 이 쿠폰으로 편의점이나 마트에서 해당 제품을 교환할 수 있다. 해결되어야 할 사업적 이슈는 존재하지만, 제조사나 콘텐츠 제공업체에서도 많은 관심을 보이고 있다. 의미 있는 일상의 순간을 디지털로 연결할 수 있는 영역은 게임에만 국한되지 않고 다양한 분야로 확장할 수 있기 때문이다.

결국 디지털과 아날로그의 만남은 제품이나 유무형 콘텐츠의 친밀감을 높이는 결과를 낳는데, 이는 비즈니스적으로 의미가 매우 크다. 그것이 라인이나 카카오톡이 오프라인 매장에서 모바일 속 디지털 콘텐츠를 실물로 살려 내는 이유일 것이다.

°거꾸로 바라보면 답이 보인다

일상에서 새로움을 통찰하기 위한 관찰 방법 중 유용한 것이 '거꾸로 하기'다. 지금까지 내가 늘 해오던 방식과 반대로 시도해 보는 것이다. 그런 과정에서 통찰을 위한 새로운 자극과 영감을 얻을 수 있다. 그런 자극이 곧바로 업무에 도움이 되지 않을 수도 있지만 낙심할 필요는 없다. 개인의 경험 성장판을 자극하는 유용한 재료로 활용될 것이기 때문이다. 경험은 사라지지 않고 우리 몸속 경험 저장소에 차곡차곡 쌓였다가 한순간에 갑자기 살아난다.

시카고에서 유학하던 2008년 가을 학기에 나는 코니퍼 리서치의 대표이기도 한 벤 제이콥슨 교수로부터 관찰 방법론Observing Users이라는 수업을 들었다. 제이콥슨 교수는 우리에게 아주 독특한 숙제를 내주었다. 일상에서 반복적으로 일어나는 일 가운데 의도적으로 반대로 해본 다음 어떤 변화가 있는지 정리하는 일명 '거꾸로 숙제'였다. 그 당시 나는 디자인 대학원에서 경영대학원까지 매주 한 번씩 걸어 다니고 있었다. 약 3킬로미터 되는 거리였는데, 버스를 타는 대신 운동도 할 겸 항상 같은 길로 걸어 다녔다.

나는 교수가 내준 거꾸로 숙제를 통학 방식에 적용하기로 했다. 매주 다른 길로 목적지를 찾아가는 것이었다. 평소에 다니던 길은 익숙하긴 했지만 새로운 것이 별로 없었다. 그런데 매주 다른 대로와 골목을 거쳐 가는 길은 모든 것이 새로웠다. 세계적으로 유명한 시카고 건축물의 디자인 양식이 눈에 들어왔다. 또 러시안 레스토랑의 메뉴도 눈에 들어왔다. 새롭게 바뀐 독특한 콘셉트의 선물 가게와 그곳을 이용하는 사람들도 내 눈을 자극했다. 어떤 날은 돌아오는 길에 운전면허증을 발급하는 곳에서 몇 시간씩 사람들과 업무 프로세스를 관찰했다. 몰래 사진을 찍다가 걸려 호되게 곤욕을 치른 적도 있다. '사람들의 대기 시간이 왜 이렇게 오래 걸리지? 기다리는 동안 미리 신청서를 작성하는 안내문만 있어도 시간이 단축될 텐데……' 하는 나만의 솔루션을 노트에 그려 보기도 했다.

최근까지도 나는 나만의 거꾸로 숙제를 많이 한다. 출근길도 평소와 다른 길을 자주 이용한다. 버스를 타고 출근하지만, 어느 날은 가까운 지하철 8호선이 아니라 좀 더 시간이 걸리더라도 3호선을 탄다. 그러면 지하철 광고도 새롭게 보이고 오픈한 지 얼마 안 된 상점이 폐업한 것도 보인다. 회사에서도 여유가 주어지면 노트와 카메라를 들고 익숙한 사무실을 떠나 새로운 자극을 경험하러 떠난다. 가까운 서점일 수도 있고, 기존에 경험하지 못한 공연일 수도 있다. 언젠가 무작정 팀장님에게 "저, 인사이트 트립Insight Trip 다녀오겠습니다." 하고 《점프》공연을 보고 온 적이 있다. 코믹 무술 공연이라는 새로운 장르를 개척한 《점프》가 성공한 비결이 궁금해서 관람도 하고 관계자를 인터뷰하기 위해서였다. 한 시간 정도 진행된 인터뷰를 통해 알게 된 《점프》의 성공 노하우를 팀원들과 공유하기도 했다.

내가 근무하는 HCI 팀은 이런 자극 여행을 인사이트 트립이라 부른다. 업무와 직접적인 관련이 없더라도 최신 트렌드나 사람들의 니즈의 흐름을 읽을 수 있다면 주제와 방법은 각자 알아서 정한다. 어떤 팀원은 자동차와 IT 컨버전스 트렌드를 파악하기 위해 부산 모터쇼에 다녀오기도 했다. 물론 외부에서 얻은 인사이트를 다른 동료들과 함께 나누는 별도의 내부 워크숍도 매월 운영하고 있다. 이런 조직 문화가 가능한 이유는 신선한 외부 자극이 주는 혜택에 대한 확고한 믿음과 공유 정신이 있기 때문이다.

사무실과 인터넷에 갇혀 있지 말고 가끔은 회사 문을 박차고 나서 보자. 습관처럼 반복적으로 하는 일을 다른 방식으로 해보거나, 매번 가던 길을 조금만 벗어나면 그동안 경험하지 못한 살아 있는 자극을 경험할 수 있다. 자신만의 창의적인 아이디어를 갈망하는 이노베이터에게 '거꾸로 숙제'는 매우 유용한 생각의 도구가 될 것이다.

°세상에서 사라지는 것들 그리고 태어나는 것들

요즘 지하철을 타고 출근하다 보면 과거와 달라진 점을 발견할 수 있다. 무가지 신문을 회수하러 다니는 사람들이 사라진 것이다. 불과 몇 년 전까지만 해도 사람들이 선반 위에 놓고 내린 신문을 챙기느라 분주히 돌아다니던 사람들이 기억 날 것이다. 사람들이 더 이상 무가지 신문을 보지 않으니 한 해에 약 500억 원이나 하는 시장의 생태계가 사라지고 있다. 무엇이 이런 변화를 가져온 것일까? 신문에 존재하던 수많은 생활 정보와 광고가 모두 스마트폰 속으로 들어가 버렸기 때문이다. 아날로그 방식에 기반한 비즈니스 중에는 생존을 걱정해야 하는 것이 수도 없이 많다.

종이 신문도 마찬가지 신세가 됐다. "화장실이 있는 한 종이 신문은 영원하다."고 했던 《선타임스》의 전 부회장 마크 호눙Mark Hornung의 말은 이제 옛말이 됐다. 스마트폰이 사람들의 모든 짬시간을 점령했다. 2008년 금융위기 이후 100년 전통의 전국 일간지 《크리스천 사이언스 모니터》CSM, Christian Science Monitor가 종이 신문 발행을 중단했고, 수많은 신문과 잡지가 종이를 접고 디지털에서 살길을 모색하고 있다. 《뉴욕타임스》, 《뉴스위크》, 《가디언》 같은 대형 미디어들 역시 같은 길을 걷겠다고 선언한 지 오래다. 수십 년간 이어 온 신문이나 방송과 같은 전통적인 광고 비즈니스 모델은 구글이나 네이버와 같은 포털과 모바일 TV에 그 지분을 양보해야만 했다.

5~6년 전만 해도 나는 어린 아들의 손을 잡고 비디오 가게를 찾았다. 최신 영화 CD를 빌려서 본 다음 돌려주면서 새로운 영화를 고르는 시간은 아들과 나에게 큰 즐거움이었다. 그런데 이제 그것도 불가능해졌다. 동네에 있던 비디오 가게가 모두 문을 닫았기 때문이다. 이제는 소파에 앉아서 새로 나온 최신 영화를 TV로 골라 볼 수 있다. 모바일에서도 저렴한 가격에 영화를 다운 받아서 볼 수 있다. 이런 예는 수도 없이 많다. 잔돈을 주고받느라 시간을 허비해야 했던 톨게이트에서의 불편

함도 점차 옛말이 되고 있다. 고속버스 티켓 확인 과정도 마찬가지일 것이다. 아날로그 방식의 비즈니스는 생존하기 위해 디지털로 전환할 것인지, 결합할 것인지를 고민해야만 하는 시점이 되었다.

대부분의 비즈니스 모델은 과거부터 오랜 기간 누적되어 형성된 생태계이기 때문에 쉽게 벗어날 수 없을 것 같지만, 최근에는 많은 곳에서 기존의 생태계를 파괴하는 혁신이 일어나고 있다. 그렇다면 또 어떤 것이 사라질 것인가? 그리고 무엇이 그 자리를 대체할 것인가? 그것을 예측하고 준비할 수 있다면 새로운 비즈니스 모델이나 사업 아이템을 고민하는 기획자나 창업자들에게 의미 있는 영감을 줄 것이다. 무엇이 사라지고 어디에서 어떤 기회가 생겨날지 예측하기란 쉽지 않지만, 분명한 점은 어떤 영역이건 어떤 사업 아이템이건 그 일의 본질에서 답을 찾아야 한다는 것이다.

하이패스를 예로 들어보자. 고속도로를 이용하는 운전자는 정해진 금액의 사용료를 내야 한다. 운행한 거리만큼 돈을 내는 것, 이것이 사용자 입장에서 본 톨게이트의 본질이다. 즉 돈만 낼 수 있다면 그 방식이 아날로그든 디지털이든 가장 편한 솔루션을 찾아주면 된다. 그 본원적 과제를 해결할 수 있다면 언젠가 톨게이트가 사라지는 날도 올 것이다. 사물인터넷이나 결제 인프라 기술 등이 좀 더 발전하면 머지않아 그 역할을 대신할 것이기 때문이다.

무가지나 종이 신문도 마찬가지다. 사용자가 필요로 하는 것은 유용한 정보지, 무분별하게 붙은 광고가 아니다. 게다가 종이냐 모바일이냐는 문제를 해결하는 솔루션의 방식이기 때문에 결국 사용자에게 편리한 방식만이 살아남을 수밖에 없다. 길거리에 수도 없이 버려지는 전단지, 결제한 뒤 무심코 챙기는 종이 영수증, 커피숍 진동벨, 인사할 때 주고받는 명함처럼 수많은 물건이 본질적인 역할을 담을 수만 있다면 디지털화될 수밖에 없다. 사용자 입장에서 본질은 해결하면서도 훨씬 더 편리하기 때문이다.

주변에서 관찰되는 수많은 상품이나 서비스에 대해서도 그 일의 본질이 무엇이며 그것을 달성하는 데 있어 사용자에게 불편함이 없는지 살펴보는 것이 중요하다. 그리고 현재 비즈니스 모델의 생태계를 그려보고 그 안에서 제거할 수 있는 불편함을 찾아 이를 해결하는 방법을 고민하는 방식으로 아이디어를 찾을 수 있다.

관찰에 유용한
네 가지 렌즈

우리가 현장에서 특정 대상이나 현상을 관찰할 때 활용할 수 있는 유용한 프레임은 다음과 같다. 이는 관찰을 위한 네 가지 관점(PEOA 렌즈)으로, 현장에서 팩트를 기록하는 방법이기도 하다.

- 사람People : 관찰 공간에 존재하는 사람들은 누구인가? 매장을 관찰한다면 물건을 사고파는 손님과 점원 또는 점주 같은 사람이 그 대상이 될 것이다. 자신이 중요하다고 생각하는 사람만 관찰 대상이 되는 것이 아니라 특정 공간에 존재하는 모든 사람이 이해관계자가 된다.

- 환경Environment : 관찰 대상의 물리적 환경은 어떤 특징을 가지고 있는가? 좁은 장소, 노출된 매장, 높은 천장 등과 같이 사람들의 행동에 영향을 주는 환경적 요인이 있는지 확인한다. 만약 특정 매장을 관찰한다면 주변의 다른 매장 중 경쟁 관계에 있는 곳은 없는지, 연관 상품 매장 등 판매에 도움이 되는 다른 공간적 요인은 없는지 등을 함께 살펴본다.

- 사물이나 도구Object : 관찰 공간을 구성하는 사물과 특정 업무

를 수행하는 데 사용되는 도구는 무엇인가? 특히 이해관계자가 주고받는 사물은 어떤 용도로 활용되고 있는지 살펴본다. 백화점이라면 진열대에 전시된 상품처럼 중심적 역할을 하는 사물뿐만 아니라 명함, 팸플릿같이 사람들이 주고받는 사소한 사물에도 관심을 가진다.

- 행동Activity : 해당 공간에 존재하는 사람과 사람 간 또는 사람과 사물 사이에서 어떤 행동이 일어나는가? 반복적으로 일어나는 행동을 당연하게 받아들이지 않고 왜 저렇게 행동해야만 하는지 호기심을 가지고 바라봐야 한다.

PEOA 렌즈로 특정 대상을 관찰할 때는 모든 내용을 기록으로 남기는 것이 중요하다. 조금이라도 의미가 있어 보이는 것은 노트나 포스트잇 등을 활용해서 기록하고 가급적 많은 현장 사진을 확보한다. 관찰 직후 1차적인 분석을 거치지만, 대부분 나중에 진행되는 2차 분석 및 종합하기 과정에서 통찰을 얻게 된다. 이 과정에서 기록한 팩트와 사진 정보는 유용한 분석의 소재가 된다. 다만 팩트를 기록할 때 자신의 가설에 근거하여 선택적으로 기록하지 않도록 주의한다. 주제가 무엇이든 열린 마음으로 정보를 수집하는 것이 중요하다.

명동 H&M 매장 4층에서^{환경} 혼자 방문한 20대 초반의 여성^{사람}이 가을 점퍼를 피팅하면서 스마트폰^{도구}으로 사진을 찍는다^{행동}.

관찰 내용을 기록하는 방법 역시 위의 PEOA 요소가 들어가도록 정리한다. '누가, 어디에서, 무엇으로, 어떤 행동을 한다'라는 내용을 기록하는 것이다. 예를 들어 명동의 패션 매장을 관찰하는 도중 한 여자 손님이 마음에 드는 옷을 입어 보면서 폰으로 사진을 찍는 장면을 목격했다면 예시의 포스트잇처럼 기록하면 된다.

관찰 사진을 더욱
잘 찍는 노하우

현장에서는 가급적 많은 사진을 확보하는 것이 중요하다. 관찰 사진은 어떻게 찍는 것이 좋을까?

① 현장의 상황이 잘 드러나도록 전체 화면을 찍은 후 부분 화면을 찍는다.
② 부분 사진은 시계 방향으로 360도 회전하면서 일부 겹치도록 찍는다. 시장의 전경이나 사용자의 방 등을 사진으로 담을 때 활용하면 효과적이다.
③ 세부 사진은 찍고자 하는 대상을 전체 프레임 안에 크게 담는다. 분석시 인쇄 상태를 고려해야 한다.

④ 모바일 등의 시연 과정을 사진에 담을 때는 단계별로 최대한 많은 사진을 남긴다. 별도로 동영상도 확보하는 것이 좋다.

⑤ 인터뷰 대상자와 함께 다니면서 관찰할 때는 인물과 주변 환경이 함께 사진에 담기도록 찍는다.

⑥ 인터뷰와 관찰을 병행하는 경우에는 인터뷰 대상자의 얼굴이 담긴 사진을 확보해 둔다. 추후 분석 과정에서 다른 사람들과 구분하는 데 용이하기 때문이다.

| 관찰 사진 촬영 방법 |

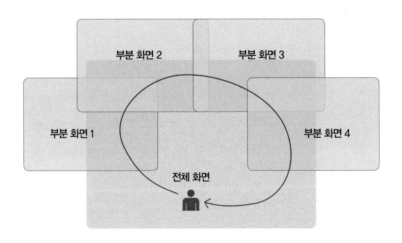

소통 COMMUNICATION
원초적 본능과 감성에 교감하라

통찰을 발견하는 세 번째 도구는 소통이다. 소통이란 단어의 사전적 의미는 '서로 뜻이 통해 오해가 없도록 생각을 맞추는 과정'을 말한다. 비즈니스의 관점에서 보면 소통은 상품 기획자나 디자이너가 사용자와의 공감을 통해 사용자를 충분히 이해하고 그들이 진정 원하는 것을 찾아가는 활동을 의미한다. 사용자의 심층적인 욕구를 발견하기 위해서는 이성과 논리의 영역이 아니라, 원초적 본능과 감성의 영역을 관장하는 보다 깊은 곳의 두뇌에 접근할 필요가 있다. 이른바 파충류 뇌에 가까워질수록 사람들의 아직 충족되지 않은 잠재 니즈를 발견할 가능성이 높아진다.

　잠재 니즈를 발굴하려는 노력은 상품을 만드는 과정에서뿐만 아니라 상품을 출시한 이후에도 지속되어야 할 필수 활동이라 할 수 있다. 이런 노력을 통해 기획자는 실질적인 사용자 통찰을 얻을 수 있고, 사용자의 니즈에 부합하는 상품을 만들어 낼 수 있다. 사용자는 기업이나 조직의 진정성과 공감 노력을 알아채며, 이럴 경우 상품 구매로 응답하고 사용 과정에서의 만족감을 주변에 전파한다. 반면 사용자와의 소통 없이 기획자가 책상에서 자신만의 상상으로 만들어 낸 제품이나 디자인은 고객으로부터 외면당할 확률이 높을 수밖에 없다. 이번 장에서는 사용자 공감에 기반한 통찰을 찾아내기 위한 소통의 방법에 대해 알아보자.

° 수면 아래 있는 잠재 니즈에 집중하라

나는 인간 중심의 혁신 방법론인 HCI 프로젝트를 진행하면서 다양한 주제에 걸쳐 수많은 사용자와 업계 전문가를 만났다. 많은 사람을 만나 정말 많은 질문과 답변을 주고받으면서 상대방의 속마음을 알아내기 위해 노력한다. 사람들을 만나는 방법도 다양하다. 관찰 장소에서 특이한 행동을 하는 사람에게 즉석에서 인터뷰를 시도하기도 하고, 여러 명을 한자리에 모아 놓고 서로 이야기를 나누게 하기도 한다. 그중에서 우리가 가장 많이 활용하는 방법은 가정 방문 심층 인터뷰다. 말 그대로 사용자의 가정이나 사무실을 방문해 현장에서 사용자와 1대1로 심도 깊은 이야기를 나눈다. 사용자들과 그들의 취미 생활에서부터 해당 주제에 대한 속 깊은 이야기를 오랜 시간 나누다 보면 몇 시간이 훌쩍 지나곤 한다. 일명 홈 투어를 하면서 사용자는 자신의 물건을 소개하고, 컴퓨터에 보관된 자신의 추억을 보여주기도 한다.

다양한 방식으로 사용자와 소통하는 목적은 그들 스스로도 인지하지 못하는 미충족 니즈를 발견하기 위해서다. 사람들의 미충족 니즈는 곧 비즈니스 기회를 의미한다. 니즈의 종류는 다양한 형태로 표현되는데, 미국의 디자인 컨설팅 업체인 점프의 CEO 데브 팻나이크는《디자인 매니지먼트 리뷰》Design Management Review Summer 2004 2004년 여름호에서 '시스템 로직'System Logics : Organizing Your Offerings to Solve People's Big Needs이라는 제목의 칼럼에서 인간의 니즈를 네 가지로 정의하였다.

미혼의 여성이 남성과 데이트하는 상황을 가정했을 때, '사랑받고 싶다'와 같이 인간이면 누구나 공통적으로 느끼는 니즈를 일반적 니즈Common Needs라 하며, '이상적인 남자를 만나고 싶다'처럼 비슷한 연령이나 직업, 종교의 사람들이 느끼는 니즈를 맥락적 니즈Context Needs라고 했다. 또 '데이트를 하고 싶다', '남자와 커피를 마시고 싶다'처럼 사람들이 특정한 상황에서 수행하고자 하는 행위적 니즈Activity Needs 와 '커피를 흘리지 않고 커피잔을 잡고 싶다'와 같이 눈에 보이는 문제를 해결하는 기능적 니즈Qualifier Needs 등으로 구분했다. 비즈니스적으로는 맥락적 니즈나 행위적 니즈에 초점을 맞추는 것이 좋다. 일반적인 니즈에 집중

하면 제품이나 서비스의 차별성이 결여되기 쉽고, 기능적인 니즈에 집중하다 보면 이미 그 문제를 해결한 수많은 경쟁 제품과의 충돌을 피할 수 없기 때문이다.

인간의 니즈는 보다 심플하게 표현 니즈Explicit Needs와 잠재 니즈 Implicit Needs로 구분할 수 있다. 표현 니즈는 밖으로 드러나 명쾌하게 정의될 수 있는 유형의 욕구로 사람들 스스로도 쉽게 표현할 수 있는 니즈를 말한다. 반면, 잠재 니즈는 마치 심연의 빙하처럼 사람들이 미처 인식하지 못하는 내면 깊은 곳에 존재하여 그들 자신도 잘 인지하지 못하는 경우가 많다. 겉으로 드러나지 않는 비즈니스의 광맥을 찾기 위해서는 누구나 쉽게 발견할 수 있는 표현 니즈보다는 아직 어느 기업이나 조

| 인간 욕구Human Needs의 유형 |

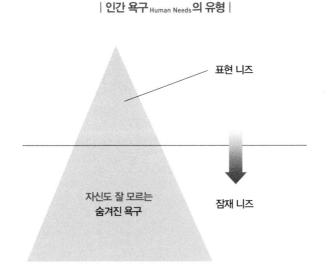

직도 해결해 주지 못하는 심층적 잠재 니즈에 집중해야 한다. 표현 니즈는 이미 어떠한 형태로든 문제가 해결되고 있고, 경쟁자 역시 집중하는 영역일 가능성이 높기 때문이다. 사용자와의 공감을 통해 우리가 발견해야 하는 통찰은 사람들의 미충족된 잠재 니즈에 관한 것일수록 그 가치가 크다.

언젠가 제휴 마케팅과 관련한 사용자 인사이트를 도출하는 프로젝트에 참여한 적이 있다. 이런저런 질문에 답변하던 한 30대 직장 여성은 자신의 스마트폰에 깔린 멤버십 앱을 우리에게 보여주었다. 인터뷰를 진행하던 나는 깜짝 놀라고 말았다. 특정 멤버십 포인트가 100만 점 가까이 되었기 때문이다. 고객들의 평균 포인트 적립액은 3만 점 정도다. 어떻게 이렇게 많은 포인트를 적립했고, 왜 아직 포인트를 사용하지 않았는지 물었다. 나의 질문에 고객은 "5년 넘게 모았는데 계속 쌓기만 하고 거의 못 썼어요. 써야겠다는 생각은 하면서도 어디에서 어떻게 써야 할지 잘 몰라서요."라고 대답했다. 이런 상황에서 내가 기획자라면 어떤 인사이트를 얻을 수 있을까? 이런 고객들을 위해 기업은 무엇을 해결해 주어야 할까? 당연히 적립 포인트를 사용할 수 있는 제휴사와 가맹점을 쉽게 찾을 수 있는 기능을 고민할 것이다.

그런데 더 깊이 생각해 보면 이 고객에게 필요한 것이 과연 적립 포인트의 사용처 정보일까? 물론 고객의 머릿속에 떠오른 1차적인 불편을 해결하기 위해서는 포인트 사용처에 대한 정보가 필요할 것이다. 하지만 이 고객이 100만 포인트를 사용하지 못하는 진짜 이유는 포인트에 형성된 '애착과 자부심' 등의 심리적인 이유일 가능성이 더 크다. 따라서 그녀는 사용처의 정보를 받는다 해도 포인트를 쉽게 사용하지 않을 것이다. 100만 점이 쌓이도록 어디에서 쓸지 몰랐다는 대답을 그대로 믿기는 어렵다. 고객의 이런 답변에 대부분은 그렇구나 하고 넘어가기 쉬운데 공감 디자이너라면 사용자의 더 깊은 내면의 욕구를 찾기 위해 추가적인 증거를 확인할 필요가 있다.

만약 사용자의 블로그나 카페 활동 등을 통해 자신만의 포인트 쌓기 노하우가 드러나는 행태가 발견된다면 애착과 자부심의 욕구는 더욱 명확해진다. 기업의 입장에서는 고객과 포인트의 애착 관계를 강화하거나 고객들이 포인트를 적립하는 과정에서의 소소한 노력을 인정받을 수 있도록 도와주는 장치를 고민하는 등 고객과 지속적으로 소통할 수 있도록 새로운 방법을 찾기 위해 노력해야 할 것이다. 이 사례처럼 사용자의 표면적인 니즈보다 심층적인 잠재 니즈에 주목할 때 기획자나 디자이너는 사용자 관점의 통찰과 비즈니스 기회를 찾을 수 있다.

° 성난 고객이 진짜 원하는 것은 무엇이었을까

2000년대 초반, 나는 대전에서 이동통신 서비스를 이용하는 고객들의 불편이나 요구 사항을 해결해 주는 고객센터에서 근무했다. 상담사 130명의 실적을 관리하고, 본사 차원에서 고객에게 전달해야 할 혜택이나 이벤트 등을 기획하는 일이 주된 업무였다. 또 하나 힘든 업무 중 하나는 불만 고객들의 문제를 해결해 주는 것이었다. 상담사들이 대부분 잘 해결하지만, 가끔씩 상담 실장도 처리하기 힘든 일도 있었다. 예를 들면 충남 당진의 한 농부는 한동안 오후 4시쯤 되면 술을 마시고 고객센터에 전화를 걸어 휴대폰이 안 터지니 빨리 기지국을 설치해 달라고 요구했다. 이럴 경우 상담사들 입장에서도 여간 난처한 것이 아니었다.

어느 날 상담 실장이 급하게 달려왔다. "큰일 났어요. 휴대폰 장기 미납 요금 때문에 이용 정지와 신용불량에 등록된 젊은 고객이 찾아와서 사장 나오라고 30분째 소리치고 계세요. 좀 도와주세요." 상담사와 상담 실장이 만나도 해결이 안 되니 대신 만나 보라는 것이었다. 응접실 문 앞에서 덜컥 겁이 났다. 화가 난 고객의 고함 소리가 문 밖에까지 들려왔다. 상담사들이 보고 있으니 피할 수도 없고 긴장한 모습을 보일 수도 없었다. 문을 여는 순간, 고객의 모습에 또 한 번 놀랄 수밖에 없었다. 키는 185센티미터쯤 되어 보이고 팔에는 문신을 하고 있었다. 말투나 풍기는 이미지를 보니 범상치 않은 고객이었다. 고객과 마주 앉은 상담 여직원은 여러 장의 미납 요금 명세서를 보여주며, 미납 요금과 이용 정지 등에 대해 끊임없이 설명하고 있었다. 고객은 상담사의 설명이 길어질수록 더 크게 소리를 질렀다.

나는 명함을 주고 인사를 건넸다. 고객에게 처음부터 자초지정을 설명해 달라고 부탁했다. 화가 난 고객은 또 설명을 해야 하냐면서도 큰 목소리로 자신의 입장을 이야기했다. 자신은 우수 고객인데 깜빡 하고 여러 달 요금을 못 냈다고 한다. 그렇다고 이용 정지에 신용불량 등록까지 될지는 몰랐다는 이야기였다. 더욱이 은행에 대출 업무를 보러 갔다가 신용불량으로 거절 받는 바람에 낭패를 봤다고 했다. 우수 고객에게 이런 모멸감을 준 것에 대해 절대 용납하지 않겠다고 했다. 지금 당장 신용불량 기록을 없애지 않으면 사장한테 달려가겠다고 소리 쳤다. 나는 고객에게 회사의 입장을 설명하기보다 고객의 입장에서 겪었던 상황에 대해 자세히 말해 달라고 하며 진심으로 귀 기울여 들었다. 그리고 "네, 네. 그 부분은 죄송하게 되었습니다." "네, 정말 난처하셨겠네요." 같은 말로 고객에게 안타까움을 표현했다.

그렇게 30분쯤 지났을 무렵, 그 고객은 자리에서 벌떡 일어나더니 나에게 악수를 건넸다. "이제 됐어요. 더 이상 문제 삼지 않고 돌아가겠습니다. 제 얘기를 너무 잘 들어 주셔서 이제 좀 화가 풀렸습니다. 상담사 분들이 무슨 잘못이 있겠습니까? 저 갑니다." 하고 언제 그랬냐는 듯이 문을 열고 나가는 것이었다. 정말 믿기 힘들었다. 옆방에서 벽에 귀를 대고 듣고 있던 상담사들이 모두 달려 나와 박수를 쳤다. 며칠 동안 전화 상담을 하고 대면 상담까지 하면서 어려움을 겪었던 담당 상담사는 눈물을 글썽이며 문제를 해결해 줘서 고맙다고 했다.

나와 함께 유일한 남자였던 고객센터장은 "고생했어. 그런데 어떻게 했기에 화가 풀려서 그냥 돌아가셨지?"라고 물었다. 나는 "글쎄요. 잘 모르겠습니다. 제가 한 거라고는 그냥 30분 동안 그분의 말씀을 열심히 들어 준 것밖에 없어요."라고 대답했다. 내가 이렇게 대응할 수 있었던 것은 불만 고객의 문제를 처리했던 경험을 통해 고객의 이야기를 정성껏 경청하는 것이 가장 좋은 솔루션이라는 교훈을 체득했기 때문이었다.

지금 생각해 보면, 이 사례 역시 사람들의 니즈의 특성과 연결해서 생각해 볼 수 있다. 고객이 회사에 원했던 것은 무엇일까? 굳이 회사까지 찾아와서 고함을 지르면서 하고 싶었던 내면의 목소리는 무엇일까? 우수 고객으로 자부했던 자신이 이용 정지와 신용불량이 된 것에 대한 서운함과 그로 인해 은행에서 겪었던 난처한 상황과 분함을 회사에서 알아주기를 원했던 것이다. 말로는 정신적, 사업적 피해에 대해 보상하라고 했지만, 그런 요구가 부당하다는 사실 또한 잘 알고 있었을 것이다.

그 고객은 이런 억울함을 알아주기를 원했는데, 전화 상담에서는 회사 규정과 업무 절차에 대해서만 반복적으로 이야기하니 답답했을 것이다. 만약 관리자인 나 역시 회사 규정을 운운하며 어쩔 수 없음을 강조했다면 어떻게 되었을까? 아마도 문제는 점점 더 증폭되어 돌이킬 수 없는 지경에 이르렀을지도 모른다. 그런데 그 고객은 자신의 이야기에 깊이 공감하면서 경청하는 사람을 만나자 오히려 미안한 마음마저 들었던 것이다.

고객의 표면적인 니즈가 아니라 마음속으로 진짜 원하는 것을 알아채는 일은 고객센터의 상담 업무에만 국한되는 문제는 아니다. 제품이나 서비스를 기획하고 디자인하는 과정에서도 똑같이 적용된다. 많은 경우 우리는 겉으로 드러나는 사용자들의 표면적인 문제를 해결하기 위해 애쓰지만, 정작 사람들의 충족되지 않은 잠재 니즈를 발견하는 일에는 소홀하기 쉽기 때문이다.

° 우리가 익스트림 사용자를 만나는 이유

사용자 통찰을 얻기 위한 소통의 과정에서 우리는 프로젝트의 주제에 따라 가급적 다양한 유형의 생활 패턴을 가진 사람들을 만나기 위해 노력한다. 우리가 만나는 사용자는 전적으로 사용자 리쿠르팅 전문 업체를 통해 소개 받는다. 주변의 동료나 친구들로부터 대상자를 소개 받을 수도 있지만 다양한 주제에 적합한 사람을 찾기도 힘들고, 그럴 경우 지인과의 관계로 인해 솔직하게 답변하지 않는 경우도 많다.

HCI 팀에서 리쿠르팅 업체에 요청하는 사용자 그룹은 익스트림 사용자나 헤비 사용자인 경우가 많다. 익스트림 사용자는 해당 주제에 대해 일반인보다 극단적으로 많은 사용 패턴을 보이거나, 남들과 전혀 다른 독특한 행동 패턴을 보이는 사람을 말한다. 예를 들어 등산객을 위한 서비스를 개발하는 주제라면 등산을 1년에 몇 차례 가는 일반인이 아니라 매주 한 번도 빠트리지 않고 가는 사람을 만난다. 인터넷 쇼핑과 관련된 주제라면 적어도 1주일에 서너 번은 쇼핑하는 헤비 쇼퍼를 만난다. ICT 사업과 관련된 주제라면 얼리 어댑터들을 만나는 경우가 많다. 그렇다고 상상을 초월할 정도의 익스트림한 사람들을 만나는 것은 아니

162

다. 간혹 그런 사람도 있지만, 주변에서 가끔 볼 수 있는 정도의 헤비나 익스트림 사용자가 대부분이다.

여기서 궁금증이 생길 것이다. 왜 군이 일반적이지 않은 극단적 사용자를 만날까? 그런 독특한 사람들을 만나서 얻은 인사이트와 상품 콘셉트는 그들만을 위한 것이 아닌가? 나는 지금까지 이런 질문을 무척 많이 들었다. 심지어 회사에서 프로젝트 결과물을 발표하는 자리에서도 가끔씩 듣는 질문이기도 하다. 우리가 익스트림 사용자를 만나는 이유는 딱 한 가지다.

일반인들에게서 발견할 수 없는 특이한 행동이나 그들만의 자구책으로부터 사람들의 미충족 잠재 니즈의 힌트를 얻기 위해서다. 일반인들은 불편한 기능이나 서비스에 대해 귀찮거나 힘들어서 쉽게 포기하는 경우가 많다. 반면, 익스트림 사용자는 그러한 불편함을 충분히 감수하고 사용한다. 그리고 사용 과정에서 자신만의 자구책을 만들어 내는 경우가 많다. 이런 사람들을 만나면 해당 주제와 관련해 자신이 경험한 다양한 이야기를 들을 수 있다. 또한 자신의 사용 경험이 드러나는 다양한 형태의 증거를 수집할 수 있다. 즉 새로운 통찰을 발견하기 위한 다양한 소스를 얻을 수 있다.

왜 익스트림 사용자를 만나는지는 프로젝트의 진행 과정을 들여다보면 쉽게 이해가 된다. 사용자 코드 맞추기나 관찰 조사, 사용자 인터뷰 등 발견하기 단계에서 수집된 많은 정보를 분석하고 종합하여 사용자 니즈와 인사이트를 도출하게 된다. 이 과정에서 소수의 익스트림 사용자의 특이한 행동 가운데 일반인에게 적용할 수 있는 보편적 욕구를 걸러 낸다. 이렇게 도출된 사용자 통찰 및 미충족 니즈를 바탕으로 최대한 많은 아이디어를 발상하고 다시 기술과 비즈니스적 요소까지 고려한 소수의 상품 콘셉트를 만들어 낸다. 그리고 일반 사용자를 대상으로 상품 콘셉트에 대한 수용성 검증의 과정을 거친다. 이러한 디자인 과정을 거치면서 익스트림 사용자가 아닌 일반 사용자에게 적용할 수 있는 아이디어와 콘셉트로 발전시켜 나가는 것이다.

언젠가 2~3년 후 근미래 소비자의 오프라인 쇼핑을 지원하는 솔루션을 발굴하는 프로젝트를 진행한 적이 있다. 미래 소비자의 쇼핑 행태를 예측하기 위해서는 최대한 익스트림한 소비자를 만날 필요가 있었다. 현재의 일반적인 소비자를 만나서는 미래의 쇼핑 니즈를 예측하기가 쉽지 않기 때문이다. 우리가 만난 소비자 중 20대 초반의 한 여대생은 오프라인 쇼핑에서의 불편함을 자신만의 자구책으로 해결하는 적극적인 쇼퍼였다.

쇼핑 과정을 옆에서 관찰하는 스토어 오디트Store Audit를 통해 그녀의 특이한 행동을 많이 목격할 수 있었다. 특히 쇼핑 후 집에서 진행된 심층 인터뷰에서 그녀는 매우 독특한 행동 패턴을 보여주었다. 그것은 쇼핑을 하기 전에 손 그림으로 자신이 가지고 있는 아이템과 어울릴 만한 옷의 스타일을 스케치해서 가는 것이었다. 자신이 가지고 있는 흰색 블라우스와 친구가 선물한 신발과 어울리는 정장을 미리 그려 가는 것이다. 현장에서 정신없이 쇼핑을 하다 보면 자신이 보유한 아이템과 어울리지 않는 옷을 사는 경우가 자주 있는데, 이런 실수를 줄이기 위한 자신만의 노하우라고 했다. 잘 그린 그림은 결코 아니었다. 어떤 여자 직장인은 같은 이유로 옷장의 옷을 모두 사진으로 찍어 스마트폰에 저장해 놓기도 했다.

'쇼핑을 위해 이렇게까지 준비하는 사람이 얼마나 될까?' 하고 지나칠 수도 있지만, 소비자의 욕구 관점에서 생각해 보자. 쇼핑할 때 마음에 드는 옷을 찾았어도 자신이 가지고 있는 옷과 잘 어울리는지 쉽게 확인할 수 없다. 단지 머릿속으로 상상하는 것이 고작이다. 대부분 그것이 불편하다는 생각을 하지 않는다. 너무나 당연하고 익숙하기 때문이다. 그러나 쇼핑하는 사람들의 마음 깊숙한 곳에는 물리적 공간의 한계를 뛰어넘는 매칭과 피팅에 대한 욕구가 분명 존재한다. 보통은 그 여대생처럼 적극적으로 행동하지 못할 뿐이다. 왜냐하면 귀찮고 불편하니까. 눈에 보이지 않는 이러한 불편을 발견한다면 내 옷장과 옷 가게 또는 옷 가게와 또 다른 옷 가게라는 공간의 한계를 극복하는 다양한 솔루션을 고안해 낼 수 있을 것이다.

일반인들에게서 발견하기 힘든 미래지향적 통찰과 사용자 니즈는 익스트림 사용자를 심층적으로 분석함으로써 발견할 수 있다. 만약 지금까지 익스트림한 사용자를 보고 '저 사람은 왜 저렇게 특이한 행동을 하지?'라며 지나쳤다면, 앞으로는 일반인이 표현하지 못하는 자구책을 적극적으로 드러내고 있을지도 모른다는 생각으로 관심을 기울여 보자. 새로운 비즈니스 기회나 사업 아이디어를 발견할 수도 있으니 말이다.

°인터뷰의 핵심, 대상자와 질문을 마스터한다

사용자 통찰을 발견하기 위해 인터뷰할 때는 무엇을 어떻게 준비해야 좋은 성과를 거둘 수 있을까? 두세 시간의 긴 인터뷰가 끝나고 나서 새로운 통찰의 실마리를 잔뜩 끌어냈다는 생각이 들면 무척이나 흥분된다. 반대로 인터뷰가 끝났지만 새로운 사실을 별로 발견하지 못한 경우도 많은데, 왠지 모르게 불안해진다. 분석과 종합의 단계에서 활용할 소스가 부족하면 그만큼 의미 있는 사용자 통찰을 발견하기 힘들기 때문이다. 사용자나 전문가 등과 인터뷰할 때 도움이 될 만한 몇 가지 노하우를 살펴보자.

첫째, 누구인지, 무엇을 알고 싶은지 충분히 연구한다

IIT 디자인 대학원의 겸임교수이기도 한 코니퍼리서치의 벤 제이콥슨 대표는 사용자와의 인터뷰에서 좋은 결과를 이끌어 내기 위해 가장 중요한 것은 '인터뷰 대상자와 질문할 내용을 완벽히 연구하는 것'이라고 조언한 바 있다. 먼저 인터뷰할 대상자에 대해 사전에 충분한 정보를 확인해야 한다. 해당 주제와 관련해서 어떤 제품이나 서비스를 이용하는지, 블로그나 SNS와 같은 공간에서 본인의 경험을 나누기 위해 어떤 활동을 하는지 등 많은 정보를 파악하는 편이 좋다. 대상자에 대한 충분한 정보를 알고 있으면 보다 쉽게 사용자와 코드를 맞출 수 있다. 또한 대상자의 이야기를 들으면서 왜 그런 이야기를 하게 되었는지 전후 맥락을 보다 쉽게 파악할 수 있다.

　세계적인 인터뷰의 대가 래리 킹 역시 자신의 인터뷰 노하우를 묻는 질문에 인터뷰 대상자에 대해 충분히 공부하라고 했다. 한번은 유명 연예인을 초청해 인터뷰하던 중 그만 큰 실수를 하고 말았다고 고백했다. 자연스럽게 아내에 대한 질문을 한 것이다. 알고 보니 일주일 전 부부는 이혼을 한 상태였다. 인터뷰 전에 인터넷 검색만 해봤어도 그런 실수를 피할 수 있었는데 하고 후회했다고 한다.

　인터뷰에 있어 또 하나 중요한 것이 주제와 인터뷰 내용에 대해 완벽하게 숙지하는 것이다. 인터뷰를 준비하는 과정에서 인터뷰 질문지를 반드시 작성해야 한다. 대상자에 대해 어떤 질문을 할지 머릿속에서 여러 번 리허설을 할 필요가 있다. 그렇다고 인터뷰 질문지에 나와 있는 순서대로 묻고 답하라는 의미는 아니다. 실제로 인터뷰를 진행하다 보면 상대가 예정된 질문 순서와 상관없이 본인의 경험을 비순차적으로 쏟아 낸다. 이럴 경우 인터뷰 내용을 완벽하게 숙지하고 있지 않으면 인터뷰 진행자가 중심을 잃고 긴장할 수밖에 없다. '뭐, 만나서 대충 물어보면 되겠지' 하며 준비 없이 인터뷰하면 아무리 숙련된 사람이라도 좋은 결과를 기대하기 어렵다.

둘째, 단답형이 아닌 오픈형 질문을 한다

인터뷰 질문지를 만들 때는 먼저 인터뷰를 통해 얻고자 하는 핵심적인 질문을 다섯 개 정도 뽑는다. 그리고 각각의 핵심 질문별로 구체적인 세부 질문으로 살을 붙여 나간다. 질문 시 주의할 점은 '네, 아니요' 같은 대답을 이끌어 내는 단답형이나 선택형 질문이 아니라 자신의 경험을 충분히 이야기할 수 있는 오픈형 질문Open-ended Question 을 해야 한다. 예를 들어 "미용실에는 주로 주말에 가시나요?"가 아니라 "미용실은 주로 언제 가시나요?"와 같이 인터뷰 대상자에게 가급적 답변의 자유도를 많이 주는 질문이 좋다.

많은 사람이 단답형 질문에 익숙한데, 같은 분량의 질문을 오픈형으로 물어보면 훨씬 많은 정보를 얻을 수 있다. 단답형으로 질문하면 30분이면 끝날 분량이 오픈형으로 질문하면 두세 시간으로 늘어나게 된다. 그만큼 충분한 정보를 얻을 수 있다. 정보의 양뿐만 아니라 질적인 측면에서도 매우 유리하다. 내가 미처 생각하지 못했던 새로운 사실을 훨씬 많이 발견할 수 있기 때문이다.

셋째, 전체적인 경험 여정을 묻는다

인터뷰 질문지를 작성하고 진행할 때 유용한 방법 중 하나는 해당 주제의 사용 경험을 어떤 과정으로 겪었는지 처음부터 끝까지 단계별로 설명해 달라고 하는 것이다. 일명 사용자 경험 여정을 파악하는 것인데, 사용자가 스스로 경험의 단계를 구분 짓고 짧은 시간에 많은 정보를 얻을 수 있는 효과가 있다. 경우에 따라 질문자가 먼저 사용자 여정을 이해하기 쉽게 도표나 카드로 준비해 갈 수도 있다. 영화관의 이용 경험을 예로 들면 정보 탐색, 예매, 관람, 후기 공유 등 단계별로 자신의 경험을 이야기하도록 질문하면 보다 구체적인 경험을 들을 수 있다. 그리고 사용자가 말하는 단계별로 어렵거나 불편한 점은 없었는지 물어보면 효과적으로 인터뷰 목적을 달성할 수 있다.

° 원초적 본능과 감성의 뇌를 여는 방법

공감 디자인의 방법으로 사용자 인터뷰를 하는 가장 큰 목적은 인터뷰 대상자의 미충족 잠재 니즈를 발견하는 것이다. 새로운 통찰로 이어지는 사용자의 잠재적 니즈는 무의식 속에 존재하기 때문에 그만큼 발견하기도 어렵다. 앞서 언급했듯이 사람들은 자신이 진심으로 원하는 것을 잘 이야기하지 못하기 때문이다. 그렇다면 어떻게 사용자와의 인터뷰에서 잠재된 미충족 니즈를 발견할 수 있을까? 그것은 바로 동물적 본능과 감성의 영역을 관장하는 사용자의 두뇌와 소통하는 것이다.

인간의 뇌는 3층 구조로 되어 있다. 가장 바깥쪽은 인간의 뇌라고 불리는 대뇌피질로 이성과 논리, 분석, 학습 등의 역할을 관장한다. 두 번째는 대뇌변연계라고 하는 대뇌피질과 뇌간 사이에 위치한 뇌인데, 포유류의 뇌 또는 감정의 뇌라고도 한다. 이 뇌로 인해 인간과 포유류는 감정과 배려심 등을 느낄 수 있다. 가장 안쪽은 뇌간이라고 불리는 파충류의 뇌다. 생명의 유지와 본능과 관련된 영역을 관장한다. 파충류들은 이성이나 감성을 느끼지 못하고 단지 살아남기 위해 본능에 따라 움직일 뿐이다. 인간의 뇌는 70퍼센트 이상이 논리와 이성을 다루는 대뇌피질이 차지하고 있다. 그만큼 논리와 분석에 의해 학습된 기억이나 반응이 우리를 통제하고 있다고 봐야 한다. 이러한 뇌 구조로 인해 다른 사람들의 감정의 뇌와 소통하고 공감하는 일이 어려울 수밖에 없다.

새로운 사용자 통찰을 찾는 기획자나 디자이너라면 사람들의 두뇌 깊은 곳에 위치한 감정과 본능의 뇌와 소통하고 공감할 수 있어야 한다. 그것이 사람들 자신도 미처 인지하지 못하는 잠재 니즈를 발견할 수 있는 좋은 방법이기 때문이다. 이번에는 사용자를 만나 소통하는 데 있어 중요한 몇 가지 노하우를 현장에서 체득한 경험을 바탕으로 풀어 보겠다. 일반적인 기업 환경에서 기획자나 디자이너가 사용자의 가정을 방문해서 몇 시간씩 인터뷰하는 것은 현실적으로 쉽지 않다. 하지만 여기

| 3층 구조로 이루어진 인간의 뇌 |

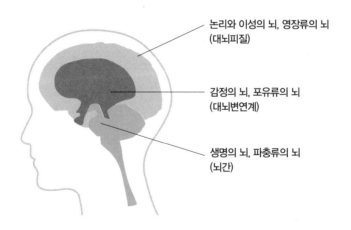

논리와 이성의 뇌, 영장류의 뇌
(대뇌피질)

감정의 뇌, 포유류의 뇌
(대뇌변연계)

생명의 뇌, 파충류의 뇌
(뇌간)

서 소개하는 사례를 통해 자신에게 맞게 응용할 수 있을 것이다.

첫째, 상대방에게 익숙한 방식과 환경 속으로 들어간다

사용자와의 소통을 위한 인터뷰를 진행할 때는 가급적 사용자에게 익숙한 환경 속으로 들어가는 것이 좋다. 사람들은 익숙한 환경에서 심리적인 안정감을 느끼는데, 그만큼 평소처럼 말하고 행동할 가능성이 높기 때문이다. 여러 사람이 한자리에 모여 자신의 생각과 경험을 이야기하는 좌담회 같은 방식은 짧은 시간에 많은 정보를 파악할 수 있어 시간 대비 효과가 높다. 그러나 사용자의 심층적인 욕구를 파악하기에는 한계가 많은 것도 사실이다. 자신의 속마음을 충분히 이야기할 시간도 부족할 뿐만 아니라 주위 사람들의 의견에 따라가는 동조화 현상도 자주 나타나기 때문이다. 처음 보는 사람과 군이 심리적인 의견 충돌을 감수하면서까지 적극적으로 자기주장을 펼치는 사람은 생각보다 많지 않다.

가정 방문 인터뷰와 같이 자신에게 익숙한 환경에서 진행하는 인터뷰의 또 다른 장점은 사용자의 생활 속 증거를 확보하기가 용이하다는 것이다. 인터뷰를 하는 도중에라도 자신이 말했던 소유물을 금방이라도 꺼내 올 수 있다. 홈 투어를 통해 자신의 책상 서랍이나 옷장, 냉장고 등을 살피다 보면 사용자의 말과 전혀 다른 행태를 발견하기도 한다. 또 어떤 경우는 자신의 소유물을 보면서 그동안 미처 생각하지 못했던 사실을 기억해 낼 때도 많다.

사람들의 영상 콘텐츠 소비와 관련한 프로젝트를 진행하면서 20대

후반의 직장 여성 집을 방문한 적이 있다. 한참 동안 비디오 시청 패턴과 불편한 점에 대해 많은 이야기를 나누었다. 더 이상 생각나는 것도, 보여줄 것도 없는 상황에서 나는 한 가지 부탁을 했다. 컴퓨터를 켜고 비디오를 보는 과정과 시청 후 하는 행동을 평소처럼 보여 달라고 했다. 비디오 파일을 다운 받는 것에서부터 하드디스크에 최종 저장하는 과정까지 대부분 예상한 대로 시청 패턴이 이루어졌다. 특이한 점을 발견하지 못하고 컴퓨터를 끄려는 순간, "아, 비디오를 보고 나서 정말 좋았던 것은 제 블로그에 글을 남기는데 보여 드릴까요?"라고 했다. 아주 가끔씩 방문하기 때문에 인터뷰 도중에는 자신도 미처 생각하지 못했던 행동이었다. 블로그는 영화의 인상적인 이미지와 함께 써놓은 멋진 감상 글이 대부분이었다. 그런데 블로그에서 특이한 점을 하나 발견했다. 자신이 쓴 글들이 아니라 어디선가 복사해 온 것들이었다. 감상평의 출처를 묻자 이렇게 대답했다. "사실은 제가 글재주가 없어서 영화를 보고 느꼈던 감동을 제대로 표현하지 못하는 것 같아요. 그렇다고 '좋았음'이라고만 적을 수도 없잖아요. 그래서 가끔씩 글 잘 쓰는 블로거의 글을 복사해서 붙여 두는 거죠."라고 말했다.

영상 콘텐츠를 시청한 후 자신이 느꼈던 감정의 여운을 계속 이어가려는 것은 많은 사람에게서 나타나는 공통적인 행동 패턴이었다. 사용자의 이런 욕구는 친구에게 카톡으로 자랑하거나 별점을 남기는 정도로밖에 해결되고 있지 않았다. 영상 콘텐츠를 소비하고 나서 느껴졌던 고조된 감정을 고스란히 남길 수 있으면 좋겠지만, 마땅히 방법이 없는 것이다. 그래서 많은 사람이 정말 좋았던 영화는 지우지 않고 오랫동안 보관한다. 나중에 봐야지 하면서도 다시 보지 않는 경우가 더 많다. 보지 않는다는 것을 알면서도 일단 저장하는 행위는 좋았던 감정의 여운을 이어가려는 욕구의 또 다른 표현이라 할 수 있다. 이렇게 자신의 소유물을 소개하거나 사용하는 과정을 설명하다 보면 미처 기억하지 못했던 사실을 떠올리게 된다. 자신은 별로 중요하지 않다고 생각하지만 실제로는 마음속 깊은 곳의 욕구를 표현하는 증거를 얻을 수 있기 때문에 사용자의 환경 속으로 들어가는 것이 매우 효과적이다. 조금 번거롭고 불편하더라도 상대방에게 익숙한 환경 속으로 들어가는 것이 인사이트 사냥의 지름길이다.

둘째, 비공식적인 포맷으로 긴장감을 완화시킨다

처음 만나는 사람과 이야기를 나눈다는 것은 무척이나 긴장되는 일이다. 더구나 잘 알지 못하는 사람에게 속 깊은 이야기를 꺼내기는 얼마나 어려운가? 사용자 인터뷰뿐만 아니라 사용자 아이디어 워크숍이나 콘셉트 검증 워크숍 등을 진행하다 보면 낯선 사람들을 만났을 때의 긴장감 때문에 자신의 이야기나 아이디어를 제대로 말하지 못하는 경우가 생각보다 많다. 특히 자신보다 똑똑해 보이거나 잘난 척하는 사람이 있다면 더욱 그렇다. 사용자와의 소통 과정에서 긴장감을 줄이고 보다 진정성 있는 이야기를 이끌어 내려면 어떻게 해야 할까? 바로 비공식적인 포맷과 분위기로 긴장감을 완화시켜야 한다.

내가 처음 HCI 팀에 왔을 때 사용자와 인터뷰를 잘하는 사람은 이론적인 지식이 많거나 말을 잘하는 게 아니라 상대방과 친구처럼 대화를 나누는 사람이라는 사실을 알게 되었다. 우리 팀의 한 선배는 사용자를 만나면 격의 없이 이야기를 하고 농담도 섞어 가며 인터뷰 분위기를 즐겁게 이끌어 갔는데, 이 선배의 인터뷰 내용을 분석할 때 보다 많은 인사이트를 발견하곤 했다. 누군가와 이야기를 나눌 때 자신의 지식이나 경험을 자랑하는 경우가 많다. 그럴 경우 상대방은 자신의 진짜 속마음을 꺼내기를 기피한다. '아, 저 사람은 이 분야의 전문가구나. 내가 이런 얘기를 하면 비웃을지도 몰라'라고 생각하는 것이다. 이는 일반적인 비즈니스 미팅에서도 마찬가지로 적용된다. 유능한 회의 진행자는 자신의 실력을 드러내기보다 참여자들이 부담 없이 자신의 생각을 쏟아 낼 수 있도록 분위기를 만든다.

우리가 인터뷰를 진행할 때 주의해야 할 점 중 하나는 곧바로 본론으로 들어가지 않는다는 것이다. 처음에는 상대방이 긴장감을 풀 수 있도록 일명 라포Rapport(공감의 유대감)를 형성하는 과정을 가져야 한다. 최근 자신의 관심사나 취미 활동을 소개해 달라고 하거나 가장 좋아하는 물건을 소개 받으면서 긴장감을 풀 수 있는 충분한 시간을 가지는 것이 좋다. 곧바로 해당 주제에 대해 질문할 경우 감성보다는 이성의 두뇌 영역이 활성화되어 논리적인 답변으로 인터뷰를 시작하게 될 가능성이 높다. 시간이 짧은 비즈니스 미팅이 아니라 사용자의 심층적인 욕구를 발견하거나 창의적인 아이디어를 발굴하는 경우라면 이성보다는 감성의 뇌를 깨울 수 있는 과정이 필요하다. 나는 인터뷰나 아이디어 워크숍을 자주 진행하는데 보다 재미있고 즐거운 분위기를 연출하는 방법을 배우기 위해 몇 년 전 웃음치료사 자격증을 따기도 했다. 웃음은 경계하는 마음을 풀고 말랑말랑한 우뇌를 자극할 수 있는 유용한 소통 도구라고 생각했기 때문이다.

내가 인터뷰를 진행하면서 상대방의 긴장감을 완화시키기 위해 활용하는 방법 중 하나는 프린트 질문지를 보여주지 않는 것이다. 사람들은 그런 질문지를 보면 자신이 공식적인 인터뷰를 받고 있다는 생각을 하기 쉽다. 질문지를 아예 책상에 펼쳐 놓고 하나하나 체크하면서 인터뷰를 하는 경우도 있는데, 상대방 입장에서 보면 여간 부담스러운 일이 아닐 수 없다. 우리는 많은 시간을 들여 질문지를 만들기는 하지만 인터뷰 전에 질문할 내용을 미리 외운다. 나의 경우에는 질문할 내용을 작은 노트에 간략하게 메모해 둔다. 인터뷰 후반부에 놓친 부분은 없는지 체크하기 위해서다. 인터뷰 대상자가 프린트된 종이보다는 작은 노트의 메모에 대해서는 공식적이라는 느낌을 덜 받기 때문에 일부러 그렇게 한다.

셋째, 자극제를 활용해 말로 표현하기 힘든 감정을 끌어낸다

사용자와 인터뷰를 할 때 단어 카드나 이미지 카드 같은 자극제를 준비하면 효과를 볼 수 있다. 예를 들어 소비자에게 자동차가 어떤 의미를 주는지 자동차의 인식과 기대 사항을 이끌어 내고자 할 때는 수십 장의 이미지를 준비한다. 당장 말로 표현할 수도 있지만, 사람들의 무의식 속에 존재하는 인식은 이런 자극물을 통해 보다 명확하게 밖으로 드러날 수 있다.

스마트폰이 처음 도입되었을 때 사람들이 스마트폰에 대해 어떠한 인식을 가지고 있는지 알아보았는데, 우리는 인터뷰를 진행하기에 앞서 잡지와 가위, 풀 등을 준비했다. 사람들은 10분 정도 잡지의 사진을 오리고 붙여 콜라주를 멋지게 완성했는데, 이 결과물을 가지고 그것이 가지는 의미를 쉽게 설명했다. 이런 방식은 아이디어를 발상하는 과정에서도 효과적으로 활용할 수 있다. 사진의 이미지를 통해 모호한 감정을 구체적인 실체로 표현할 수도 있다.

자극제를 활용하는 방법은 다양하다. 단어 카드를 만들어서 사용하는 것도 효과적이다. 사람들이 대상을 어떻게 인식하는지 확인하는 데 사진이나 그림이 유용하다면 단어 카드는 사람들이 쉽게 떠올리기 힘든 주제나 기능 또는 카테고리가 너무 많을 때 활용하면 좋다. 진행자가 미리 카테고리나 사용처를 단어 카드로 만들어서 인터뷰에 활용하면 된다. 예를 들어 증강현실 기술이 적용될 만한 사용처를 찾을 때 사용자의 머릿속에 떠오르는 것만 기대하기보다는 진행자가 미리 단어 카드를 준비해 가면 좋다. 어린이 책 읽기, 장난감 등 기본적인 단어에서부터 전혀 관련 없을 것 같은 단어까지 다양한 옵션을 준비한다. 또 아무것도 적지 않은 빈 카드도 준비하면 좋다. 사용자 스스로 채울 수 있게 하면 의외로 기획자가 생각지도 못했던 사용처와 그에 대한 인사이트를 얻을 수 있기 때문이다.

°상대의 지식을 이끌어 내는 도구를 준비하라

상대방에게 익숙한 방식과 환경으로 들어가는 방법은 사용자와의 소통에서뿐만 아니라 비즈니스 미팅이나 전문가 인터뷰 등에도 적용될 수 있다. 전문가는 전문가의 방식으로 인터뷰를 진행하는 것이 좋다. 나는 전문가를 만날 때면 주머니에 검은색 마커 하나를 준비한다. 이런 독특한 습관이 생긴 이유는 몇 년 전 한 유통업체 팀장과 가진 인터뷰에서의 경험 때문이다.

유통업계의 생태계를 분석할 목적으로 관련 업계의 전문가를 만나기로 했는데, 그날은 사무실에서 토론을 하다 급하게 가는 바람에 상의 주머니에 마커를 넣고 간 것이다. 작은 회의실에서 진행된 인터뷰에서 나는 동료와 함께 열심히 유통업계의 흐름에 대해 경청하고 있었다. 그런데 그 팀장은 말하면서도 뭔가 칠판에 쓰면서 이야기를 하고 싶어 하는 눈치였다. 안타깝게도 회의실에 마커가 없었는데, 그 순간 주머니 속 마커가 떠올랐다. 마커를 건네자 마케팅 팀장은 유통업계의 생태계를 마치 교수님처럼 강의하기 시작했다. 한 시간 동안 진행된 인터뷰에서 우리는 업계의 생태계와 구체적인 시장 규모 등 전반적인 마켓 트렌드를 읽을 수 있었다.

그 이후로 업계 전문가를 만날 때는 늘 마커를 준비하게 되었다. 칠판이나 유리벽에 업계의 최신 동향이나 시스템 구조도를 설명해 달라고 요청하면 전문가들은 능숙하게 자신의 경험과 지식을 표현하는 경우가 많다. 특히 저자나 교수 등 강연을 많이 하는 직업의 전문가를 만날 때 활용하면 효과적인 인터뷰 방식이다. 듣는 사람에게도 도움이 되지만, 설명하는 전문가 역시 자신의 지식을 한 판에 쏟아 낼 수 있기 때문에 즐거운 마음으로 진행한다. 마커를 활용할 수 없는 환경에서는 큰 종이와 펜을 준비하는 것도 좋은 방법이다.

전문가나 업계 실무자와 소통할 때 유용한 방식이 하나 더 있다. 바로 상대방에게 익숙한 언어와 프레임으로 소통하는 것이다. 한번은 제조사 마케터와 팀장들과 인터뷰를 진행했는데, 초반에 몇 명의 마케터가 제품수명주기곡선Product Life Cycle에 따라 업무와 관련한 이야기를 풀어 간다는 사실을 발견했다. 제품의 기획과 출시 그리고 단종에 이르는 업무를 오랫동안 수행하는 과정에서 자신도 모르게 사고의 프레임이 그것에 맞춰졌을 것이다. 우리는 그다음 인터뷰부터 제품수명주기곡선 표를 미리 준비해서 그것을 가지고 설명할 것을 요청했는데, 매우 효과적으로 소통했던 경험이 있다.

소통의 대상이 누구든 인터뷰 대상자에게 익숙한 언어나 주제를 가지고 이야기하면 훨씬 유의미한 결과를 얻을 수 있다. '전문가와 전문가의 방식'으로 소통하기 위해서는 질문자 역시 미리 준비할 것이 많다. 해당 전문가와 기업 그리고 주력 상품에 대한 인터넷 기사를 검색하거나 관련 서적을 읽어 충분한 사전 지식을 습득해야 그 효과를 기대할 수 있다.

°적극적으로 사용자를 찾아 나서라

내가 담당하는 제품이나 서비스의 기획과 관련된 인사이트를 얻기 위해 반드시 리쿠르팅 전문업체를 통해 사용자를 만나야 하는 것은 아니다. 비용과 시간 그리고 전문적인 인터뷰 스킬이 필요하기 때문에 쉽지 않은 게 사실이다. 일반적인 기업이나 조직 환경에서는 오히려 기획자나 디자이너가 적극적으로 나서서 사용자를 찾기 위해 노력해야 한다. 나 역시 프로젝트 성격이나 필요에 따라 현장에서 즉석 인터뷰를 진행하는 경우가 많다. 비용이 들거나 특별한 노하우가 필요한 것도 아니다. 다만, 어색함과 불편함을 무릅쓰고 낯선 사람들에게 다가갈 수 있는 용기만 있으면 된다. 나의 경험상 대부분 예상과 달리 매우 친절하게 응대해 주며 기대 이상의 결과를 얻을 수 있다.

얼마 전 유통업계의 마케팅 솔루션에 대한 인사이트를 도출하는 프로젝트를 진행할 때도 우리 팀은 현장 관찰과 즉석 인터뷰를 여러 번에 걸쳐 시도했다. 대형 할인마트에서 근무하는 직원이나 제조업체에서 파견 나온 판매 사원들에게 명함을 건네고 궁금한 점을 질문했다. 처음에는 가급적 답변하기 쉬운 간단한 질문을 하는 편이 좋다. 처음부터 답변하기 곤란한 질문을 하면 거부 반응을 보이기 때문이다. "이 제품은 다른 회사 제품보다 뭐가 더 좋나요?" "판촉품으로 어떤 것을 주세요?"와 같이 부담 없는 질문을 하다가 조금씩 심도 깊은 질문을 하면 대부분 성의껏 답변을 해준다. 한 판매 사원과는 30분 넘게 서서 인터뷰를 진행하기도 했다. 이런 과정을 통해 본사 마케터들이 이야기하지 못하는 살아 있는 현장의 목소리와 함께 유용한 마케팅 솔루션의 영감을 얻을 수 있었다.

2013년 초 나는 네 명의 회사 동료들과 함께 미국 출장을 가게 되었다. 프로젝트의 주제는 미국인들의 직장 내 커뮤니케이션과 관련한 행동 패턴을 파악하고 그들이 유용하게 활용할 수 있는 모바일 커뮤니케이션 서비스 아이디어를 제안하는 것이었다. 약 열흘간의 일정으로 미국 직장인들을 대상으로 조사했으며 뉴욕과 보스톤을 오가며 여러 건의 좌담회를 진행하였다. 미국 직장인들의 다양한 커뮤니케이션 방식과 직장 동료들과의 관계에 대한 많은 인사이트를 얻을 수 있었지만, 좌담회라는 조사 방법의 한계 또한 느낄 수 있었다.

미국인 진행자가 전문성 있게 잘 이끌어 갔지만 토론을 하다 어떤 중요한 단서를 발견해도 더 깊이 있는 질문으로 이어가기가 쉽지 않았다. 아무래도 참여자들이 많다 보니 세부적인 내용까지 파악하기가 어려웠다. 급하게 꾸려진 출장이라 좌담회 위주로 계획할 수밖에 없었던 점이 아쉬웠다. 그래서 프로젝트 팀원들은 지인의 소개를 받아 카페에서 미국 직장인을 몇 명 만나 약식 인터뷰를 진행했지만 여전히 아쉬움이 남았다. 미국인들이 실제 사무 환경에서 활용하는 커뮤니케이션 툴을 볼 수 없었기 때문이다. 사람들의 이야기만 들어서는 아무래도 데이터가 부족해 보였는데, 자칫 잘못된 결론이 내려질 가능성도 있었다.

보스톤의 한 호텔에 머물던 나는 서울로 돌아갈 시간이 다가오자 그냥 방에만 앉아 있을 수가 없었다. 순간 호텔 로비가 생각났다. 호텔 로비에는 관광객도 많지만 비즈니스맨도 많지 않은가? 그런데 로비는 단체 관광객들로 가득했다. 방으로 돌아가 쉬고 싶은 생각이 굴뚝같았지만, 조금만 더 기다려 보기로 했다. 그렇게 한 시간쯤 흘렀을 무렵 절실함이 기회를 불러온 것일까. 옆 테이블에 직장인들로 보이는 네 명의 미국인이 자리를 잡더니 각자 노트북을 꺼내 그룹으로 공동 과제를 수행하는 듯했다. 이메일이나 사내 메신저 같은 커뮤니케이션 툴로 문서를 주고받기도 하며 채팅을 하는 모습도 눈에 들어왔다. 우리가 필요로 하는 커뮤니케이션 상황이 눈앞에서 펼쳐지고 있었다. 늦은 시간 호텔 로비에서 바쁘게 일하고 있는데 한국에서 온 낯선 사람이 갑자기 인터뷰를 요청하면 거절할 게 뻔해 보였다.

하지만 지금 이 순간이 지나면 다시는 기회가 오지 않을 게 분명했다. 용기를 내 리더로 보이는 한 젊은 친구에게 회사 명함을 건넸다. 간단한 인사를 나누고 나의 출장 목적과 우리 프로젝트 팀이 직면한 어려움에 대해서 솔직하게 이야기했다. 그런데 에릭이라는 이 젊은 리더의 반응은 예상과 정반대였다. 자신들은 웹디자인 전문회사에서 근무하고 있으며, 내일 있을 사내 아이디어 경쟁 프레젠테이션을 준비하고 있다는 것이었다. 게다가 원한다면 자신들이 회사에서 사용하는 커뮤니케이션 툴을 시연해 주겠다는 것이 아닌가? 약 40분에 걸쳐 자신들의 모바일 SNS뿐만 아니라 다양한 메신저 기능도 소개해 주었다. 물론 관련 화면을 사진으로 담는 것도 허락했다.

PART 2 · 새로움을 통찰하는 여섯 가지 생각 도구

지난 1주간 쌓여 있던 고민이 한순간에 해결된 것 같았다. 고마움을 표시한 후 방으로 돌아와서 녹음한 내용을 하나도 놓치지 않고 몇 번이고 듣고 또 들었다. 나중에 서울에 돌아와 미국에서의 조사 결과를 정리하고 분석하는 과정에서 이날 밤의 즉석 인터뷰 내용과 시연 장면은 두말 할 것도 없이 큰 도움이 되었다. 누구나 제품이나 서비스를 기획하는 과정에서 마음만 먹으면 사용자를 관찰하고 인터뷰할 수 있다. 거절하면 어떻게 하지라는 생각보다 생생한 사용자 통찰을 얻기 위해서는 일단 과감하게 시도해 보는 적극적인 노력이 필요하다.

해당 프로젝트에서는 나중에 서비스 기획자 및 개발자들과 프로젝트 결과를 공유하는 워크숍을 가졌는데, 확인 후 10초가 지나면 사라지는 인스턴트 모바일 메시징 서비스 아이디어가 도출되었다. 이 아이디어는 얼마 후 실제로 미국에서 '프랭클리'Frankly라는 앱 서비스로 출시되었다. 미국의 많은 직장인이 회사에서 회사나 상사에 대해 이야기하는 내용이 모두 기록될 수 있다는 두려움을 가지고 있었는데, 모바일을 활용해 부담 없는 커뮤니케이션을 하도록 도와주는 솔루션이었다.

○ '왜'라는 질문에 숨어 있는 함정

흔히 우리는 상대방의 마음속 깊은 곳에 있는 진짜 욕구를 발견하기 위해 '왜?'Why라는 질문을 많이 던지라고 말한다. 실제로 나는 사용자와의 인터뷰에서 "왜 그렇죠?"라는 질문을 자주 던진다. 그러나 인간 중심의 혁신 업무를 시작했을 때처럼 습관적으로 이 질문을 하는 것은 아니다. 맥락상 반드시 필요한 경우가 아니라면 왜를 대신할 다른 방식의 질문을 찾는다.

　많은 전문가들이 사람들의 답변에 대해 '왜'를 세 번, 다섯 번 던지면 진짜 속마음에 가까이 다가갈 수 있다고 말한다. 그러나 이 방법은 어디까지나 질문을 받은 상대방이 진실만을 말한다는 가정하에서나 유효하다. "왜 그런가?"라는 질문은 전형적인 논리적 사고의 시발점이 아닌가? 사용자와의 공감적 통찰을 지향하는 기획자나 디자이너는 사용자가 말하는 논리적인 답변에 대해 어디까지 받아들여야 할지 깊이 고민해 봐야 한다.

　앞서 강조했듯이 사용자의 잠재적 욕구는 논리와 이성의 뇌가 아니라 동물적이고 감성적인 뇌 활동 속에서 더 많이 발견할 수 있기 때문이다. 사람들은 남들 앞에서 논리적인 사람으로 비춰지기를 원한다. 낯설고 어색한 인터뷰 환경에서 계속해서 '왜?'라는 질문을 받으면 그럴듯한 답변을 하지만, 실제와 거리가 먼 경우도 자주 목격한다. '왜?'라는 질문에 과도하게 의존하기보다 '무엇을'What이나 '어떻게'How라는 질문을 통해 종합적으로 판단해야만 한다. 결국 '왜'라는 질문은 상대방이 아니라 스스로에게 던지는 호기심의 표현이다.

　'왜?'라고 스스로 질문하는 자세는 사용자 인터뷰에서만 국한된 것이 아니라, 일반적인 기획 과정에서도 똑같이 적용된다. 얼마 전 신입 직원을 대상으로 HCI 교육을 진행했는데, '왜 그럴까?'라는 호기심으로 사용자의 행동이나 사물을 관찰하고 분석하려는 습관을 가지라고 주문했다. 한 신입 직원이 다음 날 나를 찾아와 '왜 그럴까?'라는 질문이 이렇게 강력한 생각의 도구인지 미처 몰랐다고 했다. 지난밤 팀원들과 콘셉트 개발을 위한 분석의 과정에서 겉으로 드러난 사용자 니즈에 대해 한 번 더 '왜 그럴까?'를 반복했더니 보다 심도 깊은 사용자의 욕구를 발견할 수 있었다고 했다. 기술 분야의 신입 직원이었는데, 앞으로 기술 기획에서도 이 방법을 계속 활용하겠다고 했다.

결국 '왜?'라는 질문은 상대의 답을 이끌어 내기 위한 질문의 기술이 아니라 기획자나 디자이너가 사용자 중심으로 생각하도록 돕는 생각의 기술이라 하겠다. '왜?'라는 질문을 사용자에게 다섯 번 하기보다 스스로 호기심을 가지고 제품이나 서비스를 이용할 고객의 욕구를 고민하라는 의미이다. '고객은 왜 저렇게 행동했을까?' 자기 자신에게 질문하는 과정에서 사용자 통찰을 발견하는 데 더 가까워질 것이다.

인터뷰할 때
이것만은 조심하자

사용자나 전문가를 인터뷰할 때 몇 가지 주의할 점이 있다. 실제로 이 분야의 전문가들조차 자주 실수하는 부분인데, 질문자가 스스로 체크를 할 필요가 있다.

하나, 질문자는 말을 조금만 해야 한다

질문자는 해당 주제에 대해 많은 정보를 가지고 있기 때문에 구구절절 설명하거나 아는 척하는 경우가 많다. 이렇게 되면 인터뷰 대상자는 점점 위축될 수밖에 없다. 인터뷰 중에 질문자와 인터뷰 대상자 간에는 소통의 진공 상태가 자주 발생한다. 질문을 받은 인터뷰 대상자가 아무 말도 하지 않고 생각을 정리하거나 기억을 더듬는 시간이 한동안 이어진다. 질문자는 어색한 진공 상태를 참지 못하고 다음 질문으로 넘어가거나 자기 생각을 길게 설명하는 경우도 많다. 진공 상태를 만들면 누군가가 깨트리기 마련인데, 가급적 인터뷰 대상자가 그 역할을 할 수 있도록 인내를 가지고 기다릴 필요가 있다.

둘, 내가 원하는 답을 확인하거나 유도 질문을 하지 말아야 한다

인터뷰를 하다 보면 나도 모르게 유도 질문을 하는 경우가 많다. 인터뷰 대상자에게 확인해야 할 내용을 질문자가 자신의 생각을 정리하면서 확인하거나 대상자가 답변을 하지 못하는 경우 "혹시 이런 것 아니에요?"와 같이 답변을 유도하는 경우도 흔한 실수 중 하나다. 인터뷰 대상자들은 무의식적으로 질문자의 의도에 맞추려는 경향이 강하게 작용한다. 유도된 답변에 근거하여 판단할 경우 중요한 의사결정에서 낭패를 볼 수 있으니 주의해야 한다. 유도 질문은 자신이 의식하지 않으면 유도 질문이라는 사실조차 느끼지 못하는데, 의도적으로 자신의 질문 방식을 점검할 필요가 있다.

셋, 아이디어나 콘셉트에 대한 의견을 묻는 질문은 가장 마지막에 한다

질문자는 대부분 자신의 아이디어를 가지고 있는 경우가 많다. 그것을 사람들에게 검증하고 싶은 충동이 들기 마련이다. 그러나 본인이 가진 아이디어나 콘셉트를 인터뷰 중에 물어보면 인터뷰 대상자는 무의식적으로 질문자의 의도를 파악하여 그에 맞게 대답하려는 경향을 보인다. 아이디어나 콘셉트 검증은 인터뷰가 끝나기 직전에 물어보는 것이 좋다. 전체적인 인터뷰에 영향을 미치지 않게 하기 위해서다.

최고의 인터뷰를 위한
질문지 작성법

1. 인터뷰 시간 및 질문 배분 예시(2시간 30분 기준)

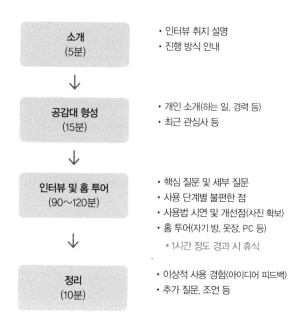

소개
(5분)
- 인터뷰 취지 설명
- 진행 방식 안내

↓

공감대 형성
(15분)
- 개인 소개(하는 일, 경력 등)
- 최근 관심사 등

↓

인터뷰 및 홈 투어
(90~120분)
- 핵심 질문 및 세부 질문
- 사용 단계별 불편한 점
- 사용법 시연 및 개선점(사진 확보)
- 홈 투어(자기 방, 옷장, PC 등)
  * 1시간 정도 경과 시 휴식

↓

정리
(10분)
- 이상적 사용 경험(아이디어 피드백)
- 추가 질문, 조언 등

2. 인터뷰 질문지 작성 시 체크 포인트

▶ 인터뷰 주제와 관련한 핵심 질문을 다섯 개 내외로 뽑은 후 세부 질문
을 가지치기한다.

▶ 단답형 질문(예 또는 아니오)이 아니라 자신의 경험을 끌어내는 오픈형 질문을 한다.

▶ 상품 이용의 전체 과정을 설명하도록 하고 각각의 세부 과정별로 어렵거나 불편한 점을 파악한다.

▶ 제품이나 서비스를 사용하는 과정의 시연을 요청하는 질문을 포함시키고 사용 장면을 사진에 담는다.

▶ 시간이 부족할 때에도 놓쳐서는 안 되는 중요 질문에는 미리 별표나 밑줄로 표시를 해둔다.

통찰 INSIGHT

공감 렌즈를 끼고 감춰진 인사이트를 낚아라

지금까지 시장의 진짜 사용자로부터 통찰을 얻기 위한 사고의 확산 과정에 대해 살펴보았다. 즉 사용자의 환경 속으로 들어가 직접 사용자가 되어 보는 코드 맞추기, 관찰과 소통을 통해 새로운 사실을 발견하고 사용자와 공감하는 방법 등이 그것이다. 이 과정에서 사용자 통찰을 발견하기도 하지만, 대부분 확산의 단계에서 축적된 수많은 정보를 '분석하고 종합하는 수렴의 과정'에서 통찰을 얻는 경우가 많다. 사용자 통찰은 제품이나 서비스를 제공하는 공급자의 입장이 아니라, 이용하는 사용자의 심층적인 잠재 니즈나 기존에 누구나 알고 있는 것과 다른 창의적인 사용자 관점을 의미한다. 이런 통찰은 제품과 서비스의 사용자에게 보다 유익하고 즐거운 경험을 제공하는 비즈니스 아이디어나 콘셉트로 발전한다. 우리는 습관적으로 눈에 보이는 아이디어에 집착하기 쉽지만, 혁신적인 솔루션을 만드는 지름길은 사용자 니즈에 근거한 인사이트를 찾아내는 데에 있다.

이번 장에서는 디자인적 사고에 기반한 사용자 통찰을 발견하기 위한 다양한 방법과 사례를 소개하겠다. 여기서 말하는 방법은 정량적 데이터를 과학적으로 분석하는 기술이 아니라, 기획자나 디자이너가 수많은 팩트 속에서 사용자 관점의 의미 있는 인사이트를 찾아내는 직관적 해석을 말한다. 직관적 해석은 혼자만의 생각에 그치지 않고 다른 사람들이 공감할 수 있는 핵심 가치나 프레임으로 표현될 수 있어야 한다. 확산의 과정에서뿐만 아니라 통찰의 수렴 과정에서도 사용자와 공감하고자 하는 노력은 기획자의 가장 중요한 자세이자 일하는 방법이다. 이제 모래알처럼 수많은 팩트 속에 숨겨진 보석과 같은 통찰을 찾는 방법에 대해 알아보자.

°의미를 재해석해 파괴적 혁신을 일으킨다

디자인적 사고나 인간 중심의 혁신에서 추구하는 바는 사용자 통찰에 기반한 의미 전환적 혁신Meaning Change Innovation이다. 즉 새로운 관점으로 대상의 의미를 재해석함으로써 사용자 가치를 창출해 내는 혁신을 말한다. 물론 대부분의 혁신은 점증적인 변화Incremental Change에 의한 것이지만, 비즈니스에서의 시장 파괴적인 혁신은 전혀 새로운 기술의 등장이나 새로운 관점으로 대상의 의미를 재정의하는 것에서부터 시작된다.

디자인 분야의 세계적 구루인 도널드 노먼Donald A. Norman 교수는 IIT 디자인 대학원에서 주관하는 디자인 리서치 컨퍼런스Design Research Conference 2010에서 의미 전환적 혁신의 중요성을 시계 산업을 예로 들어 강조한 바 있다. 1960년대까지만 해도 기계식 시계를 생산하는 스위스가 시장을 주도했지만, 당시의 스위스 시계는 예물로써의 의미가 컸다. 평생 간직하는 시계는 자녀에게 물려줄 만큼 귀중했기 때문에 그만큼 비싸게 구매해야 했다. 그러다 1970년대 들어 기술 혁신Technology Change을 통해 전자식 시계가 등장했다. 그런데 전자시계 시장을 주도한 국가는 스위스가 아니라 일본이었다. 전자시계 기술을 받아들인 일본에서 시계는 일종의 '기능적 도구'로 받아들여졌다. 정확성이나 방수 등 우수한 성능에 초점을 맞춘 일본 시계는 세계 시장을 주도했다. 왕좌의 자리를 일본에 빼앗긴 스위스가 다시 시장의 혁신을 주도한 계기는 시계라는 대상을 새로운 눈으로 바라보는 관점의 전환이었다. 바로 1983년 등장한 스와치 시계가 그것이다.

시계를 예물이나 기능적 도구가 아닌 패션으로 의미를 재해석한 것이다. 이는 혁신이 반드시 최고의 기술력으로만 이룰 수 있는 것이 아니라 대상의 의미를 재정의하는 것으로도 충분히 가능하다는 점을 보여주는 사례다. 시계를 기능적 도구로 바라보면, 몇 년에 한 번 정도 구매하지만 패션 아이템으로 정의하면 옷이나 신발처럼 매일 바꿀 수 있다. 출시 1년 만에 100만 개나 팔렸을 정도로 시계의 수요가 폭발적으로 증가한 것이다.

닌텐도 위Nintendo Wii 역시 대상의 의미를 재해석함으로써 시장에서 혁신을 선도한 사례다. 소니의 플레이스테이션PlayStation이나 마이크로소프트의 엑스박스Xbox 같은 고성능 게임기가 주도하고 있던 게임 시장에서 닌텐도는 전혀 새로운 개념의 게임기를 출시했다. 10대들이 열광하는 실감나는 그래픽과 강력한 하이테크 기술이 집약된 게임기가 아니라 게임을 전혀 하지 않는 어른들도 쉽게 사용할 수 있는 간단하고 직관적인 게임기를 들고 나온 것이다. 게임 시장의 핵심 사용자인 10대가 아니라 게임에서 소외되었던 어른들까지 즐길 수 있는 '가족의 오락 도구'Family Entertainment로 게임의 관점을 바꾸었다. 최근 다소 주춤했던 닌텐도는 모바일 게임 시장에 진출함으로써 다시 살아날 준비를 하고 있다.

제품이나 서비스의 의미를 재해석함으로써 시장의 혁신을 이끌어 낸 사례는 많다. 음성 전화기에서 오락과 재미의 가치를 부여한 아이폰, 10년 이상 쓰는 내구재로써의 가구가 아닌 DIY 콘셉트로 가구의 의미를 넓힌 이케아IKEA, 맛이나 냄새 제거를 위해 씹는 껌을 충치 예방과 치아를 보호하는 건강 식품으로 접근한 롯데제과의 자일리톨껌 등 많은 기업이 기술 혁신이 아니라 의미 전환적 혁신으로 시장에서 파괴적 혁신을 주도해 왔다.

클레이튼 크리스텐슨Clayton Christensen 교수는 《조선일보》 위클리비즈 인사이트와의 인터뷰에서 파괴적 혁신이란, 현재 시장의 대표적인 제품의 성능에 미치지 못하는 제품을 도입해 기존 시장을 파괴하고 새로운 시장을 창출하는 것이라 했다. 일반적으로 기존 고객이 아닌 사람이나 덜 까다로운 고객들을 사로잡는 간단하고 편리하고 저렴한 제품을 출시하는 전략이 여기에 속한다고 했다. 이는 비즈니스 혁신을 위해 반드시 독보적인 기술력이 필요하다는 생각에서 벗어나야 한다는 말이다. 새로운 관점에서 제품이나 서비스를 재해석하거나 기존과 전혀 다른 방식으로 사용자에게 가치를 전달하는 비즈니스 모델로도 시장 파괴적 혁신이 가능하다는 것을 의미한다. 닌텐도나 이케아가 그랬듯이 말이다.

의미 전환적 혁신을 반드시 대단한 성공 사례에서 찾아야 하는 것은 아니다. 우리가 평소 자주 접하는 제품이나 서비스 대상에서도 그 의미를 새롭게 찾을 수 있다. 나는 관점의 전환을 이끌어 내는 방법을 나만

| 관점 공식 |

가만히 생각해 보면, '○○은   ○○이 아니라   ○○'이다
          대상   기존의 정의   새로운 정의

의 공식으로 정리했는데, 매우 간단해서 누구나 활용할 수 있다.

그 대상이 무엇이든 관계없다. 자신이 담당하는 제품이나 서비스는 이미 고정화된 가치와 정의를 가지고 있다. 그러나 지금까지 누구나 생각했던 대상의 정의를 다른 관점으로 해석할 수 있는 가능성은 얼마든지 열려 있다. 단지 새로운 사용자 통찰을 발견하려는 열린 마음과 숙고의 시간만 있으면 충분하다.

얼마 전 예비 창업자를 대상으로 한 디자인 씽킹 워크숍에서 강의와 멘토링을 진행했다. 내가 멘토링을 한 팀의 주제는 '등산객에게 새로운 가치를 주는 상품을 개발하라'였다. 여섯 명으로 구성된 팀원들은 등산을 좋아하는 사람들을 인터뷰했다. 마침 교육장 근처에 등산로 입구가 있어 팀원들은 그곳에서 관찰 조사까지 진행했다. 몇 시간 동안 신나는 탐험을 하고 돌아온 팀원들은 모두 들떠 있었다. "밖으로 나갔다 오길 정말 잘한 것 같아요. 관찰과 현장 인터뷰를 하면서 기존에 생각지도 못했던 사실을 많이 발견했거든요." 분석의 과정에서 나는 관점 공식을 알려주었는데, 팀원들은 다음과 같은 통찰을 얻었다. '등산은 운동이 아니라 패션이다.' 등산은 운동을 위해 간다는 것이 일반적인 상식이다.

그러나 예비 창업자들은 인터뷰를 통해 많은 등산 애호가들이 여러 사람들과 어울려 친목을 도모하는 것으로 등산에 의미를 부여한다는 사실을 알아냈다. 등산로 입구에서 관찰한 사람들의 화려한 등산복 차림을 보면서 등산이 단순히 운동만을 위한 레저 스포츠가 아닐 거라고 생각했다. 등산은 많은 사람이 삶의 고단함에서 오는 스트레스를 풀고 비슷한 관심사를 가진 사람들과 직간접적으로 소통하는 시간이었다. 그 과정에서 패션은 자신의 아이덴티티를 멋지게 또는 과장해서 드러낼 수 있는 자유와 일탈의 도구인 셈이다. 이미 많은 아웃도어 기업이 이 점을 간파했을 것이다. 네팔인들은 멀리서 등산복만 보고도 한국 사람을 구별한다고 하니 말이다.

이렇게 의미 전환적 사고는 새로운 비즈니스 기회를 발견하는 데 영감을 준다. 의미 전환적 혁신에서 가장 중요한 것은 대상을 사용자 중심으로 바라보고 공감하려는 자세다. 새로운 관점은 근거 없는 순간의 발상이 아니라 사용자에게 새로운 가치를 선물하려는 이노베이터의 철학에서 시작되기 때문이다.

° 인사이트는 따뜻할 때 먹어야 맛있다

사소한 팩트라도 기록하라

공감 기반의 사용자 인사이트를 찾기 위해 사람들을 만나거나 그들의 행동을 관찰할 때는 반드시 그 내용을 기록으로 남겨야 한다. 순간의 기억을 믿고 기록하지 않으면 시간이 조금만 지나도 구체적이고 실체적인 팩트가 대부분 머릿속에서 사라지고 만다. 그리고 왜곡된 기억이나 추측에 의존할 수밖에 없다.

독일의 심리학자 헤르만 에빙하우스Herma Ebbinghaus의 망각곡선에 따르면 학습을 시작한 지 20분이 지나면 42퍼센트의 기억이 사라지고, 하루 지나면 66퍼센트, 1주 뒤에는 75퍼센트 이상을 잊어버린다. 세상의 수많은 자극으로부터 새로운 깨달음을 얻으면 반드시 메모나 사진 등으로 캡처해야 한다. 특히 사용자 통찰을 얻기 위한 의도적 관찰이나 인터뷰를 팀 단위로 진행할 때에는 진행자, 노트 필기, 사진 촬영 등 사전에 각자의 역할을 정하는 것이 중요하다. 또 팩트를 기록할 때는 몇 가지 주의할 점이 있다.

첫째, 본인에게 중요하다고 판단되는 사실 외에도 가급적 세부적인 단서까지 모두 기록한다. 충분한 팩트를 확보해야 분석의 과정에서 의미 있는 사용자 통찰을 이끌어 낼 수 있기 때문이다. 이때는 인터뷰를 녹음하거나 관찰한 내용을 동영상이나 이미지로 남길 필요가 있다. 특히 사진은 추후 분석의 과정에서뿐만 아니라 최종 결과물을 사람들에게 전달할 때 통찰의 근거로 활용할 수 있는 중요한 기록의 수단이다. 사용자 인터뷰를 진행할 때는 노트북 등의 디지털 기기를 활용하는 것보다는 다소 불편하더라도 수기로 기록하는 것이 좋다. 이는 사용자의 심리적 부담을 줄일 수 있다.

둘째, 팩트와 본인의 생각을 분리해야 한다. 노트에 기록하고 타이핑을 하다 보면 대상자의 말이나 행동과 자신의 판단이 개입된 생각을 혼돈해서 적는 경우가 많다. 시간이 흐를수록 사용자와 기획자의 생각 사이의 경계가 모호해질 수 있다. 이때 자칫 기획자의 왜곡된 의도가 인사이트로 연결될 수 있으니 주의한다. 간혹 관찰이나 인터뷰 내용을 정리할 때 자신의 해석된 언어로 기록하는 사람이 있다. 그러나 해석보다 중요한 것은 팩트의 수집이다. 해석은 명확한 팩트를 기반으로 할 때 그 근거를 오래 유지할 수 있기 때문이다. 노트에 기록할 때 자신의 의견은 색깔을 달리하거나 자신만의 표시를 해두면 된다.

현장 디브리핑으로 직감적 인사이트를 낚아라

기억의 한계를 극복하고 공감 기반의 살아 있는 인사이트를 재빨리 낚아채기 위해서는 현장에서 디브리핑Debriefing을 진행하는 것이 좋다. 디브리핑이란 현장에서 수행한 관찰이나 인터뷰에서 수집한 수많은 팩트를 자신의 생각으로 정리하고 다른 사람들과 공유하는 과정을 의미한다. 특히 동료 간 디브리핑Peer Debriefing은 현장에서 수집한 팩트에 대해 서로의 생각을 나누는 과정에서 생각의 싱크 맞추기가 일어난다. 또한 같은 현상에 대해 각자 다른 의미를 찾았다면 그것을 나누는 것도 디브리핑의 긍정적인 효과다. 여기서 중요한 것은 관찰이나 인터뷰 등의 활동을 마친 다음 곧바로 디브리핑을 진행하는 것이다.

나는 현장 디브리핑을 식사를 하는 과정에 비유하곤 한다. 밥은 밥솥에서 막 퍼낸 따뜻한 상태에서 먹는 것이 가장 맛있다. 아무리 맛있는 밥이라도 식으면 맛이 없다. 인사이트도 마찬가지로 현장에서 따뜻할 때 먹는 것이 맛있다. 현장에서 사람들을 만나고 관찰하면서 느낀 다양한 자극은 한동안 그 여운이 이어진다. 감정의 여운이 뜨거운 시점에서 직감적 통찰이 쏟아져 나오거나 새로운 아이디어의 영감이 샘솟는 경우가 많다.

　이런 이유로 내가 소속된 HCI 팀은 인터뷰나 관찰 조사가 끝나면 커피숍에 모여 30분에서 한 시간 이내로 디브리핑의 시간을 가지는 것을 불문율로 삼는다. 인터뷰나 관찰에서 각자 중요하다고 생각하는 팩트나 인사이트를 포스트잇에 다섯 장씩 적어서 다른 사람들과 공유하는 식이다. 여기서 중요한 것은 한 장의 포스트잇에 하나의 팩트를 적는 것이다. 적다 보면 각각 10여 장이 훌쩍 넘어가는데 다른 사람과 비슷한 것도 많지만, 남들과 다르게 해석된 인사이트도 적지 않다. 또 각자의 생각을 나누는 과정에서 새로운 아이디어가 쏟아져 나오기도 한다. 현장 디브리핑은 여러 건의 관찰과 소통 활동을 모두 마치고 진행하는 분석과 종합의 훌륭한 토대가 되기 때문에 반드시 필요하다.

° 공감적 통찰을 이끌어 내는 분석법

시장에서 사용자의 경험과 관련된 정보를 수집하고 그것을 디브리핑하는 과정을 거치다 보면 어느새 개인이나 팀에는 수많은 정보가 축적된다. 사용자 통찰을 오랫동안 연구한 기획자나 디자이너라면 모래알 같은 정보에서 쉽게 통찰을 찾을 수도 있겠지만, 일반적으로 정보의 체계적인 분류와 통합 과정이 필요하다. 이 과정을 분석하기라고 부른다. 사실 이 분야에서 오래 연구한 사람일수록 분석의 중요성을 알고 더 많은 시간을 이 과정에 투자한다. 깊이 있는 분석과 토론을 통해 겉으로 드러나지 않은 사용자의 심층 니즈나 관점을 전환시키는 '와우 인사이트' Wow Insight를 얻을 가능성이 높아지기 때문이다.

디자인 씽킹에 관심 많은 대학생이나 예비 창업자들을 만나 보면 가장 어려운 부분이 바로 이 과정이라고 토로한다. 관찰이나 인터뷰를 수행하더라도 아이디어를 내는 것은 별개의 과정으로 진행되는 경우가 많다. 다시 말해 관찰이나 인터뷰 따로, 아이디어 내기 따로라는 것이다. 이 문제의 가장 큰 원인은 수많은 데이터로부터 의미 있는 통찰을 뽑아내는 분석과 종합 과정이 충실히 진행되지 않았기 때문이다. HCI 팀에서 이 과정에 가장 많은 노력을 기울이는 것 역시 같은 이유에서다. 몇 주에 걸친 분석과 종합 과정을 거치면서 기존에 생각하지 못했던 새로운 관점을 제시하는 와우 인사이트를 찾아내는 것은 모든 프로젝트의 성패를 가르는 핵심이 된다. 이 과정에서 발견한 사용자 통찰을 기반으로 창의적 아이디어나 콘셉트를 발상하기 위한 디자인 원칙Design Principles이 만들어지기 때문이다.

공감 디자인에서 말하는 분석의 특징은 과학적이고 논리적인 데이터보다는 누구나 공감할 수 있는 사용자 맥락에 의존한다는 것이다. 정량적 데이터를 필요로 하는 경우도 있지만, 때로는 한 사람의 행동이나 목소리가 1,000명의 정량적 데이터를 대신하는 힘이 있다. 공감 기반의 통찰을 하는 이유는 어떠한 주장을 뒷받침하는 데이터를 확보하는 것이 아니라 창의적이고 혁신적인 통찰의 실마리를 얻기 위함이다. 여기

서는 인간 중심적 디자인 방법론에서 주로 활용하는 분석 방법을 일반
인이 쉽게 활용할 수 있도록 정리하였다. 그리고 몇 년 전 내가 커피숍
에서 관찰했던 내용을 사례로 들어 설명하겠다.

첫째, 개별 대상 정보의 분리와 색인 달기

팩트를 정리하는 방법에는 다양한 형태가 있다. 엑셀 프로그램을 활용
할 수도 있지만, 디자인적 사고 관련 업계에서 가장 선호하는 방식은 포

| 정보 분류화 및 인사이트 도출 과정 |

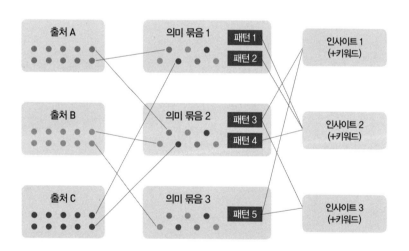

❶ 정보 분리 및 색인 달기 ⟶ ❷ 의미 묶음 및 패턴 찾기 ⟶ ❸ 인사이트 및 키워드 도출

200

스트잇 활용이다. 포스트잇과 펜만 있으면 언제 어디서나 기록할 수 있고, 여러 장의 기록을 쉽게 분류할 수 있기 때문이다. 포스트잇은 쉽게 뗐다 붙였다 할 수 있는데, 단순한 기록을 넘어 사고의 유연성을 키우고 생각을 재조합할 수 있다는 장점이 있다. 또한 포스트잇은 토론을 활성화시키므로 팀 단위로 공동 작업을 하는 데에도 매우 효과적이다. 그런데 포스트잇을 작성할 때는 주의할 점이 하나 있다. 추후 자유로운 분류 작업을 위해 반드시 한 장의 포스트잇에 하나의 팩트만 적는 것이다.

팩트를 적은 포스트잇은 벽이나 보드에 붙인다. 이때 정보의 출처나 성격에 따라 분리해서 붙이는 것이 좋다. 만약 사용자의 특이한 행동이나 제품을 이용하는 사진이 있다면 함께 붙이면 된다. 그리고 포스트잇이나 사진의 하단에 색인을 달도록 한다. 관찰이나 인터뷰 대상이 다르다면 사람의 이름을 쓰거나 관찰 장소를 쓰는 등 추후 분류 작업 시 출처를 분명히 알 수 있도록 한다. 정보의 양이 많아지고 시간이 경과하면 누가 했던 말인지, 어디서 찍은 사진인지 헷갈릴 수 있기 때문이다. 풍성한 분석 활동을 위해서는 관찰이나 인터뷰 등의 과정에서 가급적 많은 양의 팩트를 확보해야 한다. 만약 정보의 소스가 한 가지라서 색인이 필요 없을 때는 다음 단계로 넘어간다.

둘째, 정보의 의미 묶음 및 패턴 찾기

정보의 색인 달기 과정이 끝나면 본격적으로 정보의 분류화 작업을 진행한다. 의미 단위로 정보를 묶어 주는, 일명 정보 클러스터링Clustering

기법을 통해 중요한 패턴을 찾는 과정을 거친다. 만약 커피숍 관찰과 인터뷰를 통해 100여 장의 팩트 포스트잇을 정리했다고 가정하자. 이것을 어떻게 분류화할까?

먼저 커피숍 이용자의 데모적 특성, 커피 및 서비스 이용 순서, 커피숍 이용자들이 앉아서 하는 행동 등 눈에 쉽게 띄는 기준이나 속성으로 분류한다. 이를 그루핑Grouping이라 한다. 그다음에는 1차로 그루핑된 팩트를 의미 단위로 분류한다. 예를 들어 커피를 주문할 때 기다리면서 고객이 느끼는 불편함, 커피를 마시면서 사람들이 주고받는 유무형의 행위, 남자 이용자들의 주문 시 행동 패턴 등 특정한 '의미가 부여된 기준'에 따라 팩트를 묶는다. '대기 시간', '사람들이 주고받는 것', '남자 이용자'라는 기준은 기획자가 팩트의 묶음에 부여한 의미 단위인 셈이다. 묶음의 기준이 된 대표 의미를 다른 색깔의 포스트잇으로 적으면 된다. 클러스터링을 어떤 의미 단위로 묶는가에 따라 중요한 인사이트를 쉽게 발견할 수도 있고, 그렇지 않을 수도 있다.

클러스터링을 위한 효과적인 팁이 하나 있다면, 먼저 사용자 경험 여정으로 분류화 작업을 하는 것이다. 마트 이용 경험이라면 마트를 방문하기 전 혜택 검색, 준비, 마트 쇼핑, 결제, 구매 후 공유, 사용 등 제품이나 서비스를 이용하는 단계를 세부적으로 분리한 다음 그와 관련된 팩트와 불편한 점 등을 묶어 주면 매우 효과적으로 패턴을 찾을 수 있다. 여행자 경험 분석이라면 정보 탐색, 여행 준비, 공항, 호텔, 현지 여행, 여행 후 경험의 저장과 공유 등으로 여행자의 경험을 분리할 수 있다. 그 주제가 무엇이든 구매나 사용의 과정에만 집중하지 않고 전체적인 사용자 경험의 관점에서 분석하는 것이 매우 중요하다.

정보의 클러스터링 후에는 각각의 의미 묶음 또는 그 사이에서 사용자의 특별한 행동 패턴을 찾아야 한다. 특히 지금까지 내가 생각했던 것과 다른 패턴을 발견하기 위해 노력해야 한다. 클러스터링된 정보에서 포스트잇을 합치거나 분리해 본다. 때로는 멀리서, 때로는 가까이서 의미를 발견하는 몰입의 시간을 가져야 한다.

셋째, 통합적 인사이트와 핵심 키워드 뽑기

정보의 클러스터링 및 패턴 찾기 이후에는 통합적인 인사이트를 뽑아내는 과정이 남아 있다. 주제를 관통하는 통찰을 찾아내는 일은 공감 디자인의 가장 핵심적인 부분이다. 의미 단위로 클러스터링된 정보에서 특별한 니즈나 핵심적인 사용자 가치를 뽑아내야 하는데, 가장 어려운 과정이기도 하다.

클러스터링된 정보 및 패턴에서 통합적 인사이트를 찾아내는 특별한 노하우가 있는 것은 아니지만 사용자 인사이트를 찾는 가장 확실한 지름길은 '사용자의 미충족 잠재 니즈'에 집중하는 것이다. 그것은 대부분 핵심적인 사용자 통찰과 연결되기 때문이다. 이 과정에서 지금까지 내가 생각했던 것과 다른 사용자의 행동 패턴이나 아직 해결되지 않은 불편함을 분리해 내야 한다. 통상적인 패턴이나 이미 해결된 불편함을 분석하는 데 시간을 많이 투자할 필요가 없기 때문이다. 그렇게 찾은 특이한 행동 패턴이나 미해결의 불편함에 대해 이제부터 '왜 그럴까?' 하는 질문을 계속해서 던져 보자. '왜 그럴까?'라는 질문이 계속될수록 표면적인 니즈가 아니라 잠재적인 니즈에 도달할 가능성이 높아진다.

커피숍의 예를 들어보자. 클러스터링 및 패턴 찾기 과정에서 남자 이용자들이 주문할 때 하는 행동 패턴을 정리했다. 몇 시간의 관찰을 통해 누군가와 함께 온 남자 손님들 중 많은 사람이 뭘 먹을지 묻는 질문에 "아무거나." "그냥 아메리카노." "나도 같은 걸로." 등과 같이 말하는 경우가 많았다. 직접 주문하는 경우에도 복잡한 메뉴판을 보고 망설이는 모습이 많이 보였다. 남자 손님들의 행동 패턴에서 '주문에 대한 막연한 두려움'이 존재한다는 인사이트를 얻었다. 당연한 것 같지만 가만 생각해 보면, 밥값에 버금가는 커피를 마시면서 "아무거나."라고 말하는 것은 분명 관심을 가져 볼 만한 패턴이다.

사용자 관점의 인사이트를 찾아냈다면, 그것을 하나의 핵심적인 키워드로 압축해 보는 것이 좋다. 앞서 소개한 관점 전환의 공식을 활용해 자신만의 통찰을 완성하기 위해서다. 예를 들어 남자에게 '커피는 맛이 아니라 대화의 도구다'라는 자신만의 통찰을 뽑았다면 그것을 만족시키는 아이디어나 콘셉트는 비교적 쉽게 만들어 낼 수 있을 것이다. 물론 전부는 아니더라도 많은 남자 손님에게 커피는 단지 편안한 공간에서 상대방과의 대화를 북돋워 주는 유용한 도구일 뿐이다. 커피의 종류가 아메리카노든 카페라테든 관계없다. 남자에게 커피가 그런 의미라면 차라리 저알코올 맥주가 낫지 않을까? 카페에서 술을 팔 수 없다는 것은 고정관념에 지나지 않으니 말이다. 스타벅스가 미국에서 술을 팔기 시작했다는 뉴스가 그리 놀랍지 않은 이유다.

분석에서 중요한 것은 관찰이나 소통의 과정에서처럼 사용자와 공감하려는 마음가짐이다. 기획자의 입장이 아니라 '사용자는 도대체 왜 이런 행동을 했을까?'라는 질문을 끊임없이 던지는 의도적인 몰입이 필요하다. 또한 혼자만의 생각이 아니라 다른 참여자나 동료들과 끊임없이 토론하면서 공감도 높은 인사이트를 뽑아낼 필요가 있다. 이 단계에서 의미 전환적 사용자 통찰을 제대로 찾아내면 창의적인 아이디어를 발굴하기도 훨씬 수월해진다. 분석에는 많은 연습이 필요하지만, 그 방법에 정답이 있는 것은 아니다. 사용자와 공감하려는 노력을 통해 인사이트를 찾는 자신만의 노하우를 쌓아 보자.

° 프레임워크로 엣지 있게 만들어라

분석의 과정에서 도출된 핵심적인 사용자 인사이트와 니즈는 그 자체로도 우리에게 충분한 공감과 아이디어의 영감을 줄 수 있다. 그렇지만 기왕이면 보다 엣지 있게 인사이트를 정제하여 통찰의 효과를 극대화할 필요가 있다. 이렇게 분석의 과정에서 도출된 인사이트와 니즈 등 핵심적인 결과물을 종합적으로 수렴하는 프레임워크Framework를 만들고 공감적 스토리의 기둥을 세우는 과정에서 보다 심도 깊은 통찰을 얻기도 하는데, 이 과정을 종합하기Synthesis라고 부른다.

종합하기의 핵심은 인사이트를 제대로 담아내는 프레임워크를 만드는 것이다. 인지언어학의 창시자 조지 레이코프George Lakoff는 "프레임이란 세상을 바라보는 방식을 형성하는 정신적 구조물이다."라고 말했다. 공감 디자인에서의 프레임워크 역시 사람들이 기획자나 디자이너가 발견한 통찰을 바라보는 방식을 결정하는 틀이다. 종합하기의 목적은 기획자가 자신이 발견한 인사이트를 프레임워크를 활용해 보다 날카롭게 엣지를 세우고 다른 사람들이 쉽게 이해할 수 있도록 구조화시키는 것이다.

프레임워크 만들기에 익숙한 기획자들은 분석과 종합의 단계가 아니라 관찰이나 소통의 초기 단계에서 이미 프레임워크를 가지고 접근하기도 한다. 주제 영역이 방대해서 어디서부터 어떻게 접근해야 할지 고민될 때 시간과 비용을 효과적으로 절약할 수 있다는 장점이 있다. 그러나 반대로 자신의 프레임 안에서 사용자의 말과 행동을 받아들이거나 팩트를 분석할 때 자신이 미리 만들어 놓은 프레임워크 안에서 모든 현상을 설명하려는 실수를 할 가능성도 커진다. 이는 마치 집을 지을 때 지반공사 없이 기둥부터 세워 올리는 것과 다르지 않다. 가급적 초기 단계에는 자신의 가설이나 프레임을 내려놓고 밑바닥에서 팩트를 수집하는 것이 좋다.

그렇다면 종합하기 단계에서는 어떤 프레임워크를 활용하는 것이 좋을까? 결론부터 말하면 정답은 없다. 주제와 관련된 인사이트의 주장을 가장 효과적으로 담아낼 수 있는 프레임워크라면 무엇이든 상관없다. 학술적이거나 복잡한 프레임워크가 아니라 누구나 쉽게 이해할 수 있는 간단한 것일수록 좋다. 2×2 매트릭스, 벤다이어그램, 사용자 감정 곡선 등 여러 가지 프레임워크를 활용해 인사이트를 담는 연습을 하면서 가장 적합한 것을 선택하면 된다. 커피숍의 관찰 사례를 활용해 몇 가지 프레임워크를 사용해 보자.

2×2 매트릭스는 기회 영역을 선정하거나 방향성을 전달할 때 등 가장 많이 활용되는 프레임워크 중 하나인데, 그만큼 도전과 비판도 많이 받는다. X와 Y축을 무엇으로 하는가에 따라 보는 사람마다 각기 다른 해석이 가능하기 때문이다. 알렉스 로위와 필 후드는 저서 《2×2 매트릭스》에서 현상을 단순화하는 강력한 도구로 2×2 매트릭스의 유용함을 주장했지만, 매트릭스의 가장 명백한 위험은 지나친 단순화라고 했다. 복잡한 현실 문제를 단순화하되 쓸모가 없어서는 안 된다는 얘기다. 프레임워크 자체만큼이나 중요한 것은 관점과 타이밍 그리고 의사소통이라고 강조했다. 어떤 관점으로 현상을 꿰뚫어볼 것인지 그리고 어떤 타이밍에 프레임워크를 활용하는 것이 바람직한지 동료들과 끊임없이 토론하고 논쟁해야 한다는 의미일 것이다.

디자인 씽킹 분야에서 많이 활용하는 프레임워크 중 하나는 바로 사용자 경험 여정 지도이다. 파트1의 공감에서 언급했듯이 사용자 통찰을 얻기 위해서는 부분적인 현상이 아니라 전체적인 경험 안에서의 니즈나 불편한 점 그리고 기회 요인 등을 살펴보는 것이 중요하다. 경험 여

| 2×2 매트릭스 예시 |

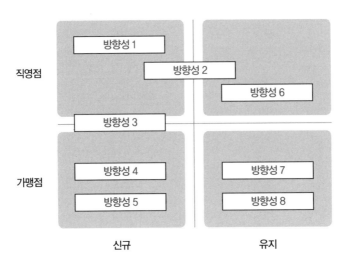

| 커피숍 경험 여정 지도의 예시 |

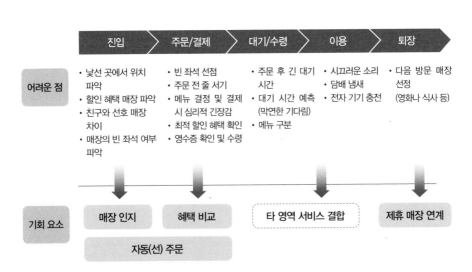

정의 단계는 가급적 구체적으로 세분화하는 것이 좋다. 예를 들어 오프라인 매장을 방문하는 사용자의 경험이라면 방문 전, 중, 후와 같이 단순화하기보다는 탐색-진입-체험-구매 결정-결제-퇴장-사용-공유 등과 같이 세분화한 후 필요에 따라 단순화한다. 인사이트를 종합하여 사람들에게 효과적으로 전달하기 위해서는 평소 다양한 프레임워크를 연습하는 것이 가장 중요하다.

° 체험에서 체감 마케팅으로 진화하다

지금까지 사용자 통찰을 얻기 위한 분석과 종합하기 과정에 대해 알아보았다. 이 과정에 대한 이해를 돕기 위해 실제로 인사이트를 발견했던 몇 가지 현장 사례를 살펴보겠다.

2011년 여름, 나는 커피숍과 이동통신 유통 매장을 결합하는 '컨버전스 스토어' 프로젝트를 진행하였다. 애플의 국내 출시와 스마트 디바이스 시대가 도래함에 따라 피처폰 시대와는 전혀 다른 형태의 이동통신 매장의 경험을 제공할 필요가 높아지고 있었다. 고사양의 피처폰과 초기 스마트폰이 혼재하는 가운데 통신 사업자들은 이미 체험형 유통 매장으로 진화하고 있던 터였다. 프로젝트 팀에서는 커피숍이나 통신 대리점뿐만 아니라 다양한 형태의 컨버전스 매장을 관찰 조사하였다. 또한 커피숍이나 통신 대리점을 이용하는 사람들을 만나 인터뷰하거나 좌담회를 여러 차례 진행하였다.

프로젝트 팀은 수집한 수많은 데이터를 분석하는 과정에 돌입하였다. 프로젝트 룸의 벽과 분석용 보드는 현장에서 찍은 사진과 인터넷에서 수집한 자료, 현장에서 적은 수많은 포스트잇으로 가득 채워졌다. 프로젝트 팀은 2주 이상 밤낮으로 데이터를 분석했다. 여기서 말하는 데이터 분석은 과학적인 분석이라기보다는 팩트를 분리하고 결합하는 과정에서 이뤄지는 끊임없는 토론의 과정이라고 보면 된다. 사람들의 서로 다른 생각이 충돌하는 과정에서 새로운 대안적 의견이나 해결책을 찾는 것은 디자인 씽킹의 중요한 철학이기도 하다.

이 프로젝트의 분석 과정에서 어떤 사용자의 말 한마디가 나의 관심을 사로잡았다. 30대 초반 직장 여성의 인터뷰 내용을 분석하던 중 "아이폰을 사기 전에 대리점을 다섯 번이나 찾아갔어요."라고 적힌 포스트잇 한 장이 눈에 띄었다. 너무나 일반적인 사용자의 이 한마디에서 프로젝트 전체를 관통하는 핵심 가치를 발견한 것이다. 그녀는 왜 아이폰을 사러 대리점을 다섯 번이나 방문한 것일까?

지금까지 핸드폰을 사면서 이렇게 많이 고민한 것은 처음이라고 했다. 전후 맥락을 살펴보면, 그녀에게 한번도 사용해 보지 못한 스마트폰은 두려움 그 자체였다. '주변에서 많이 사용하기는 하는데, 기계치인 내가 과연 스마트폰을 잘 사용할 수 있을까? 괜히 돈을 낭비하는 것은 아닐까?' 하는 걱정을 했던 것이다. 더구나 스마트폰에서 자신이 사용할 만한 기능이 얼마나 있는지 확인하기도 쉽지 않았다. 살지 말지 결정하지 않은 상태에서 대리점을 방문해 적극적으로 기기를 체험하기에는 심리적인 부담이 매우 컸다. 지금은 거의 사라졌지만 당시만 해도 스마트폰을 사용하지 않는 사람들에게 스마트 기기는 눈에 보이지 않는 높은 장벽으로 다가왔다.

기능의 체험에서 용도의 체감으로

이 사용자에게 필요한 것은 과연 무엇이었을까? 단지 스마트폰의 기능을 체험하거나, 더 저렴한 가격에 구매하기 위해 다섯 번을 찾아간 것은 아니었다. 그녀에게 필요한 것은 난생처음 써보는 스마트 기기를 남들처럼 유용하게 잘 사용할 수 있을 거라는 확신이었다. 그 당시 이동통신 대리점의 상담 시스템과 기기 체험은 그녀처럼 스마트폰의 비경험자들에게는 적합하지 않았다. 고사양의 피처폰과 스마트폰이 공존했는데, 대부분의 이동통신 대리점은 여전히 고사양의 피처폰 판매를 위주로 하는 체험형 매장이었다. 즉 스마트 기기가 가진 우월한 스펙을 알리고 다양한 기능을 체험하는 방식으로 판매가 이뤄졌던 것이다.

프로젝트 팀은 분석과 종합 과정을 통해 소비자가 원하는 것은 '우월한 기능과 스펙의 체험이 아니라 새로운 용도의 체감'이라는 통찰을 얻어냈다. 체험體驗과 체감體感은 비슷한 것 같지만 전혀 다른 접근 방식을 취하고 있다. 체험은 어떤 제품이나 서비스를 직접 사용하면서 경험하는 것이다. 아무래도 외형적 특성을 직접 경험하는 것에 초점이 맞춰져 판매자들은 주로 기능적 특징이나 저렴한 가격 등으로 어필한다. 반면,

'용도를 체감한다는 것'은 외형적 특성보다는 그것이 담고 있는 콘텐츠를 사용해 보면서 자신만의 사용처를 확인하며 충분히 공감하는 것이다. 판매자들은 기기의 스펙보다는 기기가 담고 있는 콘텐츠가 왜 구매자에게 유용한지 강조한다.

스마트폰을 처음 사용하는 그녀에게 폰의 화소 수나 그립감 같은 외형적 특성이 얼마나 중요했을까? 그녀가 다섯 번이나 이동통신 대리점을 찾아갔던 이유는 스마트폰으로 인해 경험하게 될 생활의 변화와 그것이 주는 혜택을 체감하기 위함이 분명했다. 스마트폰 전쟁의 초기에는 삼성 역시 강력한 스펙을 자랑하는 광고를 진행했다. 반면, 아이폰 광고는 수많은 앱이 사람들의 생활을 어떻게 변화시키는지 보여주는 데 집중했다. 카메라 기능을 소개하더라도 화소가 얼마나 뛰어난지 강조하기보다 사용자가 카메라로 무엇을 할 수 있는지 보여주는 식으로 말이다.

프로젝트 팀은 기존의 체험 마케팅에서 진화된 '체감 마케팅' 전략을 제안했다. 이러한 전략하에서는 그동안 경험하지 못했던 기기를 소비자가 얼마나 유용한지 직접 느낄 수 있도록 하는 방안이 중요하다. 예를 들면, 아이패드가 국내에 소개되었을 무렵 일반 사용자들은 그것의 용도를 매우 제한적으로 받아들이고 있었다. 과제를 많이 수행하는 대학생은 아이패드가 넷북의 역할을 수행하지 못할 거라고 판단했다. 그런데 아이패드를 키보드와 함께 제시했을 때 "어, 이렇게도 쓸 수 있네요. 과제나 수업 내용을 타이핑할 때가 많은데 아이패드로도 충분히 가능하겠는데요!"라며 전혀 다른 반응을 보였다.

당시에는 대부분의 통신 매장에서 아이패드는 진열대에 디스플레이하고 키보드는 한쪽 벽에 걸어 두는 식으로 판매하고 있었다. 이러한 방식은 소비자들이 새로운 상품의 용도를 직접 체감하기에 한계가 많았다. 그런 측면에서 커피숍과 이동통신 매장이 결합된 컨버전스 스토어는 매우 진화된 경험을 소비자에게 제공할 수 있다고 판단했다. 매장의 판매 직원을 통해 소극적으로 체험하는 방식에서 벗어나 커피를 마시면서 부담 없이 새로 출신된 기기를 체험하는 새로운 경험 디자인이 가능해지기 때문이다.

체감 마케팅은 스마트폰이나 콘텐츠 판매에만 적용되는 것이 아니다. 제품이나 서비스를 마케팅할 때도 유용하게 활용할 수 있다. 예를 들어 한 식품회사에서 그동안 보지 못했던 전혀 새로운 형태의 파스타 소스를 출시했다고 가정해 보자. 제조사는 어떻게든 소비자에게 새로운 맛을 경험하게 하는 시식 프로모션을 할 것이다. 1차적으로는 소스의 맛을 체험하게 하는 것이 필요하지만, 더 나아가 그것의 용도를 체감하게 하는 것도 매우 중요하다. '와, 정말 맛있네. 그런데 어떻게 요리해야 하지?'라고 느끼는 소비자에게 레시피가 담긴 설명서는 웬만한 쿠폰 할인 이상의 효과를 낼 것이다.

2014년 7월 CJ제일제당과 투썸플레이스는 홈메이드 요거트 파우더와 그린티 파우더를 출시하면서 이와 유사한 방법을 활용했다. 내가 갔던 대형 할인마트의 시식 코너에서 판매 직원이 제품을 시식하는 손님들에게 디저트 레시피가 적힌 전단지를 나눠 주고 있었다. "무척 쉬워요. 누구나 집에서 쉽게 만들 수 있어요."라며 신제품을 어필했다. 아무리 맛있어도 내가 직접 만들 수 있는지 의심되는 제품을 사는 사람은 없을 테니, 이런 방법도 매우 효과적이다. 제품에 콘텐츠 요소를 결합하여 소비자에게 용도를 체감하게 하는 마케팅 방식인 것이다.

국내 가구회사 일룸은 매장을 방문한 고객에게 '스마트 공간 제안 서비스'를 제공하고 있다. 대형 스크린으로 고객 아파트의 실제 평면도를 3D 형태로 불러오는 것이다. 내 집 거실의 실제 크기에 맞는 소파를 화면에서 직접 배치해 보고 에어컨을 놓을 공간도 확인해 보는 것이다. 클릭 한 번으로 소파나 침대, 책상의 색깔도 마음대로 바꿀 수 있다. 마음에 드는 제품을 가상공간에서 배치해 보면서 실제 환경과 잘 어울리는지 체감해 보는 것이다. 매장에서 머릿속으로 상상하는 것과 실제와 유사한 가구를 배치해 보는 것은 마케팅 측면에서 차원이 다르다. 일룸은 소비자 체감 시스템으로 상당한 매출 성장 효과가 있었다고 한다. 전국의 아파트 평면도 자료와 자사 제품의 3D 시스템을 구축하는 데 들어간 비용을 충당하고도 남은 셈이다.

이렇게 용도를 체감할 수 있는 마케팅 솔루션과 상품 진열 방식은 상품 카테고리의 특성에 따라 창의적인 방식으로 응용할 수 있다. 특히 소비자들이 지금까지 경험하지 못한 전혀 새로운 제품이나 서비스를 출시할 때 체감 마케팅은 매우 효과적이다.

°금강의 이동마트에서 찾은 직관적 통찰

사용자 통찰을 얻기 위한 분석과 종합은 끊임없는 생각과 생각의 충돌 과정이다. 수많은 팩트에서 자신만의 가설적 통찰을 찾아내고 그것을 또 다른 통찰과 결합하거나 분리하면서 보다 독창적이며 공감도 높은 인사이트로 수렴해 간다. 이것이 가능하려면 생각의 축적도 중요하지만 충돌에 의한 가설의 파괴를 쉽게 받아들일 수 있어야 한다. 또 그 과정에서 더 나은 결론으로 발전된다는 참여자들의 믿음이 있어야 한다. 여기서 중요한 것은 혼자만의 통찰이 아니라 다른 사람들과 토론하면서 함께 만들어 가는 협력적 통찰을 해야 한다는 점이다. 일하는 환경이 어떻든 간에 누군가와 함께 협업해야만 공감도 높은 결과물을 만들어 낼 수 있기 때문이다. 공감 디자인에서 추구하는 분석의 방법은 과학적이거나 정량적인 데이터에 근거하기보다 오히려 기획자나 디자이너의 직관에 의존하는 경향이 강하다. 그렇다고 근거 없는 직관을 추구하는 것은 아니다. 사용자 공감과 협업적 토론의 과정에서 강력한 근거가 형성되기 때문이다.

직관적 통찰을 얻는 과정을 사례를 통해 살펴보자. 나는 제조사의 마케팅 솔루션을 제안하는 프로젝트에 참여한 적이 있다. 어느 주말에 금강 근처의 작은 시골 마을에 놀러 갔는데, 그곳에서 무척 인상적인 마트를 발견했다. 그것은 다름 아닌 '이동마트'였다. 갑자기 마을에 나타난 1톤 트럭에는 세상의 모든 생활용품이 다 있는 듯했다. 50대 아주

PART 2 · 새로움을 통찰하는 여섯 가지 생각 도구

머니가 몰고 온 트럭에서는 "콩나물, 우유, 두유, 칼국수, 돌김, 간장, 라면, 고추장, 쌀과자, 북어포, 막걸리……." 끝나지 않을 것 같은 마트 홍보 안내가 스피커로 계속 울려 퍼지고 있었다.

지금까지 경험하지 못한 새로운 형태의 마트를 목격한 나는 트럭을 몰고 온 아주머니에게 달려갔다. 그리고 아주머니에게 얼마나 자주 이곳에 오는지, 장사는 잘되는지 물었다. "이 지역에서 마트에 가려면 읍내까지 나가야 하는데 대부분 노인분들이라 쉽지 않죠. 제가 2주에 한 번 정도 트럭에 물건을 잔뜩 싣고 이 마을 저 마을 돌아다녀요. 마을 사람들이 어떤 물건을 필요로 하는지 알 수 없으니 100가지가 넘는 물건들을 이렇게 챙겨서 올 수밖에 없죠."라고 대답했다. 누가 얼마나 살지 모른 채 이동마트는 이 마을 저 마을 돌아다니고 있었다. 나는 여기서 소비자의 '구매 의도'에 대해 고민하기 시작했다. 결국 유통사나 제조사의 입장에서 가장 알고 싶은 정보는 소비자가 언제 어디서 무엇을 살지를 아는 것이다. 과연 소비자의 구매 의도를 안다는 것이 가능할까?

같은 무렵 프로젝트 팀은 강남의 한 할인마트에서 관찰 조사를 진행했다. 그곳에서 우리는 소비자가 버리고 간 아주 사소한 증거 하나를 찾았다. 그것은 바로 어떤 물건을 살지 기록한 포스트잇이었다. 그 메모에는 '라면, 고추장, 쌈장, 칫솔, 맥주, 삼겹살, 깻잎'과 같은 구매 품목 리스트가 적혀 있었다. 주말에 야외라도 놀러 가기 위해 어느 주부가 마트에 오기 전 꼼꼼히 챙긴 듯했다. 이 평범하고 익숙한 소비자의 메모에서 혹시 특이한 점이 발견되는가? 우리는 분석 과정에서 이 포스트잇의 사진한 장으로부터 직관적인 인사이트 하나를 발견했다. 그것은 소비자의 '특정되지 않은 구매 의도'였다. 라면, 고추장, 쌈장, 맥주 등 구매할 의도가 분명한 품목들이지만, 아직 브랜드가 특정되지 않았다. 신라면, 삼양라면, 팔도라면이 아닌 그냥 라면을 적었는데 아무래도 소비재 제품은 현장에서 이벤트나 쿠폰 할인이 많기 때문에 상황에 따라 브랜드를 결정한다는 것을 알 수 있었다.

소비자의 이러한 행동 패턴은 제조사나 유통사의 입장에서 보면 매우 큰 의미를 담고 있다. 아직 브랜드가 특정되지 않았지만 소비자가 살 것이 확실한 구매 품목, 이것은 제조사나 유통사의 마케팅 측면에서 보면 가장 값어치가 큰 정보이기 때문이다. 금강의 이동마트와 마찬가지로 서울의 대형 할인마트 역시 소비자의 구매 의도를 파악하는 데 어려움을 겪는데, 구매 직전까지 브랜드를 결정하지 않은 고객의 선택을 받기 위해 어떤 마케팅을 펼쳐야 할지 고민해야 한다.

얼마 전 KBS에서 방영된 《아베의 일본 살아나는가》에서는 고령화 이야기가 다뤄졌다. 우리보다 고령화 현상이 심한 일본의 경우, 이동슈퍼 도쿠시마루에서 거동이 불편한 지역 노인들을 대상으로 찾아가는 트럭 슈퍼마켓 서비스를 제공하고 있다고 한다. 카드결제기도 갖추고, 원하는 물건을 미리 주문할 수도 있다. 이 서비스는 고령의 소비자들에게 인기가 많아 점점 확대되고 있다. 기존에는 한 달에 한 번 한꺼번에 구매했지만, 이제는 신선한 재료를 매일 구매하는 소비 패턴으로 바뀌었다고 한다. 소비자의 구매 의도를 파악하기 위해 다양한 플랫폼 서비스 아이디어를 낼 수도 있지만, 일본의 도쿠시마루와 같은 서비스로도 충분히 비즈니스 기회를 만들어 낼 수 있다는 것을 알 수 있다.

이렇게 시골의 이동마트에서 찍은 사진이나 카트에 붙은 포스트잇 한 장에서 우리는 대상의 숨겨진 의미를 찾아낼 수 있다. 그 대상을 깊이 있게 들여다보거나 전혀 다른 대상과 비교하면서 유사한 패턴을 찾을 수도 있고 서로 다른 차별점을 발견할 수도 있다. 통찰은 객관적인 데이터뿐만 아니라 기획자나 디자이너의 직관과 협력적 토론에 의해서도 얼마든지 뽑아낼 수 있다.

한눈에 파악할 수 있는
통찰 방법

1. 인사이트 도출 방법

❶ 팩트 수집 및 색인 달기

- 관찰이나 인터뷰에서 최대한 많은 양의 팩트를 수집한다.
- 정보의 소스별로 출처를 기록한다.

❷ 의미 단위로 정보 묶기

- 팩트를 특정한 속성을 지니는 의미 단위로 묶어 준다.
- 정보 묶음에서 행동 패턴이나 불편한 점 등을 찾는다.

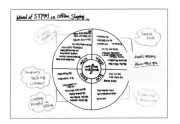

❸ 인사이트 및 키워드 뽑기

- 행동 패턴 및 니즈 등을 근거로 문제의 핵심을 도출하고 해결책의 방향을 규정한다.
- 핵심 인사이트를 키워드화한다.

2. 공감 기반의 통찰과 해결책을 디자인하는 과정

코드, 관찰, 수렴의 과정에서 도출된 팩트를 분석하여 사용자 통찰을 도출한다. 그리고 사용자 통찰을 활용하여 제품이나 서비스의 방향이나 디자인 원칙을 결정한다. 그다음 아이디어 발상을 위한 아이디에이션 주제를 선정하여 HMW How might we~?에 맞게 작성하면 된다. HMW에 대해서는 다음 장에서 자세히 다루도록 한다.

아이디어와 콘셉트를 개발하고 상품화하는 과정에서도 다양한 통찰과 피드백을 얻게 되는데 이때마다 자신이 얻은 인사이트의 적합성을 확인할 수 있다.

| 공감 디자인 프로세스 |

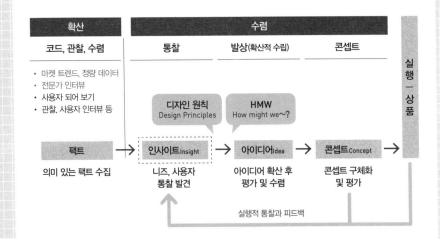

발상 IDEA
말랑말랑 아이디어로 상식을 뒤집어라

사용자로부터 얻은 수많은 팩트를 분석하고 종합하여 새로운 통찰을 얻었다면, 이제 그 통찰에 근거한 창의적 해결책을 만들어야 한다. 통찰의 목적은 궁극적으로 제품이나 서비스를 이용하는 사용자들에게 경쟁자들이 제공하지 못하는 차별적인 상품을 유익하고 즐거운 방식으로 경험할 수 있도록 도와주는 것이다. 그렇다면 어떻게 차별화된 사용자 가치를 담은 상품을 만들 수 있을까? 기업이나 조직, 스타트업에 이르기까지 비즈니스 활동을 하는 모든 주체는 창의적인 아이디어 발굴에 목말라 한다. 그러나 여전히 많은 사람이 자신은 창의적이지 않기 때문에 좋은 아이디어를 낼 수 없다고 믿고 있다.

창의성은 세상에 없는 것을 만들어 내는 능력이 아니라 새로운 눈으로 사물과 현상을 바라보는 것을 말한다. "어떠한 문제든 그것이 만들어진 프레임 안에서의 사고로는 적합한 해결책을 찾을 수 없다."고 한 앨버트 아인슈타인의 말처럼 창의적 아이디어를 발상하기 위해서는 기존의 틀에서 벗어나 자유로운 사고를 할 수 있어야 한다. 때로는 극단적일 만큼 엉뚱하거나 무모한 아이디어를 제시할 수 있는 용기와 자신감도 필요하다. 이번 장에서는 남들이 생각하지 못한 새롭고 독창적인 아이디어를 발굴하기 위한 이노베이터의 마음가짐과 구체적인 아이디어 발상법에 대해 알아보자.

° 모방을 넘어선 창조적 변형

오늘날 무한경쟁의 비즈니스 환경에서 살아남기 위해 기업과 조직은 차별화된 제품과 서비스 개발에 많은 노력을 기울이고 있다. 구성원들은 신상품의 기획에서부터 기존 제품의 리뉴얼에 이르기까지 늘 크고 작은 아이디어를 개발해야 하는데, 창의적 아이디어 발굴에 대한 부담감 또한 큰 것이 사실이다.

창의적 아이디어란 어떤 문제를 해결하기 위한 독창적이고 가치 있는 구상이나 일 처리 방식을 의미한다. 아이디어는 무엇인가 구체적인 결과물을 만들어 낼 수 있다는 점에서 단순한 생각과 구별된다. 예를 들어 '오늘은 구름 한 점 없이 날씨가 좋아서 기분이 매우 상쾌하다'는 '생각'이다. 그런데 '오늘은 날씨가 좋으니, 친구와 북한산 정상까지 등산을 하고 기념사진을 촬영해야겠다'는 '아이디어'다. 구체적으로 내가 무엇인가를 할 수 있고 결과물을 기대할 수 있다는 측면에서 생각과 차이가 있다. 비즈니스 아이디어도 마찬가지다. 해당 아이디어를 통해 실제 비즈니스에서 활용할 수 있는 구체적인 결과를 예상할 수 있어야 한다. 아이디어와 콘셉트의 차이에 대해서는 다음 장에서 다루도록 하겠다.

아이디어를 발상하는 행위, 즉 아이디에이션Ideation 은 프로젝트가 진행되는 동안 팀원들 간에 수시로 이루어진다. 사실 아이디어의 발상은 반드시 분석과 종합 과정 이후에 진행해야 하는 것은 아니다. 프로젝트의 전체적인 계획을 수립하는 단계에서 아이디어가 떠오르기도 하며, 사용자를 만나거나 관찰하는 과정에서도 기발한 아이디어를 얻을 수 있다. 앞서 언급했듯이 선형적인 프로세스에 얽매일 필요는 없다. 단지, 해당 아이디어에 매몰되어 더 나은 아이디어를 얻을 수 있는 기회를 놓치지 않도록 주의하여야 한다.

또한 아이디어는 반드시 개인이나 팀에서만 얻을 수 있는 것은 아니다. HCI 팀은 많은 프로젝트에서 사용자와 사내외 전문가를 초청해 서너 시간씩 아이디에이션 워크숍을 진행하면서 아이디어를 얻기도 한다. 젊은 대학생들이나 직장인들로부터 전혀 새로운 시각으로 문제를 해결하는 아이디어를 얻을 수도 있다. 그렇다고 완벽한 아이디어를 기대하는 것은 아니다. 문제 해결을 위한 한두 가지의 기발한 아이디어 영감을 얻는 것이 외부인과 협업하는 아이디에이션의 목적이기 때문이다.

아이디어를 발상할 때 세상에 없는 전혀 새로운 아이디어를 만들어야 한다고 생각하는 사람이 많다. 이런 생각은 기획자에게 세상에 유일무이한 아이디어를 발굴해야 한다는 부담감을 주기 쉽다. 그러나 하늘 아래 전혀 새로운 아이디어는 없다는 말도 있다. 프랑스의 철학자 볼테르는 "독창성이란 단지 사려 깊은 모방이다."라고 말한 바 있다. 70억의 인구 중 내가 낸 아이디어와 같거나 유사한 아이디어가 없다면 오히려 이상한 일이 아닐까? 중요한 것은 유사성 속에서 독창성을 추구하고 그 아이디어를 실현하는 과정에서 얼마나 창의성을 발휘하느냐가 관건이다. 단순히 남의 것을 베끼는 모방이 아니라 나만의 창조적 변형을 추구하는 것이 창의성인 셈이다.

이번 장에서는 개인이나 조직이 실제 비즈니스 환경에서 창의적인 아이디어를 어떻게 발상할 수 있는지에 대한 고민을 담고 있다. 창의적이고 가치 있는 아이디어를 지속적으로 만들어 내기 위해서는 개인이든 조직이든 세 가지 요건이 갖춰져야 한다. 물리적 환경과 기획자나 디

| 창의적 발상의 조건 |

| 환경적 자극
Stimulus | + | 마인드셋
Mindset | + | 방법론
Methodology |

자이너의 마인드셋 그리고 실질적이고 효과적인 방법론이 그것이다. 대부분의 글로벌 혁신 조직에서는 이 세 가지 요건을 창의적 아이디어를 생산하기 위한 문화와 시스템의 밑바탕으로 활용하고 있다.

° 왜 알록달록한 가발을 쓰면 효과적일까

구글이나 아이디오같이 창의적 아이디어를 끊임없이 생산하는 혁신 조직에서는 공통점이 하나 있다. 보통의 업무 환경에서는 상상하기도 힘들 만큼 공간을 말랑말랑하고 창의적으로 꾸민다는 것이다. 몇 년 전 구글의 뉴욕 사무실을 방문해서 직원들을 인터뷰한 적이 있다. 구글의 자유로운 업무 환경에 대해서는 익히 알고 있었지만, 실제로 직원들이 일하는 사무실과 휴식 공간은 일반 기업체와는 비교할 수 없을 정도로 자유분방했다. 사무실 곳곳에 게임기가 설치되어 있고 레고블록이 가득한 테이블, 당구장과 탁구장 같은 놀이 시설들이 가득했다. 직원들은 사무실에서만 일하는 것이 아니라 동료들과 휴게실에 삼삼오오 모여 열띤 토론을 벌이기도 했다. 킥보드를 타고 복도를 씽씽 달리는 사람도 있었다. 그렇다고 직원들이 놀기만 한다고 생각해서는 안 된다. 구글 직원의 말에 따르면, 자유분방함 속에서도 업무에 대한 무한한 책임감과 업무에 대한 심리적 부담이 크다고 했다.

내가 처음 HCI 팀에 왔을 때도 구글과 비슷한 업무 환경을 보고 무척 놀랐다. 사용자 인사이트와 창의적인 아이디어를 발굴하는 업무 특성에 맞게 2007년 당시 글로벌 혁신 기업들을 벤치마킹하여 별도의 공간에 사무 환경을 독창적으로 디자인했다. 예를 들면, 프로젝트 룸 옆에는 2층 침대가 있어서 언제든지 누워서 쉴 수 있었고 넓은 회의실에는 그네가 두 개 매달려 있었다. 쉬는 시간에는 닌텐도나 다트 게임을 즐길 수도 있었다. 회사의 다른 동료들이 부러워할 정도였다. 지금까지 내가 경험했던 딱딱한 사무실 분위기와는 전혀 다른 환경이라 어색했던 것이 사실이다.

그렇다면 여기서 궁금증이 생길 것이다. 혁신 조직은 왜 이렇게 말랑말랑한 분위기를 연출할까? 이 질문에 대한 답을 스스로 깨닫기까지는 꽤 오랜 시간이 걸렸다. 이는 형식과 포맷이 내용에 큰 영향을 미친다는 단순한 사실 때문이다. 알록달록 창의적으로 꾸며진 공간에서는 사람의 몸과 마음 역시 환경에 맞추려는 경향이 있다. 특히 시간이 경과할수록 긍정적인 영향은 더욱 증폭된다.

미네소타 대학의 조안 마이어스 레비Joan Meyers-Levy 교수 팀은 천장의 높이가 사람들의 인지 사고에 주는 영향을 연구했다. 연구 결과, 천장의 높이가 30센티미터 높아질 때마다 창의성이 두 배 이상 높아졌다고 한다. 얼마 전 KBS 뉴스에서 진행한 실험과 관련 보도도 흥미로웠다. 천장의 높이가 3.1미터인 교실과 2.4미터인 교실에서 각각 열 명의 어린이가 창의성 실험에 참여했다. 전문가의 도움으로 도형 창의성 검사를 실시했는데, 천장이 높은 교실의 어린이들은 15.2점, 낮은 천장의 어린이들은 6.8점을 기록했다.

　미국의 조너스 에드워드 소크Jonas Edward Salk 박사는 천장이 높은 성당에서 소아마비 백신 개발의 힌트를 얻었는데, 천장이 높으면 창의적인 아이디어가 훨씬 잘 나온다고 믿었다. 그래서 자신의 연구소를 지을 때 일반적인 천장보다 70센티미터 높게 지었다고 한다. 그래서일까? 소크 연구소는 노벨상 수상자를 다섯 명이나 배출했다. 건국대 건축학과 김정곤 교수는 KBS와의 인터뷰에서 "공간이 어떤 형태를 지니는가에 따라 생각과 행동에 영향을 많이 받습니다. 우리는 낮은 천장에서는 공간을 좁게 해석하는 반면, 천장이 높으면 훨씬 더 넓게 공간을 해석하고 사고를 확장합니다."라고 강조했다.

　이렇게 공간의 구조나 분위기, 색깔에 따라 사람들의 창의성은 크게 영향을 받는다. 그렇다고 당장 모든 기업이나 조직이 인테리어를 새로 하거나 천장을 높일 수 있는 것은 아니다. 사무 공간의 인테리어나 구조를 바꾸려면 비용이 많이 들기 때문에, 보다 쉽게 활용할 수 있는 방법이 필요하다. 창의적인 아이디어의 발상을 위해 일반적인 환경에서 적용할 수 있는 방법으로는 어떤 것이 있을까? 먼저 익숙한 장소에서 벗어나야 한다. 아이디어를 발상하기 위해 익숙한 사무실이 아니라 외부의 낯선 환경으로 자리를 옮긴다. 별도의 공간을 확보할 수 있다면 다른 회사의 낯선 회의실도 좋고 가까운 카페도 좋다. 평소의 조용한 업무 공간에서 벗어나 새롭고 낯선 공간에 가면 우리의 몸과 마음이 새로움을 발산하고자 하는 생각의 돌출 효과를 기대할 수 있다.

미국 《컨슈머리서치》 저널에 발표된 일리노이 주립대 라비 메타Ravi Mehta 교수 팀의 연구 결과에 따르면, 사람들은 조용한 곳보다 커피숍같이 소음이 어느 정도 있는 곳에서 창의적인 결과물을 더 잘 만들어 낸다고 한다. 사무실처럼 조용한 장소는 집중력을 강화하지만, 추상적인 상상을 방해한다는 것이다. 반면, 70데시벨 정도의 적당한 소음은 정신을 분산시켜 오히려 좀 더 넓게 사고를 확장하도록 돕는다. 즉 '아웃 오브 더 박스Out of the box 사고'를 할 수 있다는 것이다. 이 연구 결과가 발표되자 소음을 파는 앱이 등장했다. 커피Coffee와 크리에이티비티Creativity를 결합한 코피티비티Coffitivity 앱이 그것이다. 조용한 사무 공간에서도 마치 아침 커피숍의 소음이나 파리, 텍사스의 소음을 들으며 창의성을 높이도록 하는 것이다. 최근 내가 확장적 사고가 필요한 업무를 할 때 자주 이용하는 앱이다.

두 번째 방법은 소품이나 잡지 같은 자극제를 활용하는 것이다. HCI 팀은 사내외 직원이나 스타트업들이 참여하는 혁신 방법론 교육을 진행하고 있는데, 이때 다양한 소품을 활용한다. 특히 아이디어를 내는 단계에서는 괴상하게 생긴 가발이나 카우보이모자를 쓰고 호피무늬 천을 두르기도 한다. 이 과정에서 내가 발견한 재미있는 사실은 참여자들이 대부분 처음에는 꺼리고 어색해하지만, 시간이 지날수록 점점 가발을 쓴 사람이 할 법한 행동을 한다는 것이다.

이런 소품을 인위적으로 활용하면 분위기가 주는 효과로 인해 평범하게 아이디에이션을 할 때보다 훨씬 많은 아이디어를 낸다. 그래서 우리는 교육에서뿐만 아니라 실제 프로젝트의 아이디어 발상 과정에서도 기꺼이 카우보이모자나 가발을 쓴다. 가발이 직접적으로 아이디어를 떠올리게 하지는 않지만, 가발로 인해 분위기가 한층 활발해지고 적극적으로 변화한다. 어색하더라도 이런 분위기를 만들면, 사람들이 그런 형식에 걸맞게 사고하고 행동한다. 무엇보다 자칫 딱딱하게 느껴질 수 있는 아이디어 발상 과정이 즐겁고 재미있는 활동이 된다는 점에서 매우 유의미한 시도이다.

°호기심과 열정으로 아이디어를 발산하라

나는 디자인 씽킹과 관련한 일을 하면서 많은 사람이 아이디어 발상에 대해 어려워한다는 사실을 알게 되었다. 특히 창의적인 사람은 따로 있어서 평범한 사람은 좋은 아이디어를 낼 수 없다고 믿는 사람도 많이 만났다. 물론 창의성이 뛰어난 사람도 존재하겠지만, 누구나 문제 해결에 대한 집중력과 연습을 통해 충분히 좋은 아이디어를 만들어 낼 수 있다. 아이디어를 발상하는 사람들에게 가장 중요한 요소는 무한긍정의 호기심과 끝까지 몰입하는 열정이다. 창의적 아이디어는 타고난 두뇌에서 오는 것이 아니라 열린 마음으로 끊임없이 탐구하는 몰입의 과정에서 섬광처럼 다가오기 때문이다. 먼저 아이디어를 발상하는 사람들이 유념해야 할 네 가지 마인드셋에 대해 알아보자.

첫째, 협업적 발상으로 아이디어를 플러스하라

아이디어는 결국 사람의 두뇌 활동에서부터 나온다. 그 두뇌가 하나보다는 둘이 낫고, 둘보다는 셋이 낫다. "우리 모두를 합하면 어떤 개인보다 뛰어나다."고 한 팀 브라운의 말처럼 비즈니스 환경에서 팀워크가 창조하는 시너지 효과는 아무리 강조해도 지나치지 않는다. 대부분의 혁신 조직이 다학제적 팀워크Multidisciplinary Teamwork를 구성하려는 이유 역시 여러 사람이 함께하면 통상적인 사고의 범위에서 벗어나 차별화된 제품이나 서비스를 개발할 수 있다는 믿음 때문이다. 비슷한 배경의 사람들로 구성된 팀이나 조직은 자칫 기존의 익숙한 프레임에서 벗어나기 힘든 사고의 편향성에 빠지기 쉽다. 그런 이유로 HCI 팀에서 교육을 진행할 때 가장 신경 쓰는 부분이 바로 팀 편성이다. 성별과 연령대, 직업적 특성 등을 모두 고려하여 팀을 구성한다. IT 전문가, 마케터, 디자이너, 전략기획 전문가 등 전혀 다른 분야의 사람들을 한 팀으로 구성하는데, 대부분 처음의 어색함을 극복하고 다양성이 주는 시너지 효과로 인해 좋은 결과물을 만들어 낸다.

다양성이 주는 혜택을 온전히 유지하기 위해 조직은 아이디어를 함께 발전시키는 문화와 시스템을 갖춰야만 한다. 그런데 여전히 많은 사람이 아이디어를 혼자 내는 것이라고 생각한다. 때로는 내가 낸 아이디어를 누군가가 훔쳐 가면 어떻게 하나 하는 걱정을 하기도 한다. 또 어떤 사람이 낸 아이디어에 다른 사람이 기능을 추가하는 아디이어를 냄으로써 훨씬 좋은 아이디어로 발전시켰다고 가정해 보자. 이 아이디어는 처음 아이디어를 낸 사람의 것일까? 아니면 추가로 아이디어를 덧붙인 사람의 것일까?

이에 대한 명확한 기준이 없다면 많은 구성원이 협업적 발상에 대해 부정적으로 인식하기 쉽다. 실제로 많은 기업에서 아이디어의 출처나 최초 기여자에 대한 배려가 부족한 것이 사실이다. 아이디어의 이름만 바꾸거나 기능의 일부만 살짝 수정해서 새로운 아이디어라고 주장하는 경우도 비일비재하다. 이처럼 협업에 대한 부정적인 선입견은 새로움을 창의하는 기업이나 조직에서는 마이너스 문화임이 분명하다. 아이디어 기여자를 보호하고 존중하는 문화는 경영층과 조직의 구성원이 함께 만들어 가야 한다. 이러한 분위기는 무언가 새롭고 독창적인 아이디어를 끊임없이 쏟아내야 하는 기업이나 조직에 협업적 플러스 문화를 만들도록 돕는다.

아이디어를 플러스하도록 도우면서 아이디어 제안자의 권리를 보호하는 바람직한 방법으로 아이디어 시트Idea Sheet의 활용을 권한다. 아이디어 시트는 주요 기능이나 사용자의 혜택 등 간단한 항목이 들어가는데, 아이디어의 제목과 제안자의 이름을 기재하는 것이 중요하다. 이 아이디어 시트를 가지고 다른 구성원들과 함께 토론하고 발전시키는 과정에서 포스트잇 등을 활용해 추가 아이디어를 붙이도록 한다. 이렇게 되면 시간이 지나더라도 아이디어의 최초 제안자가 누구인지 명확하게 알 수 있다.

| 아이디어 시트 활용법 |

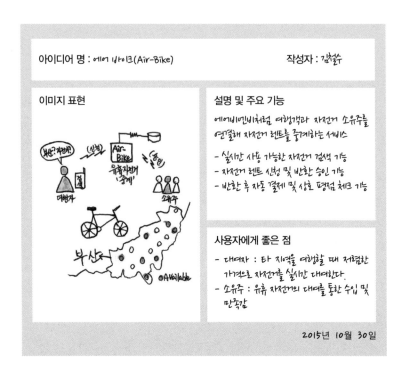

아이디어 명 : 에어 바이크(Air-Bike)   작성자 : 김철수

이미지 표현

설명 및 주요 기능

에어비앤비처럼 여행객과 자전거 소유주를 연결해 자전거 렌트를 중개하는 서비스

- 실시간 사용 가능한 자전거 검색 기능
- 자전거 렌트 신청 및 반환 승인 기능
- 반환 후 자동 결제 및 상호 평점 체크 기능

사용자에게 좋은 점

- 대여자 : 타 지역을 여행할 때 저렴한 가격으로 자전거를 실시간 대여한다.
- 소유주 : 유휴 자전거의 대여를 통한 수입 및 만족감

2015년 10월 30일

둘째, 온실의 꽃처럼 아이디어를 보호하라

아이디어의 발상 과정에서 초기 아이디어는 흔히 새싹이나 씨앗에 비유된다. 와일드한 비즈니스 현실에서 성장한 사람들은 나름대로의 전문성과 자신만의 프레임이 생기게 마련인데, 웬만한 초기 아이디어에 대해서는 현실성이 부족하다고 생각하기 쉽다. 다른 사람의 아이디어뿐만 아니라 자신의 아이디어에 대해서조차 이런 생각을 갖게 되면 아

232

이디어가 미처 자라나기도 전에 새싹을 싹둑 잘라 버리게 된다. 초기의 자가 검열 문제를 줄이기 위해서는 다른 사람의 아이디어에 대해 일단은 "정말 좋은 아이디어네요." 하고 박수 치는 습관을 들일 필요가 있다. 사람들은 긍정의 피드백을 받으면 점점 더 우뇌가 활성화되어 더 좋은 아이디어를 낼 수 있는 분위기가 만들어지기 때문이다.

"가드너Gardener는 한겨울에 온실 문을 함부로 열지 않는다." 이 말은 왓이프라는 영국의 혁신 컨설팅 회사가 쓴《창의적 아이디어로 혁신하라》Sticky Wisdom에 나온다. 초기 아이디어를 보호하는 온실 효과Greenhousing 문화를 강조하기 위한 표현이다. HCI 팀은 이 회사와 함께 공동 프로젝트를 진행했는데, 왓이프의 아이디어 발상 방법은 여러 사람이 빌딩을 짓는 것과 같다. 누군가가 아무리 사소한 아이디어를 내더라도 박수를 치고 칭찬의 말을 아끼지 않는다. 아이디어의 실현 가능성을 함부로 평가하는 일도 없다. 가능성을 평가하는 콘셉트 개발 과정이 별도로 있기 때문에 아이디어 발상의 단계에서는 아이디어를 비판하거나 험담하지 말아야 한다.

누군가가 자신의 아이디어를 비판하기 시작하면 사람들은 방어적인 자세를 취하게 된다. 그리고 새로운 아이디어를 내는 데에도 소극적일 수밖에 없다. 아이디에이션 참여자는 '네, 그렇지만Yes, but이 아니라 네, 그리고Yes, and'의 긍정적인 자세로 아이디어를 키워야 한다. 숲 속의 새싹을 보고 앞으로 얼마나 자랄지 판단할 수 없듯이 우리가 제시하는 아이디어의 가능성 역시 예단하지 말자.

셋째, 정제된 소수보다 날것의 다수가 낫다

나는 아이디어 워크숍을 진행하면서 아이디어를 내는 사람이 두 부류로 나눠진다는 사실을 알았다. 첫 번째는 고민을 많이 해서 소수의 정제된 아이디어를 내는 사람이다. 이들은 묵묵히 자신의 아이디어 개발에 몰두한다. 현실성을 고려한 소수의 아이디어에 집중한다. 이들은 남들 앞에서 자신의 아이디어를 평가 받는 것을 꺼려한다. 현실적으로 구현 가능하고 남들에게 칭찬을 받을 만한 아이디어를 내고 싶어 한다. 두 번째 부류는 깊이 고민하지 않고 아이디어를 끊임없이 내는 사람들이다. 아이디어의 완성도보다는 아이디어의 숫자를 늘리는 것에 집중한다.

시카고 IIT 디자인 대학원 비제이 쿠마 Vijay Kumma 교수는 《혁신 모델의 탄생》101 Design Method 에서 팀 단위의 아이디에이션 효과를 높이기 위해서는 참여자들이 '이 세션에서 나쁜 아이디어는 없으니 떠오르는 모든 생각을 포착하고 무조건 많이 만들어야 한다'는 룰을 받아들여야 한다고 강조했다. 디자인적 사고에 기반한 팀 단위 아이디에이션 활동에서는 아이디어의 수를 최대한 많이 확보하는 것이 중요하다. 아이디에이션의 1차적인 목적은 완성도 높은 아이디어를 만드는 것이 아니라 수많은 아이디어 중에서 남들이 생각하기 힘든 '기발한 아이디어의 영감'을 발견하는 것이기 때문이다. 이런 기발함은 여러 개의 아이디어가 합쳐져서 만들어지기도 하고, 어떤 아이디어에 추가 아이디어를 덧붙이면서 튀어나오기도 한다. 창조적 돌출 현상은 가급적 많은 아이디어를 여러 사람이 함께 다룰 수 있는 환경에서 가능하다. 이것은 혼자 아이디어를 내야 하는 업무 환경에서도 똑같이 적용된다. 가급적 다른 사람들과 자신의 아이디어에 대해 토론하면서 발전시키는 것이 좋다.

충분히 많은 아이디어를 발상한 후에는 다시 아이디어를 합치고 분리하는 아이디어 분류화 과정을 거치면서 소수의 아이디어로 수렴하게 된다. 아이디어의 수렴적 평가 과정은 이번 장의 마지막 부분에 설명하겠다. 아이디어를 발상할 때는 일단 정제된 완성품보다는 날것이라도 숫자를 늘리는 것을 목표로 해야 한다. 제대로 된 아이디어 하나를 날려 과녁에 명중시키겠다는 '원샷원킬'의 부담감을 가질 필요는 없다는 것이다. 오히려 100개의 아이디어를 날리면 하나는 맞겠지라는 생각이 바람직하다. 즉 백발백중이 아니라 백발일중의 마음으로 아이디어를 쏴야 한다.

넷째, 초등학생처럼 그림으로 표현하라

사람은 누구나 그림 그리는 것을 즐거워한다. 적어도 초등학교에 다닐 때까지는 그랬다. 이 시기가 우리 인생에서 가장 창의적이기도 하다. 그런데 언제부턴가 우리는 더 이상 그림을 그리지 않는다. 그림보다는 오히려 빽빽한 글자로 소통하는 것에 익숙하다. 학교와 회사에서 어떻게 하면 논리적일 수 있을까 오랫동안 학습해 왔으니, 어찌 보면 당연한 결과일 것이다. 그러나 창의적인 아이디어를 발상하는 동안에는 논리를 관장하는 좌뇌가 아니라 감성의 영역을 다루는 우뇌를 활성화할 필요가 있다. 그래서 적어도 아이디에이션 과정에서는 그림에 소질이 없더라도 자신의 아이디어를 그림으로 표현해 보자.

그림으로 아이디어를 표현하면 이미지가 시각화되어 우뇌가 자극되기 때문에 훨씬 구체적인 아이디어를 낼 수 있고 추가적인 아이디어도 더 잘 떠오른다. 또 다른 장점은 자신의 아이디어를 가지고 다른 사람들과 보다 수월하게 소통할 수 있다. 즉 동료들이 자신의 아이디어를 직관적으로 이해할 수 있게 도와줄 뿐만 아니라 효과적으로 아이디어에 대한 피드백도 받을 수 있다. 그렇다고 그림을 잘 그려야 한다는 부담을 가질 필요는 전혀 없다.

나는 몇 년 전 그림을 잘 그리고 싶어서 마흔 살이 가까운 나이에 몇 달간 미술학원을 다닌 적이 있다. 간단한 그림이나 도형으로 시각적 사고를 하는 것이 창의성 개발에 효과적이기 때문이다. 그런데 아쉽게도 여전히 그림을 잘 그리지 못한다. 어느 순간부터 그림을 얼마나 잘 그리는지가 중요한 게 아니라 시각적으로 표현하려는 태도가 중요하다는 것을 깨달았다. 내가 주로 활용하는 방법은 아이디어를 그림이나 도형으로 표현하고 싶을 때 곧바로 모바일에서 이미지를 검색한다. 똑같이 그릴 필요 없이 대략적인 윤곽만 스케치하면 되기 때문에 전혀 어렵지 않고 금방 효과를 볼 수 있다. 이제 아이디어를 발상할 때 어린아이와 같은 호기심과 즐거운 마음으로 아이디어를 그림으로 표현해 보자.

° 이노베이터를 위한 최고의 긍정 질문법

우리는 살면서 항상 크고 작은 불편이나 문제를 경험한다. 그런데 이 현상을 바라보는 시각에 따라 그 결과가 크게 달라진다. 친구들과 주말여행을 떠났다고 생각해 보자. 여행지에 도착했는데 웬일인지 재미가 없다. 한 친구가 "이번 여행은 너무 재미없어! 빨리 돌아가고 싶어."라고 말한다. 그런데 긍정적인 성격의 다른 친구는 "어떻게 하면 남은 시간을 즐겁게 보낼 수 있을까?"라고 말하며 무엇을 할지 이런저런 해결책을 궁리한다. 재미없는 여행이라는 같은 상황에 대해 전자는 부정적 마무리를 짓지만, 후자는 긍정적 질문Positive open question을 한다. 그리고 그 질문은 문제 해결을 위한 솔루션을 고민하게 만든다. 집으로 돌아오는 길에 두 사람이 느끼게 될 여행의 경험은 어떤 차이가 있을까?

긍정적 질문하기의 효과는 일상에서뿐만 아니라, 비즈니스 현실에서도 그대로 적용된다. 특히 창의적 해결책을 만들어야 하는 이노베이터에게 있어 긍정적 질문의 중요성은 아무리 강조해도 지나치지 않는다. 2012년 9월 호《하버드 비즈니스 리뷰》에는 '톱 이노베이터들이 활용하는 비밀의 질문법'The Secret Phrase Top Innovators Use by Warren Berger이라는 칼럼이 실렸다. HMW가 그 비밀의 질문법이다. HMW(How might we~? 어떻게 하면 ○○ 니즈를 해결할 수 있을까?)는 민 바사더Min Basadur가 1970년대 초 피앤지P&G에서부터 활용한 창의적 질문법이라고 한다.

당시 마케터들은 경쟁사의 제품을 따라잡기 위해 '어떻게 하면 더 나은 초록색 스트라이프 비누를 만들 수 있을까?'How can we make a better green-stripe bar?를 고민했다고 한다. 그때 바사더가 제안한 질문법인 HMW가 힘을 발휘했다. '어떻게 하면 소비자에게 좀 더 상쾌한 느낌을 주는 비누를 만들 수 있을까?'How might we create a more refreshing soap of our own? 확장적 질문을 통해 몇 시간 만에 수백 개의 가능성 있는 아이디어가 쏟아져 나왔고 성공적인 브랜드를 만들어 낼 수 있었다.

바사더의 HMW 질문법은 경쟁자를 이기기 위한 'can'의 질문이 아니라 소비자를 만족시키고 많은 긍정적 가능성을 열어주는 'might'의 질문이었다. 바사더의 주장에 따르면, 사람들은 주로 다음과 같이 질문한다. "어떻게 OO을 할 수 있을까?"How can we do this? 또는 "어떻게 OO을 해야 하지?"How should we do that? 그런데 can이나 should로 시작되는 질문은 판단의 의도를 내포한다는 것이다. '진짜 할 수 있을까?' 또는 '해야만 할까?'와 같은 생각이 들게 한다. 반면, 그 단어들을 might로 바꾸면 판단을 유보한다. 그리고 사람들에게 보다 자유롭게 옵션과 가능성을 생각하도록 돕는다고 한다. 팀 브라운은 'might'가 아이디어를 내는 사람들에게 맞든 틀리든 보다 자유롭게 아이디어를 쏟아내게 만들며, 'we'는 참여자들이 서로의 아이디어를 함께 발전시키도록 돕는다고 했다. 바사더의 영향으로 HMW는 구글, 페이스북, 아이디오 같은 수많은 혁신 기업에서 활용하는 창의적 질문법이 되었다고 한다.

내가 소속된 HCI 팀에서도 분석과 종합의 과정에서 찾은 사람들의 니즈나 사용자 통찰을 바탕으로 아이디어를 발상할 때 HMW를 활용한

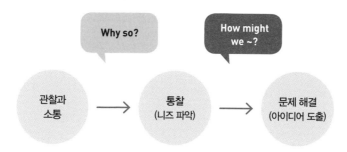

다. 그림에서처럼 관찰이나 인터뷰에서 발견한 많은 팩트를 분석하는 과정에서 'Why so?'를 질문함으로써 사용자의 숨은 니즈를 찾는다. 여기서 찾은 니즈를 해결하는 창의적 아이디어를 이끌어 내기 위해 'How might we~?'를 질문한다.

여기서 중요한 점은 이 질문이 '사용자의 니즈'를 해결하기 위한 것이어야 한다. 아이디어 발상 워크숍을 진행할 때 대부분 분석과 종합의 과정에서 발견한 통찰과 사용자 니즈를 바탕으로 아이디에이션 주제를 선정하게 된다. 앞의 피앤지 사례처럼 공급자의 니즈(경쟁사를 따라잡기 위한 개선된 초록색 스트라이프 비누 개발)를 해결하기 위한 것이 아니라 사용자의 니즈(보다 상쾌하고 청량감이 느껴지는 비누)가 질문에 담겨야 한다. 또한 질문의 범위가 너무 넓지도 너무 좁지도 않게 만들어지도록 주의해야 한다. 예를 들어 해외여행사의 기획자 입장에서 HMW 질문을 만들어 보자. "어떻게 하면 고객들이 즐거운 여행을 하도록 도와줄 수 있을까?" 이 질문은 문제 해결의 범위가 너무 넓어서 효과적인 해결책을 찾기 어렵다. 반면, "어떻게 하면 고객들이 힘들지 않게 호텔 로비에서 룸까지 개인 짐을 옮길 수 있을까?" 이 질문은 여행사에서 해결해야 할 문제가 아닐뿐더러 질문의 범위가 너무 좁아서 자유롭게 아이디어를 확장하기 어렵다. "어떻게 하면 고객들이 시내 투어를 하면서 현지 문화를 더 잘 체험하게 할 수 있을까?" 이 질문은 어떤가? 사람들은 대부분 해외여행을 갈 때 현지에서만 누릴 수 있는 독특한 경험을 기대한다. 질문에 여행자의 니즈가 제대로 담겨 있으며, 시내 투어에서 경험할 수 있는 다양한 아이디어를 떠올릴 수 있게 한다.

어떤 제품이나 서비스 영역이든 사용자의 니즈를 해결하는 솔루션을 만들고, 다양한 아이디어를 발상하기 위해 긍정의 확장적 질문법을 연습해 보자. 생활 곳곳에 숨어 있는 불편을 발견하고 HMW를 적용하는 연습을 한다면 모든 업무에도 쉽게 활용할 수 있을 것이다.

° 창의적 사고를 돕는 아이디어 발상 기법

창의적 아이디어 발상을 위한 방법론은 매우 다양하다. 여러 사람이 한 자리에 모여 주어진 시간 안에 아이디어를 폭풍처럼 쏟아내는 브레인스토밍Brainstorming부터 아이디어 주제의 대상을 강제로 대체Substitute,

결합Combine, 응용Adapt, 변형Modify, 다른 용도로 활용Put to other uses, 제거 Eliminate, 뒤집기Reverse해 보는 스캠퍼SCAMPER 기법 등이 있다. 나는 그동안 여러 프로젝트에서 직접 아이디어를 발상하거나 사용자나 전문가를 대상으로 아이디어 워크숍을 진행해 왔다. 그 과정에서 나름 효과적이라고 생각하는 몇 가지 아이디어 발상 기법을 소개하겠다.

첫째, 이종 산업에서 아이디어의 영감을 구하는 불스아이

내가 아이디어를 낼 때 가장 많이 활용하는 방법 중 하나는 유사 산업이나 이종 산업의 성공 모델에서 아이디어의 영감을 얻는 것이다. 업계에서는 이 방법을 불스아이Bull's Eye라고 부른다. 중심에서부터 유사 산업과 이종 산업으로 그 영역을 원형으로 확장하면서 해당 영역에 존재하는 성공적인 기업이나 비즈니스 모델을 매핑하고 그 속성을 아이디어 주제와 연결하는 것이다.

예를 들어 커피숍의 비즈니스 모델을 혁신하기 위한 아이디어를 낸다고 가정해 보자. 커피숍 비즈니스와 전혀 관련 없는 이종 산업에 해당하는 정수기 렌털 모델을 연결해 보는 것이다. 커피숍은 사람들에게 맛있는 커피와 함께 안락한 공간을 파는 곳이다. 그렇다면 맛있는 커피와 안락한 공간이 반드시 커피숍이어야 할 필요는 없지 않은가? 커피 머신과 원두만 있다면 집에서도 얼마든지 커피가 주는 즐거움을 누릴 수 있을 것이다. 커피숍 운영사는 마치 정수기 렌털 모델처럼 코디를 운영할 수 있지 않을까? 사업적 타당성은 별도로 하고 이런 식으로 전혀 관련 없는 이종 산업에서 아이디어의 영감을 얻을 수 있다.

노르웨이 이노베이션 컨설팅 기업 이네옥스INNEOX의 이노베이션 리더십 프로그램 발표 자료(2013년 3월)에 소개된 이종 산업에서 혁신의 영감을 얻은 유명한 사례를 살펴보자. 1990년대 중반 런던의 그레이트 올몬드 어린이 병원Great Ormond Street Hospital for Children의 운영진은 수술실에서 집중치료실로 환자를 이송하는 과정에서 불합리하게 지체되는 시간을 줄이고 업무 과정에서 생기는 문제를 개선하고자 했다. 어느 날 의사 알란 골드만과 마틴 엘리어트는 휴게실에서 TV를 보다가 놀라운 장면을 목격했다. 바로 F1Formula One 레이스에서 시속 수백 킬로미터로 달리던 자동차들이 정차하자마자 20여 명의 정비 팀원들이 타이어 교체, 연료와 공기 주입과 같은 작업을 단 7초 만에 끝내는 모습을 보고 번뜩이는 영감을 얻은 것이다. 병원 측은 당장 페라리 레이싱 팀 기술자들에게 병원 프로세스 혁신에 관한 자문을 구했다.

페라리 기술자들은 병원 수술 과정을 꼼꼼하게 살펴봤다. 의사들은 환자를 수술한 후 수술대 위의 냉온열 전기담요나 복잡한 생명유지 장치의 각종 선들을 제거하고 산소호흡기를 조작하면서 엘리베이터와 복도를 거쳐 집중치료실로 이동해야 했다. 이 과정에서 30분 이상 소요되었고 의료진들이 우왕좌왕하면서 의사소통에서도 혼선을 겪을 때가 많았다. 페라리 기술자들은 수술실에서 치료실로 이동하는 과정의 프로세스 혁신을 위해 다음과 같이 제안했다.

"모든 의료 장치가 장착된 이동형 수술 침대를 고안하면 어떨까요?

이동을 위해 복잡한 장치를 떼고 다시 연결할 필요가 없다면 시간을 현저히 단축시킬 수 있지 않을까요?" 이 제안과는 별개로 의료진은 각자의 역할을 정하고 단계별로 어떤 일을 처리할지 사전에 규약을 정한 후 훈련했다. 일사분란하게 자신의 업무를 신속하게 처리하는 F1 레이싱 팀처럼 말이다. 의료 서비스에 도입된 F1의 팀워크 아이디어는 이종 산업 간 혁신Cross-industry Innovation의 대표적인 사례다. 이 병원은 해당 프로세스를 개선한 이후 업무 속도뿐만 아니라 의료진의 의사소통에서 일어나는 에러를 절반이나 줄일 수 있었다.

해결하기 힘든 문제가 있다면 동종 업종의 제한된 솔루션에서 벗어나 이종 산업이나 유사 산업의 성공적인 프로세스나 비즈니스 모델을 찾아보자. 그것의 성공 요인이나 속성을 나의 문제와 강제로 연결해 보자. 전혀 뜻밖의 창의적인 해결책을 발견할 수도 있을 것이다.

둘째, 무작위 사물의 속성을 강제로 결합하는 랜덤링크

또 다른 아이디어 발상 방법은 무작위 결합법인 랜덤링크Random Links이다. 이는 크리스 바레즈 브라운이 《아이디어 놀면서 낚아 올려라》How to have kick-ass ideas에서 자세히 소개했다. 해결해야 할 아이디어 영역과 전혀 관련이 없는 무작위 사물을 선택한 후, 그것의 속성을 뽑아내고 각각의 속성을 나의 문제 해결에 강제로 연결해 보는 방법이다.

예를 들어 미래 TV 사용자의 시청 방법을 혁신하는 방안에 대해 아이디어를 낸다고 가정해 보자. 잡지에서 무작위로 사물 하나를 정한다.

마침 멜론 사진이 있으니 이것의 속성을 분리해 보자. '속이 초록색이다, 양이 많아 반쪽씩 나눠 먹는다, 그물 모양의 줄무늬가 있다, 속에 씨가 있다.' 이제 각각의 속성을 아이디어 주제와 연결해 보자. 'TV 브라운관의 배경 화면을 초록색으로 만든다'와 같이 다소 황당한 아이디어를 떠올려도 좋다. 'TV 화면을 반반으로 쪼개서 서로 다른 프로그램을 한꺼번에 보여주자'와 같은 아이디어를 낼 수도 있다. 미래에는 하나의 TV 화면을 가족끼리 싸우지 않고 사이좋게 나눠서 볼 수 있지 않을까? 언젠가 모바일 TV의 세로보기 화면이 대세가 되면 안방 TV에서도 세로보기 화면을 두 개 띄워 놓고 한꺼번에 멀티 시청을 하는 날이 오지 않을까? 보고 싶은 콘텐츠의 양이 급속도로 팽창하는 데 반해 시간은 제한되어 있으니 어떤 카테고리의 콘텐츠는 이런 식으로 소비하는 방법도 전혀 말이 안 되는 것은 아닐 것이다.

이런 식으로 다소 황당하더라도 가급적 많은 아이디어를 내는 것이 중요하다. 아이디어 발상의 1차적 목적은 좋은 아이디어를 내는 것이 아니라 평소 생각하지 못했던 혁신적인 아이디어의 영감을 얻는 것이기 때문이다.

아이디어가 막힐 때는 주변의 특정한 사물을 무작위로 선택하여 속성을 뽑아 보자. 내 경우에는 잡지를 자주 활용한다. 제품 사진이 많이 있는 잡지를 꺼내 적당한 이미지가 들어 있는 페이지를 아예 찢어서 속성을 분리한다. 아이디어 워크숍의 진행자라면 미리 무작위의 사물을 가방에 담아 두고 조별로 이 방법을 활용할 수 있다. 야구공, 콜라병, 맥주캔, 화장품, 볼펜 등의 사물을 키트에 넣고 몇 개를 선택해서 아이디어 발상에 활용하면 효과적이다.

셋째, 기능을 분리하여 처음부터 다시 그리는 언번들링

해당 아이디어의 기능적 속성을 하나씩 분리한 후 본질적이고 핵심적인 기능을 찾아보는 언번들링Unbundling도 매우 유용한 발상 방법이다. 본질적인 기능을 제외한 나머지 부가적인 기능이나 서비스를 제거한 후 처음부터 다시 그려 보는 리번들링Rebundling 과정에서 전혀 새로운 형태의 아이디어가 도출될 수 있다. 얀 칩체이스가 《관찰의 힘》에서 소개했듯이 주유소를 예로 들면 쉽게 이해가 된다. 베트남의 어느 변두리 지역에서 발견한 아주 단순한 형태의 주유소는 벽돌 위에 놓인 3~4리터짜리 석유병과 호스를 들고 있는 어린아이의 모습이었다. 우리가 일반적으로 생각하는 주유소는 비바람을 피할 수 있는 건물, 리터당 가격이 적힌 간판, 여러 대의 주유기, 편의점, 정비센터, 세차장 등 다양한 부가적인 서비스가 합쳐진 형태이다.

주유소의 부가적인 기능이나 서비스를 분리하면 주유소의 본질적인 기능은 '자동차에 에너지를 공급'하는 것이다. 에너지는 휘발유 대신 전기가 될 수도 있다. 사용자 입장에서는 본질적인 기능만 해결되면 나머지는 어떤 것이 제공되더라도 큰 상관이 없다. 편의점, 세차장과 같은 부가적 기능을 대체하는 새로운 형태의 서비스를 떠올릴 수 있는 것이다. 이런 식으로 마트, 영화관, 레스토랑 같은 비즈니스 영역뿐만 아니라 버스, 민원 서비스, 지역 축제 등 공공서비스 영역까지 언번들링과 리번들링 방법을 활용할 수 있다. 앞서 통찰의 장에서 말한 대로 커피숍의 비즈니스 모델도 '편안한 제3의 공간'을 제공한다는 기본적인 속성만 남기면 얼마든지 새롭게 리번들링할 수 있다. 커피나 음료를 판매하는 기존의 모델에서 벗어나 다양한 유무형의 서비스를 판매하는 공간으로도 디자인해 볼 수 있다.

칩체이스가 말한 것처럼 그 대상이 무엇이든 우리는 현재의 서비스나 비즈니스 모델에 고착화되어 있다. 그리고 익숙함과 당연함 속에서 더 이상 질문하지 않는다. 그러나 새로움을 통찰하는 공감 디자이너라면 제품이나 서비스의 창조적 변화를 위한 질문을 주저하지 말아야 한다. 다만 이때는 대상의 본질을 추출하고 그것에서부터 가치 생산의 방식을 다시 그려 보려는 노력이 필요하다.

넷째, 방사 사고로 생각을 확장하고 연결하는 마인드맵

《마인드맵 북》The Mind Map Book의 저자 토니 부잔Tony Buzan은 역사적으로 유명한 천재들의 노트 필기법을 분석한 결과, 방사 사고가 인간의 창의적 뇌 활동을 활성화하는 데 매우 효과적이라는 사실을 발견했다. 수억 개나 되는 인간의 뇌세포는 서로 방사형으로 연결되어 있다. 팩트를 정리하거나 새로운 것을 학습하는 과정에서 방사형 사고 기법인 마인드맵을 활용하면 일반적인 노트법에 비해 훨씬 월등한 효과를 얻을 수 있다.

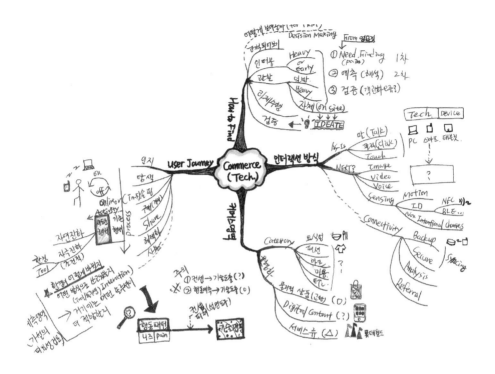

　　마인드맵의 주요 특징은 방사형 사고, 이미지 활용, 구조화이다. 마인드맵 기법은 노트 필기처럼 외부로부터의 자극을 받아들일 때뿐만 아니라 새로운 아이디어를 발상할 때도 유용하다. 중심 이미지를 기준으로 키워드나 이미지 형태의 아이디어를 제한 없이 확장해 나갈 수 있다. 이 방식이 효과적인 이유는 이미지와 키워드 간의 조합을 통해 새로운 아이디어의 발상을 기대할 수 있기 때문이다. 실제로 나는 인터뷰 내용

　　　　　　　　　PART 2 · 새로움을 통찰하는 여섯 가지 생각 도구

을 노트하거나 아이디어를 낼 때 마인드맵을 자주 활용한다.

마인드맵은 누군가와 함께 공동으로 작업할 때도 그 효과를 제대로 볼 수 있다. 큰 칠판에 아이디어 대상을 중심에 적은 후 4~5개의 주가지를 만든다. 그리고 주가지별로 세부가지를 뻗어나가다 보면 혼자서 선형적으로 아이디어를 떠올리는 것보다 훨씬 다양하고 독특한 아이디어를 발상할 수 있다. 처음부터 마인드맵을 자유롭게 활용하기란 쉽지 않은데, 전문 기관에서 마인드맵을 학습해 보는 일도 좋다. 또한 평소에 노트 필기나 아이디어를 낼 때 꾸준히 활용해 볼 것을 권한다.

°아이디어는 사용자 가치와 차별성이 관건이다

아이디어 발상을 위한 참여자의 마음가짐과 몇 가지 아이디어 발상 방법에 대해 살펴보았다. 개인 또는 팀 단위로 아이디어를 발상하면 우리에게는 수많은 아이디어가 생긴다. 앞서 언급했듯이 아이디어를 발상할 때는 실현 가능성의 제한 없이 가급적 많은 수의 아이디어를 얻는 것을 목표로 한다. 그렇다고 모든 아이디어를 개발할 수는 없다. 아이디어의 확산 후에는 후보 아이디어를 수렴하는 과정이 필요하다. 여기서 필요한 것은 아이디어를 조합하고 가능성이 높은 아이디어를 여러 사람이 함께 선택하는 절차다.

첫째, 유사 아이디어를 결합하고 보완하라

도출된 아이디어가 많은 경우 먼저 유사한 아이디어끼리 묶을 필요가 있다. 팀 단위로 아이디어 워크숍을 진행하면 수십 개에서 많게는 수백 개의 아이디어가 발굴된다. 이때 필요한 것이 씨앗 아이디어 Seed Idea다. 씨앗 아이디어를 중심으로 비슷한 아이디어 시트끼리 붙인다. 특히 팀 단위로 아이디어 발상 과정을 거치면 비슷한 아이디어가 꽤 많이 나올 수밖에 없다. 이렇게 정리한 아이디어 묶음에 대표 의미나 키워드를 적는다. 아이디어 클러스터링 과정을 거치고 나면 아이디어의 수는 크게 줄어든다. 이 과정에서 아이디어를 묶는 것도 필요하지만, 아이디어를 결합하는 과정에서 더 나은 아이디어로 수정, 보완해야 한다. 특히 동료들과 함께 차별적인 기능이나 서비스로 발전시키는 토론의 과정이 매우 중요하다.

둘째, 아이디어를 평가하고 후보 아이디어를 선택하라

아이디어를 발상하는 단계에서는 절대 설익은 아이디어는 평가하지 않는다. 하지만 단순한 아이디어를 실현 가능성까지 고려한 비즈니스 콘셉트로 발전시키기 위해서는 소수의 후보 아이디어를 선택할 필요가 있다. 많은 아이디어를 모두 콘셉트로 개발하면 좋겠지만, 시간과 비용의 효율 측면에서 후보 아이디어를 수렴적으로 평가해야 한다. 주로 클러스터링된 아이디어를 대상으로 투표를 통해 두세 개의 아이디어군을 선택하는 것이 일반적이다. 한두 사람이 판단하기보다 가급적 많은 사람이 아이디어 평가에 참여하는 것이 중요하다.

그렇다면 아이디어의 평가 기준은 무엇일까? 사업적, 기술적 구현 가능성까지 고려해야 하는 콘셉트 평가와 달리 아이디어 발굴 단계에서는 철저히 '사용자 니즈와 차별성'을 평가의 척도로 삼아야 한다. 해당 아이디어에 대해 사용자의 욕구가 얼마가 강하게 작용할지에 대해 생각해 본다. 그리고 다른 경쟁 제품이나 서비스와 비교해서 얼마나 차별적인 기능을 제공하는지도 중요하다. 아무리 사용자의 니즈를 충족시키더라도 시장에 많은 대체 상품이 존재한다면 비즈니스적인 가치가 낮을 수밖에 없기 때문이다. '아하, 이런 방식으로도 문제를 해결할 수 있구나!'라고 많은 사람이 느끼는 독창적인 아이디어를 발굴한다면 가장 큰 수확일 것이다. 이렇게 아이디어의 수정, 보완 및 평가를 거치면 프로젝트에 따라 다르지만, 최소 두세 개의 콘셉트 후보가 도출된다. 그리고 보다 정교한 콘셉트 개발 과정으로 넘어가게 된다.

°역발상으로 상식을 뒤집어라

창의성은 같은 대상을 보고도 남들과 전혀 다른 생각의 길을 선택할 때 비로소 경험하게 된다. 비즈니스 현실에서 새로움을 통찰하는 가장 빠르고 확실한 길도 보통 사람들과 정반대로 상상하는 것이다. 흔히 말하는 역발상의 접근법은 시장의 수많은 제품과 서비스의 홍수 속에서 눈에 띄는 해결책을 선물한다. 그러나 현실에서 남들과 전혀 다르게 생각하기란 쉽지 않다. 우리는 수십 년 동안 남들처럼 사고하는 법을 배워왔기 때문이다.

얼마 전 커피 찌꺼기로 버섯을 재배한다는 꼬마농부 이현수 대표의 강의를 들은 적이 있다. 커피 찌꺼기로 재배한 버섯 이야기가 매우 신선하게 다가왔다. 국내에 수입된 커피 원료는 99.8퍼센트가 버려지고, 단지 0.2퍼센트만이 커피로 사용된다고 한다. 그리고 1년에 7만 톤의 커피 찌꺼기가 쏟아져 나온다는 것이다. 해외에 사례가 있긴 했지만, 국내에서는 아무도 커피 찌꺼기로 버섯을 재배하는 시도를 하지 않았다. 만나는 전문가마다 커피만으로 버섯을 키우는 것은 기술적으로나 사업적으로 불가능하다며 말렸다고 한다. 그는 "학계나 업계에서 외면한 커피 찌꺼기만 연구하는 인디 과학자이자 커피 찌꺼기로 농사를 짓는 도시농부라고 자칭하고 다녔죠."라며 힘들었던 과거를 떠올렸다. 끈질기게 시도한 끝에 실험은 성공했다.

이현수 대표의 멋진 도전에서 나의 주목을 끈 것은 그의 비즈니스 모델이었다. 사람들은 커피 찌꺼기로 버섯을 만든 그가 당연히 버섯을 팔아 수익을 남길 거라고 생각했다. 하지만 이 대표는 버섯을 통해 즐겁게 경험한 스토리와 가치를 콘텐츠로 만들어 팔고 있었다. '지구를 구하는 버섯 친구'라는 가정용 버섯 재배 키트를 파는 것이었다. 그는 이 키트를 살아 있는 책으로 표현했다. 글자나 그림으로 배우는 지식이 아니라 직접적인 경험을 통해 살아 있는 생태계를 배울 수 있을 거라는 생각에서였다. 이 대표는 누구나 보는 커피에서 아무나 보지 못하는 것을 찾았다. 그리고 아무나 생각할 수 있는 버섯 판매가 아니라 버섯을 활용한 콘텐츠 사업을 생각해 낸 것이다.

일본 아오모리 현의 합격사과 역시 역발상 아이디어의 대표적인 사례다. 태풍이 휩쓸고 간 1991년 가을 아오모리 현 농부들은 큰 충격에 빠졌다. 수확을 앞둔 상황에서 90퍼센트가 넘는 사과가 태풍으로 땅에 떨어진 것이다. 모두가 낙심하는 상황에서 한 농부가 10퍼센트의 사과에 주목했다. 보통 사람들이 생각하는 것과 정반대의 아이디어를 냈다. 마침 입시철이 다가오고 있었는데 태풍에 살아남은 사과에 '합격'이라는 도장을 찍어서 판매한 것이다. 그 결과 아오모리 사과는 날개 돋친 듯 팔려 나갔다. 보통 사과보다 열 배나 비싸게 팔았는데도 말이다. 한 농부의 역발상 사고로 인해 그해 아오모리 현 농가는 전년 대비 30퍼센트나 많은 수익을 올렸다. 합격 사과의 스토리는 지금까지도 입시철만 되면 사람들의 지갑을 열게 만든다.

나는 매년 1월이면 가족과 함께 강원도 화천의 산천어 축제를 찾는다. 한 해 150만 명이 다녀가고 CNN이 선정한 세계 7대 불가사의 겨울 축제 도시에 선정될 만큼 성공했지만, 이 축제 역시 자연이 주는 열악한 환경을 역발상과 투지로 극복한 사례다. 북한과 맞닿아 있는 화천은 인구 2만 5,000명의 작은 군사 도시다. 사람이 사는 땅은 전체의 3퍼센트도 채 되지 않을 정도로 열악한 자연환경을 가지고 있다. 한겨울이 되면 30센티미터가 넘는 얼음이 강과 하천을 뒤덮는다. 그런데 지자체와 주민들은 아이러니하게도 열악한 환경을 최고의 기회로 만들었다. 2003년 화천군은 '청정자연을 팔아서 도시를 살리자'는 기치를 내걸고 꽁꽁 얼어붙은 하천과 산천어 낚시를 연결해 도시 사람들의 동심을 자극했다. 매년 축제장은 인산인해를 이룰 정도로 성공적이었다. 그리고 입장료를 내면 지역 화폐로 교환해 줘서 농부들이 재배한 농산물을 구입할 수도 있다. 이러한 시스템 개발로 실질적인 지역경제 활성화를 유도하고 있었다. 나는 이곳에 갈 때마다 열악함과 결핍 속에서 성공을 일궈낸 지역 사람들의 도전정신과 성취에 많은 자극을 받곤 한다.

자네, 이동통신에 물 사업이 웬 말인가

2007년 봄, 회사에서 신규 사업 아이디어 공모전을 게시했다. 아이디어는 정보통신기술 분야뿐만 아니라 전혀 새로운 영역까지 포함하고 있었다. 포상금도 많았고 인사상의 혜택도 컸기 때문에 나는 욕심이 났다. 그날부터 온통 머릿속에 새로운 비즈니스 아이디어만 생각했다. 이동통신 기술을 활용한 지인 기반 SNS, RFID를 적용한 신규 사업 아이디어 등에 몰입해 있던 어느 날 아내가 흥미로운 이야기를 들려주었다. 모 백화점에 갔다가 5,000원이 넘는 생수 제품을 봤다는 것이었다. 나는 태어나서 그렇게 비싼 물을 본 적이 없었기 때문에 믿어지지 않았다. 그런데 주말에 아내와 함께 쇼핑을 갔다가 고가의 프리미엄 생수가 진열된 판매 공간을 발견했다. 놀랍게도 짧은 시간에 꽤 여러 명이 비싼 생수를 사는 것을 관찰했다. 나는 곧바로 백화점 직원에게 궁금한 것을 물어보았다. 수험생을 둔 학부모와 20대 젊은 여성들이 많이 구매한다고 했다.

나는 그날부터 물에 대해 공부하기 시작했다. 그 와중에 나는 해양심층수가 물 시장에서 기회가 될 것이라는 사실을 알게 되었다. 당시엔 법제화되지 않은 해양심층수 개발과 응용 분야에 투자하자는 내용과 함께 워터 카페라는 새로운 개념의 카페 사업 아이디어를 공모전에 제안했다. '4,000원이 넘는 커피를 마시고, 값비싼 와인을 마시는 소비 시장은 근래에 생겨난 것이다. 언젠가 물맛 역시 음미하면서 마시는 날이 오지 않을까?'라는 생각을 했다. 물에 대해 연구하는 나를 보고 대부분 신기해하면서도 부정적이었다. 그러나 내 생각은 달랐다. 공모전에 올라온 4,000여 건의 아이디어가 거의 대부분 통신 기술을 활용한 가입자 확보나 매출 증대와 관련된 내용이라는 사실을 알고 난 후 나는 다른 아이디어를 버리고 물 사업에만 집중했다. 비록 떨어지더라도 우리 회사에서 물에 관해서는 내가 최고의 전문가가 되겠다는 생각을 했다.

주변의 예상과 달리 1, 2차 심사 과정을 어렵게 통과한 나는 다른 동료 한 명과 2개월간 사업 아이디어를 집중 개발할 수 있는 기회를 얻었다. 그리고 최종적으로 네 건의 사업화 아이디어를 선발하기 위한 실무 전문가와 임원들이 참여하는 경쟁 프레젠테이션을 두 차례나 가졌다. 유일하게 비통신 영역에 해당하는 물 사업 아이디어에 대해 어떤 임원은 "자네, 이동통신 회사가 물 사업을 한다는 게 말이 된다고 생각하나?"라며 핀잔을 주기도 했다. 이런 부정적인 시각을 극복하기 위해 더 열심히 보고서를 준비했다. 그리고 프레젠테이션이 있는 날이면 백화점에서 사온 값비싼 프리미엄 생수를 하나씩 돌렸다. 7,000~8,000원씩 하는 생수를 마셔 본 적이 없는 평가자들은 모두 놀라는 눈치였다. 결국 네 건의 최종 후보에 선정되어 CEO와 고위 경영층이 참여하는 평가에서 최종적으로 우수상을 받았다. 실제 사업화를 위한 경영층의 승인까지 받았을 뿐만 아니라 파격적인 포상을 받는 영광을 누렸다. 몇 가지 이유로 그 사업 아이디어는 다른 계열사에서 추진하게 되었다.

한 동료가 나에게 4,000건이 넘는 아이디어 중에서 우수상을 받게 된 비결을 물었다. 나는 "대부분이 선택한 정보통신기술 분야를 버리고 전혀 생소한 분야를 선택한 역발상 때문인 것 같아요. 게다가 워터 카페도 완전히 엉뚱하잖아요."라고 말했다. 최근의 경영 현실을 보면 기존의 생각의 틀을 완전히 뒤집는 역발상 사고의 중요성이 나날이 커지고 있다. 남들을 따라만 해서는 장기적으로 생존을 담보하기 어려운 현실에 직면한 것이다. 소비자의 꾸준한 선택을 받기 위해서는 적어도 한 분야에서만큼은 선도자가 되어야 한다. 개인이든 기업이든 마찬가지다. 체험 마케팅의 권위자 번트 슈미트Bernd Schmitt는 《조선일보》의 주말 섹션인 위클리비즈와의 인터뷰에서 기존의 통념과 관행에 해당하는 성우聖牛, Sacred Cow를 죽여야만 큰 생각이 싹트고 판을 뒤집는 트로이 목마가 탄생할 수 있다고 했다.

오늘날의 소비자들은 너무나 많은 상품의 홍수 속에서 선택에 대한 피로감을 느끼면서 살고 있다. 한 번 선택한 상품을 다른 것으로 대체하기를 꺼려한다. 소비자의 선택을 받기 위해서는 기존의 것과 전혀 다른 차별성을 찾아야만 한다. 물론 역발상의 무모한 도전이 성공하기 위해서는 단순히 호기심을 자극하는 것으로는 부족하다. 분명한 사용자 가치를 담고 있어야 하며, 매출이든 기업 이미지든 비즈니스적인 결과를 만들어 낼 수 있어야 의미가 있다. 즉 무모함을 현실적 결과로 만드는 투지와 실행력이 있어야 가능한 일이다.

아이디어 발상
진행 가이드

❶ 그룹 워크숍 진행하기 Group Ideation
- 한 명의 별도 진행자와 그룹당 4~5명의 팀원으로 진행한다.
- 한 주제에 대해 5분간 각자 작성하고 돌아가면서 아이디어를 공유한다. 다른 사람의 아이디어에 추가 아이디어를 덧붙인다(주제당 15~20분 진행).
- 아이디어의 질보다는 개수를 많이 확보하는 것이 중요하다.

❷ 유사 아이디어 묶기 Idea Clustering
- 도출된 아이디어를 비슷한 기능이나 속성을 기준으로 묶는다.
- 아이디어 묶음의 성격에 맞는 제목이나 키워드를 적는다.
- 각각의 묶음 중 씨앗 아이디어를 중심으로 참여자들이 토론하여 아이디어를 수정, 보완한다.

❸ 아이디어 평가하기 Idea Voting
- 수정, 보완된 아이디어(묶음)에 대해 참여자들이 평가 투표를 진행한다.
- 각자 3~5개의 다트를 나눠 갖고 가능성 높은 아이디어에 투표한다.
- 최종적으로 2~3개의 아이디어를 콘셉트 개발 후보로 선정한다.

* 아이디어를 평가할 때 사용자 니즈와 차별성을 기준으로 삼는다.

콘셉트 CONCEPT

상품을 하나로 꿰뚫어 사용자와 연결하라

공감 디자인의 마지막 단계는 사용자 통찰에 기반한 콘셉트를 개발하는 것이다. 창의적인 아이디어에 대해 비즈니스나 기술적인 현실성까지 고려한 콘셉트 개발은 눈에 보이는 최종 결과물을 만들어 내는 수렴의 과정이다. '비즈니스는 콘셉트 싸움이다'라는 말이 있을 정도로 신상품 개발에서 콘셉트는 무엇보다 중요하다. 통상적으로 콘셉트는 제품이나 서비스, 공연, 예술 작품 등에서 밖으로 드러내고자 하는 기획자의 구체적인 의도를 말한다. 콘셉트는 사람들이 제품이나 서비스의 특성을 쉽게 이해하고, 돈을 지불하면서까지 사고 싶게 만드는 구매의 이유,

즉 소구 포인트다. 기획자나 디자이너의 입장에서는 아이디어를 구체적인 상품으로 구현할 수 있도록 돕는 실질적인 가이드라인이 된다. 또한 콘셉트는 제품이나 서비스에 대해 대내외적인 커뮤니케이션 수단으로도 작용한다.

이번 장에서는 비즈니스 콘셉트의 중요성과 함께 콘셉트가 갖춰야 할 다섯 가지 속성을 정의하였다. 그리고 실질적으로 비즈니스 콘셉트를 설정할 때 유용하게 활용할 수 있는 콘셉트 보드와 프로토타이핑Prototyping의 유형을 정리하였다. 디자인 씽킹의 가장 큰 특징 중 하나인 프로토타이핑은 빠르고 효과적인 방법으로 콘셉트를 테스트하고 수정, 보완한다는 측면에서 상품 기획에 큰 도움이 될 것이다. 마지막으로 콘셉트를 실행하면서 겪게 되는 기획자나 디자이너의 현실적인 난관, 즉 콘셉트와 실행의 갭을 어떻게 돌파할 것인가에 대한 고민을 담았다. 공감 디자인의 관점에서 콘셉트는 사용자 통찰에 기반을 두어야 하며, 그것을 이용하게 될 미래의 고객에게 명확한 가치를 제공해야만 한다. 그리고 기획자나 의사 결정자들이 고객들과 공감하고자 하는 노력은 콘셉트를 끝까지 밀고 나갈 수 있는 강력한 원동력이 될 것이다.

° 콘셉트 공감의 법칙

옛 속담에 '구슬이 서 말이라도 꿰어야 보배'라는 말이 있다. 아무리 예뿐 진주 구슬도 낱개일 때보다 실로 꿰었을 때 그 가치를 인정받을 수 있다는 의미다.《끌리는 컨셉의 법칙》의 저자 김근배 교수는 마치 구슬처럼 무질서하게 흩어져 있는 것은 아무런 가치가 없고 그것이 흩어지지 않게 꿰어 보배로 만드는 것이 콘셉트의 힘이라고 했다. 콘셉트는 흩어져 있는 여러 개의 아이디어나 기능을 누가 보더라도 명확한 하나의 이미지로 엮은 것이다. 우리가 흔히 사용하는 콘셉트Concept의 어원은 라틴어 'Conceptus'로 Con(함께)과 Cept(취하다)가 합쳐진 단어다. 즉 '함께 취하여 하나의 핵심으로 엮은 것'이라는 의미를 내포하고 있다. 마치 구슬을 실로 꿰어 엮듯이 말이다. 비즈니스 활동에서 콘셉트는 상품의 전략과 마케팅, 디자인, 세부 실행 계획, 세일즈, 고객 커뮤니케이션에 이르는 전 과정에서 중심을 잡아 주는 구심점이자 서로를 강하게 연결하는 꿰미 역할을 한다.

비즈니스에서 콘셉트는 아이디어나 브랜드, 비즈니스 모델 등과 혼용돼 사용하기도 하는데 명확히 구분할 필요가 있다. 먼저 아이디어는 어떤 주제와 관련해 특정 행위와 결과물을 예측할 수 있는 적극적인 생각이나 의도라 할 수 있다. 반면 콘셉트는 이해관계자의 제공 가치, 구체적인 기능, 사용 시나리오, 기술적·사업적 타당성 등이 충분히 검토된 상태에서의 개념이라는 점에서 아이디어와 구분된다. 브랜드는 제품 및 서비스를 식별하는 데 사용되는 명칭, 기호, 디자인 등의 총칭이다.(출처:《두산백과》) 김근배 교수는 제품과 상표가 합쳐진 것을 브랜드라고 하듯이 제품과 상표 콘셉트가 합쳐진 것을 브랜드 콘셉트라고 했다. 또한 상품의 콘셉트를 개발하고 이를 형상화하는 작업을 브랜딩 또는 상표 개발이라 했다.

비즈니스 모델은 어떤 제품이나 서비스를 누구에게 어떤 방식으로 전달할 것인지 그리고 어떤 마케팅 방법으로 수익을 창출할 것인지를 담은 계획을 말한다. 비즈니스 모델은 아마존의 '원클릭 서비스'같이 인터넷 기업들이 사업 아이디어를 특허로 출원하면서 널리 퍼진 용어다. 세계적인 면도용품 회사인 질레트는 타 기업이 면도기에 집중할 때 면도날을 갈아 끼울 수 있는 면도기를 만들어 차별적이고 지속 가능한 수익원을 창출했다. 모바일 차량 예약 서비스를 제공하는 우버Uber는 기존의 콜택시 시장의 밸류 체인, 즉 차량 관리, 콜 시스템 운영, 고객 서비스 등의 중간 과정 없이 곧바로 고객과 택시 기사를 언제 어디서나 모바일로 연결하는 위치 기반의 플랫폼 서비스다. 흔히 말하는 와해성 Destructive 비즈니스 모델의 대표적인 사례로 이미 우버는 세계적인 글로벌 기업으로 급성장했다. 2014년 18조의 기업 가치가 불과 1년 만에 59조로 폭등했을 정도다.

오랜 기간 당연하게 받아들여지던 전통적인 비즈니스 모델들은 정보통신기술의 발전으로 이제 새로운 도전을 받고 있다. 이처럼 새로운 비즈니스 모델의 출현은 기업에게는 일상이 되었다. 비즈니스 모델을 체계적으로 설명한 알렉산더 오스터왈더와 예스 피그누어의 저서《비즈니스 모델의 탄생》Business Model Generation에서 소개한 9빌딩 블록이 대표적이다. 핵심 자원, 가치 제안, 채널, 고객 세그먼트, 수익원 등 비즈니스 모델을 구성하는 아홉 개의 핵심 요소를 담고 있다.

　나는 디자인 씽킹과 관련한 업무를 수행하면서 콘셉트의 기획과 전달 과정에서 가장 핵심적인 요소가 '사용자 공감'이라는 점을 깨닫게 되었다. 콘셉트가 사용자에게 전달되는 과정은 크게 세 가지 영역으로 구분된다.

　먼저 콘셉트를 만드는 과정이다. 이 과정에서 '사용자 이해'를 위한 공감의 중요성은 앞에서 여러 번 강조하였다. 두 번째는 이해관계자 또는 내부 고객과의 '설득'의 공감 과정이다. 상품 콘셉트가 실제 제품이나 서비스로 시장에 구현되기까지는 수많은 사내외 이해관계자와 커뮤니케이션을 해야 한다. 이 과정에서 자칫 사용자가 원하는 제품이나 서비스가 아니라 기존의 비즈니스 모델을 유지하기 위해 크고 작은 콘셉트의 변형이 일어날 수 있다. 사용자 공감은 관계 부서 사람들은 물론 기업 내 최종 의사 결정자를 설득하는 과정에서 기획자나 디자이너가 콘셉트의 가치를 지켜 낼 수 있는 강력한 무기가 된다. 세 번째는 상품이 실제로 소비자에게 전달되는 '구매'를 위한 공감이다. 이때 중요한 것은 콘셉트가 담고 있는 소비자 가치를 어떻게 하면 제대로 전달할 것인가이다. 즉 무엇What을 전달할지 만큼이나 어떻게How 전달하느냐도 매우 중요하다. 이렇게 공감의 철학과 방법론은 상품을 만들어 내는 인풋Input의 과정과 그것을 고객에게 전달하는 아웃풋Output의 과정에서도 가장 중요한 요소다.

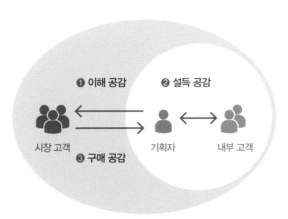

| 공감의 세 가지 유형 |

❶ 이해 공감　　❷ 설득 공감

시장 고객　　❸ 구매 공감　　기획자　　내부 고객

˚좋은 콘셉트의 다섯 가지 속성

이제 비즈니스 콘셉트가 갖춰야 하는 중요한 속성에 대해 살펴보자. 나는 주로 서비스 분야에서 종사했기 때문에 여기서 제시하는 다섯 가지 콘셉트의 속성은 서비스나 플랫폼적 특성이 반영되어 있다. 그러나 제품이나 브랜드 콘셉트를 개발하는 데도 충분히 고려할 만한 속성이라 할 수 있다.

첫째, 다른 것과 구분되는 독창성

비즈니스 콘셉트는 기존의 제품이나 서비스와 확실하게 구분되는 독창적인Unique 요소를 지녀야 한다. 다른 경쟁자가 이미 제공하는 핵심 기능이나 서비스를 그대로 따라 한다면 창의적인 콘셉트라기보다는 단순한 미투Me too 제품에 지나지 않는다.

하루에도 수백 개의 신상품이 쏟아져 나오는 현실에서 자신만의 독창적인 차별화 요소를 담지 못한다면 상품은 소리 없이 시장에서 사라지고 만다. 진부함은 사람들의 머릿속에 각인되지 못하고 쉽게 잊혀지기 때문이다. 앞서 소개한 소음을 파는 앱 '코피티비티'나 미국의 10대들에게 큰 인기를 얻은 휘발성 메신저 '스냅챗' 등과 같이 상식을 깨는 독창성을 가지면서도 소비자들의 숨은 욕구를 충족시킬 때 시장에서 가치를 인정받을 수 있다.

그렇다고 콘셉트가 세상에 없는 유일한 것일 필요는 없다. 실제로 현업에서 콘셉트를 디자인하면서 늘 유사한 서비스를 만나곤 한다. 차별성을 위해 경쟁 분석이나 선행 상품을 조사하더라도 사람들의 생각이 그물망처럼 연결된 사회에서 비슷한 제품이나 서비스는 존재할 수밖에 없다. 어차피 비즈니스에서 콘셉트의 독창성은 우리 삶의 보편성 위에서 존재해야 한다. 그러면서도 다른 것과 구분되는 단 하나의 명확한 차이점을 찾아낸다면 사람들의 머릿속에 각인될 수 있다. 그리고 어제의 독창성이 오늘의 진부함으로 바뀌는 역동적인 시장 환경에서는 얼마나 빠르게 실행하는가가 관건이다.

둘째, 누구나 쉽게 이해하도록 전달력을 높이는 구체성

콘셉트는 명확한 정의와 함께 구체적인 기능이나 세부적인 구조를 보여주어야 한다. 누구나 쉽게 콘셉트의 의도를 이해할 수 있고, 그 콘셉트의 가치가 사용자의 손에 전달되는 구체적인 과정이 그려져야 한다는 의미다. 그렇다고 지나치게 세부적인 행동 계획까지 세워야 한다는 것은 아니다. 구체적인 실행 계획을 수립하는 것은 콘셉트가 받아들여진 이후 별도의 기획 과정이기 때문이다.

콘셉트를 구체적으로 설정해야 하는 이유는 무엇일까? 콘셉트가 구체적이지 않으면 스스로 무엇을 계획하고 어떻게 실천해야 할지 모호해지기 쉽다. 또한 의사 결정자나 이해관계자들이 무엇을 판단해야 할지 명확하지 않을 수 있다. 반면 콘셉트가 구체적일수록 이해관계자들이 무엇을 어떻게 처리해야 할지 머릿속으로 쉽게 그릴 수 있다. 즉 콘셉트의 전달력이 높아지는 것이다.

제품 콘셉트의 경우 세부적인 이미지와 구체적인 기능을 명시해야 한다. 서비스 콘셉트의 경우에도 전체적인 서비스 구조와 기능이 보여야 한다. 서비스 구조도나 사용자 시나리오가 구체화되면 기획자나 디자이너의 기획 의도가 명확히 전달될 수 있을 뿐만 아니라 개선 사항에 대한 피드백도 쉽게 받을 수 있다.

셋째, 불필요한 군더더기가 없는 단순성

"단순함은 궁극의 정교함이다."라고 레오나르도 다빈치가 말한 것처럼 콘셉트는 무조건 단순한 것이 좋다. 그러나 단순한 콘셉트가 생각처럼 쉽지 않은 것이 현실이다. 많은 상품이 핵심을 파악하기 힘들 만큼 많은 것을 담고 있다. 이처럼 모호한 제품이나 서비스는 결국 시장에서 자연스럽게 사라지고 만다. 콘셉트는 많은 아이디어를 결합하고 해체하는 과정에서 탄생하기 때문에 의도적으로 노력하지 않으면 복잡한 모습을 띨 수밖에 없다. 기획 과정에서 직면하는 문제 중 하나는 단순함에 대한 두려움이다. 내가 기획하는 콘셉트를 관철시키려면 수많은 질문과 도전에 대비해야 하는데, 가능한 한 다양한 대안을 콘셉트에 담고자 한다. 어찌 보면 최상의 선택에 대한 확신이 없어 불필요한 군더더기를 붙이는 것일 수도 있다. 이런 현상은 단순함에 대한 언어적 오해와도 관련이 있다. '단순하다'라는 말이 현실을 고려하지 못하고 준비성도 부족하다라는 부정적인 뉘앙스를 담고 있기 때문에, 더 많은 심리적 안전장치를 갖춰 스스로를 보호하고자 하는 것이다. 하지만 그러한 아이디어나 대안의 결합은 복잡성과 모호함을 낳기 마련이다.

결국 비즈니스 콘셉트는 선택과 집중을 필요로 한다. 가장 핵심적인 기능이나 서비스를 선택하고, 그것을 강화해야 차별적이고 핵심적인 가치가 돋보인다. 스탠퍼드 대학의 칩 히스와 동생 댄 히스는 《스틱》에서 수세기에 걸쳐 살아남은 여섯 가지 메시지의 공통적인 속성을 소개했는데, 그중 첫 번째로 꼽은 것이 단순함Simplicity이다. 단순함의 힘을 보여주는 비즈니스 사례로 사우스웨스트 항공사를 소개했는데 수십 년간 흑자를 기록한 사우스웨스트사의 성공 비결로 일관되게 지켜 온 회사의 메시지(콘셉트)를 들었다. '가장 저렴한 항공사'라는 단순한 메시지는 CEO에서부터 말단 직원에 이르기까지 30년간 의사결정의 기준이 되었다. 설문 조사에서 고객들이 맛있는 치킨샐러드 메뉴를 요구했지만 '가장 저렴한 항공사'라는 핵심 가치를 유지하기 위해 과감하게 고객의 요구를 거부한다는 것이다. 아이러니하게도 사람들은 이 핵심 메시지를 믿고 기꺼이 돈을 지불한다.

사람들은 복잡하게 많은 것을 담고 있는 올인원보다는 단순하더라도 확실한 하나를 선택하는 경향이 강하다. 선택을 위해 고민하기에 현대인들은 심리적으로 너무나 바쁘다. 사람들은 선택을 회피하거나 자신이 선택권을 효율적으로 행사할 수 있기를 바란다. 이런 현대 소비자의 특성을 감안하면 콘셉트는 하나의 명확한 이미지나 키워드를 가지고 있어야 한다. 물론 단순함 뒤에는 많은 분석과 고민이 숨어 있어 단순한 콘셉트가 오히려 더 정교하고 날카로운 법이다.

넷째, 돈을 주고 구입하고 싶은 가치성

콘셉트는 제품이나 서비스를 통해 달성하고자 하는 명확한 가치 제안 Value Proposition 을 담고 있어야 한다. 소비자 입장에서 보면 돈을 주고서라도 이 물건이나 서비스를 사게 만드는 명확한 이유가 있어야 한다는 말이다. 이는 상품을 제공하는 주체가 제품이나 서비스를 통해 소비자에게 전달하려는 가치를 말하는데, 고객 가치Customer Value 또는 사용자 가치User Value라고 부른다. 앞 장에서 강조한 사용자의 심층적인 니즈를 담고 있다면 콘셉트의 가치는 다른 상품과 차별화될 수 있다. 콘셉트를 정할 때 사용자에게 어떤 가치를 줄 수 있는지 정리해 보는 것이 매우 중요한데, 상품의 가치는 기능적 가치Functional Value 외에도 감성적 가치 Emotional Value까지 함께 고려해야 한다.

콘셉트를 개발할 때는 사용자의 가치와 함께 회사나 조직에 어떤 가치를 창출할 수 있는지도 검토해야 한다. 아무리 사용자에게 좋은 가치를 제공하더라도 상품을 만드는 기업에 이득이 되지 않는다면 그 콘셉트는 상품화될 수 없다. 이때는 경제적 혜택뿐만 아니라 조직의 이미지 개선 등 비경제적인 가치도 고려할 수 있을 것이다. 페이스북, 구글, 넷플릭스 등 생산자와 소비자를 연결하는 플랫폼 기업이라면 누구에게 가치를 전달할지 그 대상이 더 복잡해질 수밖에 없다. 눈에 보이는 제품을 생산해 소비자에게 가치를 전달하는 것이 아니라 잘 드러나지 않는 생산자와 소비자 양쪽의 가치를 모두 고려해야 하기 때문이다. 플랫폼 기업이나 서비스 제공자 입장에서도 초기 단계부터 가입자를 많이 모으는 데 집중할 것인지, 매출 확보를 우선으로 할 것인지 추구하는 가치가 명확하지 않으면 끝까지 밀고 나가기 어려워진다.

다섯째, 세상에 내놓을 수 있는 구현성

콘셉트의 마지막 속성은 구현성이다. 사용자 입장에서 아무리 좋은 콘셉트라 해도 실현 가능성이 떨어진다면 상품화를 기대할 수 없다. 기술적으로도 구현 가능한 것인지, 사업적으로 타당성이 있는 모델인지도 함께 검토되어야 온전한 콘셉트로 평가 받을 수 있다. 이러한 실현 가능성은 아이디어와 콘셉트를 구분하는 중요한 요소이기도 하다. 그렇다고 콘셉트 개발 단계에서 언제까지 돈을 얼마나 벌 것인지 세부적인 계획까지 고려해야 한다는 것은 아니다.

나는 2011년 사내 벤처 프로그램인 플래닛 엑스에 참여한 적이 있다. 팀 동료 두 명과 함께 아이디어를 제안하여 최종 경쟁 PT까지 올라갔는데, 아쉽게 한 표 차이로 떨어지고 말았다. 그때 우리가 제안했던 콘셉트는 커피숍에서 커피가 아닌 앱을 파는 것이었다. 커피를 주문하는 것처럼 앱카페에서 유료 앱을 할인된 금액으로 주문할 수 있고 새로 나온 앱을 커피를 마시면서 체험할 수 있는 공간이었다. 사용자뿐만 아니라 앱 제공자 입장에서도 제한된 모바일 앱스토어의 한계를 극복하기 위해 현실 공간으로 마케팅 채널을 확장할 수 있다는 가치가 있었다. 평가에 참여한 100여 명의 임직원들은 아이디어의 독창성이나 가치성은 높게 평가했다. 그러나 카페 공간의 확보를 위한 제휴 문제나 앱카페 구축을 위한 시스템 개발 문제 등 구현성은 부족하다고 판단했다.

콘셉트의 실현 가능성을 제대로 평가하기 위해서는 상품의 실사용자, 기술과 사업적 가능성을 판단할 수 있는 사내외 전문가 등 이해관계자로부터 객관적인 피드백을 받는 시스템을 갖춰야 한다. 이 과정에서 다양한 형태의 콘셉트 시제품을 통해 손에 잡히는 모습을 보여줘야 제대로 된 평가를 받을 수 있다. 말보다는 시제품 화면을 보여주거나 목업Mock-up, 사용자 시나리오를 보여주면서 상품 콘셉트의 가능성을 타진해 볼 수 있다. 사용자와 전문가를 대상으로 한 콘셉트 검증 워크숍을 통해 사용자 니즈, 기술적 구현 가능성, 사업적 타당성 등 세분화된 평가 항목을 참여자들이 직접 평가하게 하고 피드백을 받는 것이 좋다.

° 콘셉트를 단 한 줄로 정의하라

나는 《당신의 한 줄은 무엇입니까》에서 개인의 콘셉트를 한 줄로 정의하는 방법을 설명하였다. 또한 세상의 모든 상품은 콘셉트를 한 줄로 정의할 수 있어야 한다고 강조했다. 한 줄 콘셉트란, 상품이 담고 있는 핵심적인 가치를 한 줄의 명확한 메시지로 정의한 문장을 의미한다. "그래서 결국 핵심이 뭔가?"라는 질문에 대한 답이기도 하다. 콘셉트는 전체를 관통하는 하나의 메시지를 담아야 하는데, 그 메시지가 사람들이 아는 것과 다른 차별화된 가치를 제공한다면 더할 나위 없이 좋다.

《어린왕자》로 유명한 생텍쥐페리는 "완벽함이란 더 이상 더할 것이 없을 때가 아니라, 더 이상 뺄 것이 없을 때 완성된다."라고 말했다. 따라서 어떤 것을 보태서 콘셉트를 강화할 것인지 고민하기보다 불필요한 것을 제거하거나 최소화할 때 콘셉트가 강화될 수 있다. 어찌 보면 포장하고 덧칠하는 데 익숙한 기획자에게는 오히려 어려운 일인지도 모르겠다. 상품을 기획하고 디자인하는 사람들이 콘셉트를 단순화하는 데 도움이 되는 방법이 바로 '한 줄 콘셉트'라 할 수 있다. 나는 제품이나 서비스의 '한 줄 콘셉트'를 정의할 때 유용한 공식을 정리한 바 있다. 이는 상품이나 프로젝트 결과물의 핵심을 정의할 때에도 활용하면 효과적이다.

> **한 줄 콘셉트 = 상품 주어(S) + 가치형 동사(V) + 이미지 보어(C)**

첫째, 한 줄 콘셉트는 해당 상품을 주어(S)로 시작한다. 이는 기획자나 디자이너에게 상품에 대한 주체성을 높이게 하고 사용자에게 콘셉트를 명확하게 인지시키기 위함이다.

둘째, 다음은 사용자 가치형 동사(V)다. 해당 콘셉트를 통해 기업이나 조직이 기대하는 사용자 가치가 간결한 동사형으로 표현되어야 한다. '~하는' 식으로 구체적인 사용자 가치가 담겨야 한다. 이는 콘셉트의 속성 중 구체성이나 가치성과 관련이 있다.

셋째, 마지막으로 이미지 보어(C)다. 사용자에게 특별한 가치를 제공하여 최종적으로 지향하는 상품의 이미지를 한두 단어로 표현한다. 한 줄 콘셉트는 20자 내외의 음절로 구성하는 것이 좋다. 명확하고 구체적일 수 있다면 짧고 단순할수록 좋다. 몇 가지 예를 통해 비즈니스 콘셉트의 형식을 살펴보자. SK플래닛에서 제공하는 시럽테이블 서비스가 있다. '시럽테이블은 내 중심으로 찾아보는 맛집 정보'라는 콘셉트를 가지고 있다. 사용자가 일상에서 필요한 순간 나의 취향과 맥락을 중심으로 쉽게 맛집 정보를 찾도록 도와주는 모바일 앱 서비스다. 여기서 '내 중심으로 찾아본다'가 바로 사용자가 이 앱을 통해 얻을 수 있는 사용자 가치다. 맛집 정보는 "이것은 무슨 앱인가?"라는 답에 해당하는 이미지이자 핵심 키워드인 셈이다.

중국의 샤오미가 출시한 웨어러블 기기 미밴드Mi Band는 운동량 모니터, 수면 패턴 분석, 스마트폰 진동 알림 기능 등을 장착하여 출시 1년도 안 돼 600만 대나 팔릴 만큼 인기를 끌었다. 그렇다면 미밴드의 한 줄 콘셉트는 무엇일까? '나의 하루를 완벽하게 기록하고 모니터하는 라이프 메이트'다. 앞의 사례와 마찬가지로 일상에서의 활동량을 트래킹하는 것은 미밴드가 사용자에게 어필하는 제품의 가치다. '라이프 메이트'는 추구하는 상품의 이미지라 할 수 있다. 세부적인 기능과 스펙보다 이 제품을 통해 나의 삶이 어떻게 변화할 수 있는지 사용자 가치를 한 줄로 소구하는 것이다.

얼마 전 나는 전라도로 가족여행을 다녀왔다. 인터넷으로 여행지를 찾아보다 보성군청 홈페이지를 방문했다. 그런데 거기서 멋진 한 줄 콘셉트를 발견했다. '군민과 함께 만드는 행복한 보성, 녹차수도 보성.' 녹차로 유명하다는 것은 알고 있었으나 '녹차수도'라니, 나의 관심을 끌기에 충분했다. 너무나 단순하지만 무엇보다 명확한 콘셉트다. 녹차에 대한 대단한 자부심이 드러나며, 그만큼 최고의 제품과 서비스를 군민과 함께 제공하겠다는 약속이기도 하다. 이 한 줄의 명확한 콘셉트는 다른 지역 혹은 상품과 차별화되고 두드러질 수밖에 없다. 세상에는 한 줄로 정의되지 않은 제품이나 서비스가 생각보다 많다. 우리가 만들어 내는 제품과 서비스가 명확한 한 줄을 가지고 있는지 다시 한 번 살펴볼 필요가 있다. 줄이고 제거해서 꼭 필요한 하나의 핵심만 남을 때 그 상품은 탁월해질 수 있다.

콘셉트 개발 프로세스와 콘셉트 보드의 활용

브랜드 콘셉트, 광고 콘셉트, 제품 콘셉트 등 콘셉트의 활용 목적에 따라 콘셉트 개발 프로세스는 다소 상이하다. 여기서는 서비스 콘셉트를 개발하는 프로세스와 콘셉트 개발에서 고려해야 할 구성 요소를 예시적으로 살펴보았다.

콘셉트 보드를 활용해 구체화시켜라

단순한 아이디어를 탄탄한 비즈니스 콘셉트로 만들기 위해서는 콘셉트 보드Concept Board를 활용하여 구체화할 필요가 있다. 콘셉트 보드는 콘셉트의 실행 가능성을 평가하여 제품화, 서비스화할 것인지 판단하기 위한 콘셉트 개발의 툴이다. 또한 콘셉트 보드에서 고려할 사항은 더 나은 콘셉트로 수정, 보완할 수 있도록 이해관계자들이 피드백을 주는 수단이 되기도 한다. 콘셉트 보드의 구성 요소는 콘셉트명, 콘셉트의 정의 및 목적, 핵심적인 기능, 해당 제품이나 서비스가 제공되는 시각적 구조

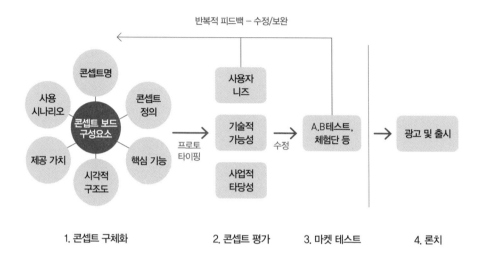

| 콘셉트 개발 및 출시 프로세스 |

반복적 피드백 – 수정/보완

콘셉트 보드 구성요소
콘셉트명
콘셉트 정의
핵심 기능
시각적 구조도
제공 가치
사용 시나리오

사용자 니즈
기술적 가능성
사업적 타당성

A.B테스트, 체험단 등

광고 및 출시

프로토 타이핑

수정

1. 콘셉트 구체화　　2. 콘셉트 평가　　3. 마켓 테스트　　4. 론치

또는 흐름도, 이해관계자 제공 가치, 구체적인 사용 시나리오 등이다. 또한 필요한 기술을 보유하고 있는지, 상품을 구현할 수 있는지, 경쟁사와 차별화 요소가 있는지, 잠재 시장의 규모가 적당한지 등도 함께 고려되어야 한다. 이러한 구성 요소를 표현하는 방식은 콘셉트의 성격에 따라 자유롭게 진행할 수 있다. 다만, 구체적인 실행 계획이나 수익성 검토까지 진행할 필요는 없다.

콘셉트 평가의 세 가지 고려 요소

콘셉트를 개발할 때는 해당 콘셉트에 대한 다양한 요소를 검토한 후 이해관계자의 평가를 거쳐야 한다. 이해관계자는 제품이나 서비스를 이용하는 사용자, 상품 개발에 필요한 기술적 요소를 검토할 사내외 기술 전문가, 상품의 사업적 타당성을 검토할 비즈니스 전문가 및 기획자 등을 의미한다. 관계자들이 한자리에 모여 콘셉트 워크숍을 진행해야 하는데, 사용자와 전문가 워크숍을 각각 별도로 진행하는 것이 좋다.

콘셉트 워크숍의 장점은 기획자가 콘셉트에 대해 상세하게 설명할 수 있고 참여자들과의 공감대 형성이 용이하다는 것이다. 또한 사용자나 전문가로부터 콘셉트에 대한 수정, 보완 피드백을 구체적으로 받을 수 있다는 장점도 있다. 제품 콘셉트에 대한 반응 조사는 온라인과 오프라인 설문 등을 통해 충분한 사용자 모수를 확보하는 경우가 대부분이다. 하지만 지금까지 없었던 새로운 서비스의 콘셉트를 평가할 때는 수차례의 피드백을 거친 후 별도의 반응을 조사하는 경우가 많다. 콘셉트를 평가하는 과정에서 검토해야 할 요소는 크게 세 가지가 있다.

첫 번째, 사용자 니즈Human Needs이다. 해당 제품이나 서비스를 사용하게 될 사용자의 니즈나 실제 행동을 기반으로 하는 콘셉트인지가 중요하다. 만약 사용자들에게 절실히 필요한 욕구를 해결하는 콘셉트라면 성공 확률이 높을 수밖에 없다.

두 번째, 기술적 가능성Tech. Feasibility이다. 아무리 사용자 니즈를 반영한 좋은 콘셉트라도 10년 뒤에나 기술 구현이 가능하다면 상품화가 불가능하기 때문이다. 자사가 현재 보유한 기술 역량의 수준을 제대로 파악할 수 있어야 한다.

세 번째, 사업적 타당성Biz. Viability이다. 기업은 결국 이윤 추구를 목적으로 하기 때문에 해당 콘셉트를 상품화했을 때 수익을 창출할 수 있는지의 여부가 중요하다. 누구에게 어떻게 팔아 돈을 벌 수 있을지까지 검토되어야 하며, 콘셉트 평가 과정에서 비즈니스 전문가들로부터 이 부분에 대한 피드백을 받을 수 있다. 콘셉트 평가를 위해 위의 세 가지 관점에서 자사 전략과의 관계, 타이밍, 리스크 여부 등 보다 세부적인 평가지를 준비하는 것이 좋다.

그런데 주의할 점은 콘셉트의 평가 결과가 반드시 상품의 성공 여부를 판단하는 척도는 아니라는 점이다. 특히 전혀 새로운 방식의 사용자 경험을 전달하는 상품이라면 '좋다. 나쁘다'의 1차적 판단보다는 어떤 요소를 개선하거나 강화해야 할지 힌트를 얻는 것으로 콘셉트 평가의 초점을 맞추는 것이 좋다. 예를 들어 커피숍과 통신 매장이 결합된 컨버전스 유통 매장의 경우는 사용자 콘셉트 평가에서 그리 좋지 않은 평가를 받았다. 왠지 부담스러울 것 같다는 반응이 많았다. 그런데 실제 파일럿 테스트 매장에서 진행된 평가에서는 호의적인 반응이 높았다. "생각보다 괜찮네."라는 반응이 훨씬 더 많았다. 사람들은 자신이 전혀 경험하지 못한 상품의 콘셉트에 대해서 맨 처음에는 부정적인 반응을 보이는 경우가 많다는 점에 유의해야 한다. 반대로 왠지 멋있어 보이는 콘셉트에 대해 '매우 좋다'라는 반응을 보이지만, 실제로 상품이 출시되면 현실 속의 사용자 맥락 안에서는 돈을 주면서까지 구입하지 않는 경우도 많다.

° 현명한 실패, 프로토타이핑의 힘

날개 없는 선풍기로 유명한 영국의 전자회사 다이슨의 창업자 제임스 다이슨은 '필터 없는 청소기' 아이디어를 추진하다 스티브 잡스처럼 자신이 만든 회사에서 쫓겨났다. 기존의 진공청소기가 필터의 작은 먼지들이 먼지 봉투의 구멍을 막기 때문에 청소를 할수록 흡입력이 떨어진다는 사실을 깨닫고, 이 문제를 해결하기 위해 온갖 노력을 기울였다. 그는 무려 5년 동안 창고에 틀어박혀 5,127개의 프로토타입을 만든 끝에야 성공했다. 《매일경제》와의 인터뷰에서 다이슨은 "실패는 디자인 과정에서 믿을 수 없을 정도로 중요한 요소다. 우리는 실수할 때마다 새로운 것을 배우기 때문이다."라고 말했다. 결국 그에게 5,126번의 실패는 실패가 아니라 완벽하게 동작하지 않는 방법을 알아내는 과정이었던 셈이다.

혁신적인 제품이나 서비스가 시장에서 성공을 거두기 위해서는 끊임없는 시행착오를 겪어야만 한다. 특히 상품을 출시하기 전에 겪게 되는 시행착오는 본격적인 제품 생산이나 서비스 출시에 따르는 리스크를 줄일 수 있는 현명한 실패라 할 수 있다. 오늘날과 같이 빠르게 변화하는 시장 환경과 소비자의 요구에 부응하기 위해서는 기민하고 간편한 프로토타이핑의 중요성이 점점 커지고 있다.

프로토타이핑이란, 상품을 개발하는 과정에서 제품이나 서비스의 완제품을 만들기 전 다양한 형태의 모형을 제작하여 테스트함으로써 상품의 성공 가능성을 높이는 업무 방식이다. 프로토타이핑의 목적은 보다 완벽한 상품을 개발하기 위한 상품 최적화의 과정이지만, 기획자나 디자이너 그리고 개발자들 사이에서 서로 의사소통을 돕는 데 유용하게 활용된다. 사용자에게 해당 상품의 수용성을 검증하는 수단이 되기도 한다. 결국 프로토타입은 손에 잡히는 구체성으로 인해 상품을 개선할 수 있는 출발점이 된다. 특히 신속하고 반복적인 프로토타이핑은 디자인적 사고에서 가장 강조하는 업무 방식 중 하나다.

상품 개발의 초기 단계에서부터 완제품 출시 직전까지 상품 개발의 전 과정에서 활용할 수 있다. 따라서 완제품에 가까운 프로토타입을 만들어야 한다는 부담을 가질 필요는 없다. 문제 해결을 위한 아이디어나 콘셉트를 보다 쉽게 표현하여 이해관계자와 소통하기 위한 수단으로 활용할 때에는 냅킨이나 메모지에 그린 간단한 이미지 시나리오도 훌륭한 프로토타입이 될 수 있다. 상품의 카테고리 및 상품 개발 프로세스에 따라 프로토타입의 유형은 달라질 수밖에 없다.

얼마 전 장애인을 위한 석션 칫솔 '스톨스'를 개발하고 있는 스타트업 블로레오의 이승민 대표로부터 제품 개발에 대한 이야기를 들은 적이 있다. 이 대표는 봉사활동을 할 때 장애인들이 양치하면서 양칫물을 마실 수밖에 없는 상황을 목격한 뒤 아이디어를 구상하게 됐다고 한다. 장애인의 입장이 되어 불편함을 바라보기 시작한 것이다. 그렇게 해서 발명한 것이 석션 기능이 탑재된 칫솔이다. 이 대표의 스타트업 경험 중 특히 나의 관심을 끈 것은 콘셉트 프로토타이핑 과정이었다. 제품의 제작 초기에 장애인이 사용하기 편한 제품을 만들기 위해 찰흙으로 칫솔 손잡이 모양을 디자인하기도 했다. 또한 청계천 세운상가나 구로 기계공구상가를 돌아다니면서 시제품 제작에 필요한 조언을 구하기도 했다. 수차례의 프로토타이핑과 전시회를 통해 사람들로부터 제품에 대한 피드백을 받을 수 있었고 제품을 한층 업그레이드할 수 있었다고 한다. 이 과정에서 장애인을 위한 칫솔의 사용처가 칫솔질에 서툰 어린이로까지 확장되었다고 한다. 프로토타이핑은 상품이 출시되기 전 더 나은 모습으로 발전시키는 유용한 툴이며 개선을 위한 의사소통의 수단인 것이다.

° 콘셉트와 실행 사이의 깊은 협곡을 건너는 법

지금까지 콘셉트의 중요성과 사용자 중심의 콘셉트 개발 방법에 대해 살펴보았다. 콘셉트는 제품이나 서비스의 전략과 상품 개발의 전체 여정을 관통하는 기획자의 구체적인 의도이며 상품 개발의 실질적인 프로토콜이라 할 수 있다. 기업이나 조직의 경영 활동 및 상품의 개발에서 그 무엇보다 중요한 콘셉트의 구체화 과정은 생각만큼 쉽지 않다. 단순한 아이디어를 콘셉트로 발전시키고 그것을 상품으로 현실화시키는 것은 수많은 유무형의 장애물을 뛰어넘어야 하는 힘겨운 과정이다. 기업이나 조직의 규모나 산업 유형에 관계없이 모두 마찬가지다. 특히 기존에 없던 혁신적인 상품의 콘셉트를 실현하는 과정에서는 더욱 어려울 수밖에 없다.

나는 지금까지 현업에서 사용자 통찰 기반의 서비스 콘셉트를 개발하면서 새로운 콘셉트를 현실화하는 과정이 얼마나 어려운지 깨달았다. 내 입장에서는 사용자 가치도 명확하고 사업적으로도 충분히 가능성이 있을 것 같은데 현실화되지 않는 경우가 훨씬 더 많다. 그렇다면 혁신적인 상품 콘셉트를 구체화해서 시장에 출시하는 데 기획자가 어려움을 겪을 수밖에 없는 이유는 무엇일까? 그리고 이런 어려움은 어떻게 극복할 수 있을까? 나는 콘셉트의 현실화 과정에서 겪는 기획자나 디자이너의 어려움을 콘셉트와 실행 사이의 갭Concept-product Gap이라 정의했다. 혁신적인 콘셉트나 비즈니스 모델을 제안하는 일이 미션인 조직의 특성을 감안하면 당연할 수도 있지만, 한동안 이 문제를 깊이 고민하면서 나름의 해결책을 찾아보고자 했다. 그 해결책이 이 시대의 많은 기획자나 디자이너 그리고 의사 결정자들에게 도움이 될 수 있다고 확신한다.

상품 기획자라면 자신이 제안하는 콘셉트에 대해 조직의 여러 의사 결정 단계를 통과해야 하며, 상품 개발과 관련한 기술 및 비즈니스 조직과도 끊임없는 협업을 필요로 한다. 그러나 혁신적인 콘셉트나 비즈니스 모델을 들고 나왔을 때 기획자가 마주하게 되는 현실은 냉혹하다. 그만큼 갈등과 비판을 각오해야 한다. 대부분의 조직은 기존에 형성된 견고한 시스템과 캐시카우Cash Cow가 존재하기 마련이다. 런던 비즈니스

스쿨 도널드 설 교수는 《조선일보》와의 인터뷰에서 시장 상황이 극적으로 변함에도 불구하고, 오히려 과거에 했던 활동을 더 가속화하려는 기업의 일반적인 성향인 활동적 타성론Active Inertia을 경계해야 한다고 강조한 바 있다.

성장을 목표로 한 수많은 기업 활동과 정형화된 프로세스는 아이러니하게도 기존의 관성을 뒤집는 혁신적인 모델에 대해 강력한 반작용을 일으키게 된다. 새로운 상품 콘셉트가 제시되었을 때 여기저기서 "이 제품의 콘셉트는 이런 문제 때문에 안 된다. 현재 우리의 서비스와 상충된다." 등의 비판을 듣는 경우가 많다. 회사에 존재하는 기존의 비즈니스 모델에 맞추기 위해 새로운 콘셉트는 수없이 수정되기 쉽다. 그러다 보면 처음의 독창성을 잃은 미투 제품이 될 가능성도 높아진다. 기업이나 조직의 현상 유지 속성은 혁신적인 상품의 콘셉트를 구체화하고 실행하는 데도 영향을 미친다.

콘셉트와 실행 사이의 갭이 발생하는 또 다른 원인은 기획과 실행 사이에서 발생하는 '공감과 현실성'에 관한 문제에 있다. 콘셉트를 실행하기 위해서는 관계 조직의 협업이 절대적으로 필요한데, 새로운 콘셉트에 대한 내부 이해관계자의 공감 부족이 가장 근본적인 어려움으로 작용한다. 이해관계자들은 시장의 진짜 고객들이 콘셉트에서 제안하는 가치를 받아들일까 하는 질문을 끊임없이 하게 된다. 과연 해당 콘셉트는 비즈니스적으로 의미 있는 결과를 만들어 낼 수 있을까에 대한 도전을 할 수밖에 없다. 콘셉트에 대한 공감과 현실성에 대한 고민은 상품의 실행을 위한 필수 조건이라 해도 과언이 아니다. 공감 없는 콘셉트는 지속성이 떨어지고, 현실성 없는 콘셉트는 공허함만을 남길 뿐이다. 나는 이러한 공감과 현실성의 문제를 해결하기 위해 네 가지 일하는 방식을 제안한다.

첫째, 이해관계자를 콘셉트 개발에 참여시켜라

콘셉트 개발의 실행력을 높일 수 있는 가장 확실한 방법 중 하나는 의사 결정자나 관계 부서의 구성원을 콘셉트 개발에 참여시킴으로써 관여도를 높이는 것이다. 사용자 관찰이나 좌담회 등에 관계 부서의 구성원이 함께하면 사용자 인사이트에 대한 공감도를 확보할 수 있다. 또한 아이디에이션 워크숍이나 콘셉트 평가 워크숍에 여러 관계 부서의 구성원을 참여시키면 실행력 높은 콘셉트를 개발하는 데 도움을 받을 수 있다. 이런 과정이 잦아질수록 해당 구성원들은 기획자가 제안하는 콘셉트에 같은 목소리를 내거나 호의적인 태도를 가지게 된다.

만약 혁신적 상품의 콘셉트 개발을 담당하는 혁신 팀이나 프로젝트 팀이 있다면 향후 해당 상품의 개발 및 실행을 주도하는 실행 조직의 구성원이 프로젝트에 직간접적으로 참여하는 것이 중요하다. 10년간 전 세계 대기업의 혁신 프로젝트의 성공과 실패 요인에 대해 연구한 다트머스 대학교 경영대학원 비제이 고빈다라잔 Vijay Govindarajan 과 크리스 트림블 Chris Trimble 교수는 《퍼펙트 이노베이션》에서 혁신 프로젝트가 성공하기 위해서는 혁신 업무만을 관장하는 혁신 전담 팀이 필요하며 프로젝트를 진행할 때 실행 조직의 공유 직원의 참여가 필요하다고 강조했다. 공유 직원은 실행 조직의 업무를 유지하면서 혁신 프로젝트의 일부 업무를 담당하거나 지원하는 역할을 하는 구성원을 말한다. 혁신 프로젝트에서 공유 직원의 역할이 중요한 이유는 '혁신 따로 실행 따로'처럼 비합리적으로 일을 진행하는 조직의 문제를 해결하면서 혁신적인 상품 콘셉트나 프로세스 개선의 공감도를 높일 수 있기 때문이다.

둘째, 결과가 아닌 사용자 공감의 과정을 전달하라

때로는 사용자의 말 한마디가 임원의 주장보다 강한 힘을 발휘할 때가 있다. 기획자가 사용자의 맥락 속으로 들어가 스스로 사용자의 입장에서 관찰하고 소통하면서 깨달은 통찰은 상품의 콘셉트에서 가장 핵심적인 요소인 사용자 가치로 표현된다. 그런데 기존에 없던 전혀 새로운 형태의 상품 콘셉트를 제시할 때는 사용자 가치에 대한 이해관계자들의 공감을 이끌어 내야 하는데 생각처럼 쉽지 않다. "정말 사람들이 그렇게 생각해? 자네 혼자만의 생각 아니야? 나는 그렇게 행동하지 않는데……."와 같은 질문을 의사 결정자나 이해관계자들로부터 듣게 된다. 이때 효과적인 것이 직접적인 사용자의 맥락적 증거를 제시하는 것이다. 현장에서 사용자가 상품을 이용하는 데 어려움을 겪는 장면이나 사용자의 불만을 담은 영상 등을 1~2분 분량으로 편집하여 공유하면 효과적이다. 비록 정량적 데이터를 제시하지 않더라도 소수의 사용자로부터 얻은 통찰의 실마리를 사진이나 영상 등 생동감 넘치는 포맷으로 전달하면 충분히 사용자 공감을 이끌어 낼 수 있다.

사용자의 맥락을 전달하는 또 다른 방법은 정제된 보고서가 아닌 진행 과정을 있는 그대로 전달하는 것이다. 시장에서 얻은 팩트나 분석 과정의 데이터를 보고서 형식으로 정제하지 않은 단계에서 이해관계자들에게 전달하면 사용자의 살아 있는 메시지를 생생하게 전달할 수 있다. 노스웨스턴 대학교 도널드 노먼Donald A. Norman 교수는 사용자 조사 그룹과 제품 생산 그룹 사이에는 서로 다른 미션과 이해관계가 존재하기 때문에 양자의 간극을 메우기 위해서는 일명 번역 공학Translational Engineering이 필요하다고 했다. 사용자 경험 개발과 실질적인 상품 개발 사이에 존재하는 상이한 언어와 가치를 해석하는 역할이 필요하다는 것이다. 마찬가지로 기획자가 자신이 발견한 통찰과 콘셉트를 이해관계자에게 공감시키기 위해서도 조직의 특성에 맞는 번역 과정이 필요하다. 콘셉트 개발 과정 자체를 공유하거나 사용자의 욕구를 가장 잘 표현할 수 있는 포맷으로 전달하는 것은 기획자가 개인 차원에서 활용할 수 있는 해결책이라 하겠다.

셋째, 경쟁 제품과 선도 제품을 스크리닝하라

혁신적인 콘셉트는 때로는 현실성 없는 먼 미래의 이야기로 들리기 쉽다. 콘셉트의 속성 중 하나인 구현 가능성이 결여된 콘셉트는 이해관계자의 공감을 얻을 수도 없다. 나는 아이디어와 콘셉트를 개발하는 작업을 하면서 괜찮은 아이디어가 실행 부서의 호응을 얻지 못하는 경우를 많이 경험했다. 아무리 사용자가 원하는 콘셉트라도 실행력의 템포 측면에서 보면 두세 발쯤 앞서간 경우가 대부분이다. 그렇다고 현재를 기준으로 한 자사의 역량만을 감안하여 상품을 개발하다 보면 빠르게 변화하는 소비자의 요구에 부응하지 못할 수 있다. 그래서 딱 반 발짝만 앞선 타이밍을 잡아야 한다.

그렇다면 반 발짝 앞선 타이밍을 잡으려면 기획자나 디자이너는 무엇을 해야 할까? 그것은 바로 경쟁 제품과 선도 제품을 스크리닝하는 것이다. 내가 관여하는 상품군의 영역에 존재하는 경쟁사들은 어떤 신상품을 내놓고 있는지, 새롭게 떠오르는 선도 제품은 어떤 것이 있는지 주기적으로 모니터링할 필요가 있다. 경쟁 제품과 선도 제품을 스크리닝하는 과정에서 내가 만들어 내는 미래지향적 콘셉트의 속도를 가늠할 수 있기 때문이다.

내가 소속된 HCI 팀에서는 많은 동료들이 끊임없이 새로운 시장 정보를 공유하는 문화가 정착되어 있다. 새로 써본 앱이나 새로 발견한 해외의 선도적 상품에 대한 정보와 자신의 체험기를 나누는 것이다. 이런 과정에서 새로운 아이디어의 영감을 얻기도 하고 자신이 개발하는 콘셉트의 현실성을 검토하는 척도로 활용할 수 있다. 딱 반 발짝 앞선 타이밍을 잡기 위해서는 평소 자신만의 정보 안테나를 세우고 끊임없이 새로운 상품을 스캐닝해야 한다.

넷째, 작게 시작하여 신속하게 테스트하라

다음카카오 이석우 전 대표는 《비즈&라이프》와의 인터뷰에서 카카오톡의 성공 요인으로 스피드와 오픈 이노베이션을 꼽았다. "초창기에는 완벽을 기하기 위해 1년씩 준비하다 출시 타이밍을 놓치면서 대부분 실패하고 말았죠. 그래서 '최소 인력으로 최단기간에 론칭하자'는 원칙을 갖게 됐어요. 카카오톡도 기획자와 개발자, 디자이너 등 네 명이 두 달간 작업해서 만들었어요." 이 대표는 상품 개발 시 부족한 부분은 실제 사용자에게 질문하면서 빠르게 개선했다고 한다. 그는 준비, 조준, 발사가 아니라 준비, 발사, 조준의 전략이 중요하다고 강조했다. 그러나 조직에서 일하다 보면 많은 경우 콘셉트 개발 및 기획의 단계에서 완벽한 계획을 세우느라 많은 시간을 보낸다. 그런데 완벽한 계획은 자칫 적절한 타이밍을 놓치는 원인이 되기도 한다.

오늘날과 같이 빠르게 변화하는 시장 환경에서는 완벽한 계획보다 오히려 얼마나 빨리 시장에서 검증 받고 수정, 보완하는가가 성공 가능성을 높이는 지름길이다. 미국 벤처 기업의 최고 기술 책임자 에릭 리스 Eric Ries가 주창한 '신속하게 출시해 시장에서 측정하고 개선해야 한다'는 린 스타트업Lean Startup 전략은 벤처 기업에만 해당되지 않을 것이다. 일반 기업이나 조직에서도 시장 친화적인 경영 활동의 필요성이 점차 커지고 있다. 그렇다고 무조건적인 빠른 출시가 성공을 보장한다는 의미는 아니다.

기획자가 책상에서 낸 아이디어를 상품화하여 시장에서 테스트하지만, 결국 사용자 가치라는 근본적인 질문을 해결하지 못한다면 시장에서 살아남을 수 없다. 사용자 공감은 기획자나 디자이너가 이러한 문제를 해결하기 위한 가장 필수적인 과정이자 일하는 방법이라 할 수 있다. 사용자 공감이라는 기획자의 확신이 전제될 때 빠른 실행이 힘을 발휘할 수 있다.

효과적인 콘셉트 보드는
어떻게 사용할까

브랜드나 제품 콘셉트 등 콘셉트의 유형에 따라 콘셉트 보드는 다르게 구성될 수 있다. 여기서는 서비스 콘셉트를 개발할 때 활용할 수 있는 콘셉트 보드의 구성 요소를 정리하였다. 표에서처럼 콘셉트 보드에는 콘셉트명, 정의, 시각화, 핵심 기능, 제공 가치 등을 담는다. 구체적인 사용 시나리오나 기술적, 사업적 고려 요소까지 검토하는 것이 좋다. 콘셉트를 다른 사람들에게 전달하기 위한 양식에는 제한이 없다. 일반적인 업무 환경에서는 주로 파워포인트를 활용하여 각각의 구성 요소를 검토하게 된다.

콘셉트 개발 워크숍을 진행하는 경우, 콘셉트 보드 양식을 큰 사이즈로 인쇄하여 각 조별로 활용하면 매우 효과적이다. 보드 양식에 따라 각각의 요소를 간략히 정리하면 된다. 워크숍에서 최종 콘셉트를 발표할 때는 이젤 패드에 콘셉트를 시각화하거나 사용 시나리오를 롤플레이 등으로 표현하면 청중에게 효과적으로 전달할 수 있다.

콘셉트 보드의 구성 요소가 중요한 이유는 청중에게 해당 콘셉트를 제대로 설명할 수 있고 피드백을 받기가 용이하기 때문이다. 기업이나 조직의 특성에 맞게 콘셉트 보드의 양식과 구성 요소를 수정하여 사용하면 된다.

| 콘셉트 보드 구성 요소 |

년   월   일 작성자(팀):

콘셉트명

콘셉트 정의 : 20자 내외

콘셉트 시각화
: 시스템도, 가치 흐름도 등으로 표현

핵심 기능 Features

타깃 고객

가치 제안 Value Proposition

1. 사용자 가치 : 사용자는 어떤 니즈를 충족하
   게 되는가?
2. 자사(회사) 가치 : 회사에는 어떤 혜택이 돌아
   오는가?
3. 파트너 가치 : 플랫폼 비즈니스의 경우 3rd
   party에게는 무슨 혜택이 있는가?

사용 시나리오
: 스케치, 포토, 영상 등으로 표현

기술적 요소
: 필요한 기술, 기술 보유 여부 및 구현 가능성 등

사업적 요소
: 차별화 요소, 잠재 시장의 규모, 수익 모델 및
시장 임팩트 등

프로토타이핑의 유형
살펴보기

* 목업Mock-up : 목업은 완성 제품과 동일한 크기의 모형을 말하는데, 주로 나무나 이와 비슷한 효과를 낼 수 있는 재료를 활용한다. 목업은 제품 출시 전 콘셉트를 평가하거나 신제품 프로모션 등에서 실물 대신 활용되기도 한다. 완성 제품에 가까운 형태의 목업 단계로 넘어가기 전에도 쉽고 빠르게 프로토타입을 만들 수 있다. 《디자인에 집중하라》에서 아이디오의 CEO 팀 브라운은 자사의 프로토타이핑 사례를 소개했다. 외과의료 기기를 제작하는 기업 자이러스와 손잡고 섬세한 코 조직을 다루는 새로운 수술 장비 개발 프로젝트를 진행했다고 한다. 어느 날 병원 의사와 인터뷰를 진행하던 프로젝트 팀원이 의사의 권총형 손잡이 아이디어를 듣고 나서 최대한 빨리 해당 아이디어를 프로토타이핑했다. 사무실에 굴러다니던 화이트보드용 마커와 카메라 필름통, 플라스틱 빨래집게를 테이프로 붙여서 순식간에 권총형 손잡이의 수술 장비 모형을 만든 것이다. 이처럼 간단한 프로토타입 제작을 통해 수없이 많은 의사소통 및 제작 비용을 절감할 수 있었다고 한다.

- 페이퍼 프로토타입Paper Prototype : 인간과 컴퓨터 및 모바일 간의 상호작용을 다루는 영역에서 특히 많이 활용하는 페이퍼 프로토타입은 종이에 서비스 화면의 구성 요소를 간단하게 표현한 것을 말한다. 실제로 소프트웨어 화면의 사용자 인터페이스를 구현하기 전 필수적인 구성 요소만을 간단한 양식으로 표현해 본다. 콘셉트 개발의 초기 단계에는 종이나 포스트잇에 손으로 스케치한 그림만으로도 페이퍼 프로토타입의 목적을 충분히 달성할 수 있다. 나는 미국인을 대상으로 한 모바일 결제 프로세스를 개선하는 프로젝트를 진행했는데, 멋진 디자인이 들어간 화면을 보여주는 대신 가장 기초적인 페이퍼 화면의 꾸러미를 만들어 사용자들에게 테스트했다. 부족한 부분은 현장에서 손글씨로 보여줬는데도 사람들이 쉽게 필요한 기능과 개선 사항에 대해 피드백을 했다. 굳이 복잡한 화면을 만드느라 시간을 허비할 필요가 없었다.

- 포토 시나리오Photo Scenario : 제품이나 서비스가 출시되었을 때 사용자들이 해당 상품을 이용하는 구체적인 과정을 사진으로 시나리오처럼 보여주는 방식의 프로토타이핑을 말한다. 특히 포토 시나리오는 새로운 형태의 제품이나 서비스를 이용하는 사용자 경험을 사내 의사 결정자들이나 콘셉트 테스트 사용자들에게 설명할 때 유용하다. 이를 위해서는 미리 사용처를 설정하고 사용 시나리오를 구체적으로 설계할 필요가 있다. 예를 들

어 스마트폰 기반의 병원 이용 프로세스 혁신 프로젝트를 진행한다면 해당 콘셉트를 통해 환자들이 병원을 이용하는 방법이 어떻게 변화할 것인지에 대한 시나리오를 짜본다. 그리고 해당 시나리오의 대표적인 장면을 사진에 담고 구체적으로 어떤 점이 변했는지 설명하는 텍스트를 추가하면 어렵지 않게 서비스 콘셉트 프로토타입을 완성할 수 있다.

- 롤플레이Role Play : 롤플레이는 콘셉트 개발 초기 단계에서 해당 제품이나 서비스를 이용하는 상황이나 프로세스를 역할극 형태로 보여주는 프로토타이핑 방법이다. 참여 구성원들이 각자 역할을 나눠 상품 이용 상황을 표현하기 때문에 즐거운 분위기에서 피드백을 받을 수 있다. 가발이나 모자를 준비하기도 하고 책상이나 의자, 사무용품 등 주변에 흔한 도구를 활용할 수도 있다. 페이퍼 프로토타입을 롤 플레이에 함께 활용하는 것도 매우 효과적인 방법이다.

°통찰과 실행의 교차점에서

지금까지 우리는 공감 렌즈를 끼고 먼 길을 탐험해 왔다. 그 목표는 통찰과 창의성을 성취하는 방법에 관한 것이었다. 그것은 급격한 속도와 예측 불가한 범주의 패러다임 시프트 시대에 이노베이터에게 가장 크게 요구되는 역량이라 해도 과언이 아니다. 그러나 통찰과 창의성만으로는 부족하다. 통찰은 그 자체로도 중요한 의미를 갖지만, 현실 세계에서 구체적인 결과물로 실행될 때 그 가치를 제대로 인정받을 수 있다. 실행하지 않는 통찰과 혁신은 결국 공허한 메아리로 돌아오기 때문이다.

우리는 지금 통찰과 실행의 불안한 교차점에 서 있다. 바로 앞에 놓인 선택의 교차점에서 좌회전을 할 것인가, 우회전을 할 것인가? 아니면 왔던 길을 다시 돌아갈 것인가? 혁신의 결과를 손에 넣기 위해서는 미래에 대한 불안감을 떨치고 실행의 공간으로 곧장 달려 나가야 한다. 사용자 공감과 함께 실행의 과정에서 깨닫게 되는 경험적 통찰이 절실히 필요한 이유다. 이 책이 무엇을 어떻게 통찰할 것인가에 관한 것이었다면, 이제 어떻게 실행하고 어떤 교훈을 얻을 것인가에 대한 숙제가 남아 있다. 다음 책에서는 실행의 과정에서 터득하게 될 다이내믹한 통찰을 담을 수 있기를 희망한다.

이 책을 마감하며, 지금도 빌딩 밖 세상에서 사람들을 만나고 현장을 관찰하고 있을 HCI 팀 동료들 그리고 다양한 영역에서 혁신을 실행하고 있는 SK플래닛 동료들에게 다시 한번 감사의 인사를 드린다. 이 책은 나 혼자만의 경험이 아니라 HCI 팀을 거쳐 간 많은 선후배와 함께한 소중한 경험이다. 이 조직에 온 지 얼마 되지 않았을 무렵, 내가 보기엔 아무것도 아닌 하나의 팩트를 두고 몇 시간씩 격론을 벌이는 선배들의 모습을 보고 시간 낭비라며 불만을 표출했던 때가 기억난다. 그런 집요한 호기심과 건전한 충돌의 과정이야말로 통찰과 혁신의 가장 중요한 밑거름이 된다는 사실을 깨닫기까지 그리 오랜 시간이 걸리지 않았다.

통찰과 혁신은 효율의 영역이 아니라 열정의 결과물이기 때문이다.

나는 이 책이 미래의 변화를 통찰하고 혁신의 영감을 얻고자 하는 많은 사람에게 유용한 길잡이가 되었으면 좋겠다. 혼돈과 불확실성의 시대를 돌파하기 위해 우리에게 필요한 것은 창조적 자신감과 실행의 에너지다. 이러한 긍정의 자신감과 실행력은 사용자와 공감하려는 마음가짐과 손에 잡히는 툴킷으로부터 시작된다. 자, 매일의 삶 속에서 마주치게 될 수많은 자극을 어제와 다른 눈으로 바라보자. 그리고 나만의 통찰을 하나씩 발견해 보자. 작은 통찰이 쌓여 결국 큰 혁신으로 다가올 것이다.

THE POWER OF INSIGHT